一本书读懂
合伙人机制

陈辉　张梓怡　蒋莹 / 著

A BOOK TO
UNDERSTAND PARTNERSHIP

法律出版社 | LAW PRESS
北京

图书在版编目(CIP)数据

一本书读懂合伙人机制 / 陈辉, 张梓怡, 蒋莹著. -- 北京：法律出版社, 2024
ISBN 978-7-5197-8479-9

Ⅰ.①一… Ⅱ.①陈… ②张… ③蒋… Ⅲ.①合伙企业—企业制度 Ⅳ.① F276.2

中国国家版本馆 CIP 数据核字(2023)第 253741 号

一本书读懂合伙人机制
YIBENSHU DUDONG HEHUOREN JIZHI

陈　辉	策划编辑 朱海波
张梓怡 著	责任编辑 朱海波
蒋　莹	装帧设计 鲍龙卉

出版发行	法律出版社	开本 A5
编辑统筹	法律应用出版分社	印张 12.375　　字数 360 千
责任校对	邢艳萍	版本 2024 年 1 月第 1 版
责任印制	刘晓伟	印次 2024 年 1 月第 1 次印刷
经　　销	新华书店	印刷 天津嘉恒印务有限公司

地址：北京市丰台区莲花池西里 7 号(100073)
网址：www.lawpress.com.cn　　　　　　销售电话：010-83938349
投稿邮箱：info@lawpress.com.cn　　　　客服电话：010-83938350
举报盗版邮箱：jbwq@lawpress.com.cn　　咨询电话：010-63939796
版权所有·侵权必究

书号：ISBN 978-7-5197-8479-9　　　　　　定价：68.00 元

凡购买本社图书，如有印装错误，我社负责退换。电话：010-83938349

联合撰稿人名单

吴　艳	陈瑞莲	陈　元	付　辉
崔玉今	陈　娜	骆定进	黄宏阳
朱艳红	许钦城	向海龙	冼璈隆
王友发	董　爽	孔令文	王铖龙
叶小芹	陈　勇	练继勇	杨贝贝
石建龙	赵志纯	郝秀凤	王　军
欧阳军	阮静萍	朱明杰	阮　芳

前 言
Forewords

"一个篱笆三个桩,一个好汉三个帮。"这句古语揭示了合伙制的真谛,也道出了企业成功的秘诀,历史上的成功企业,无不闪耀着合伙人的智慧和汗水。在当今充满不确定性和竞争激烈的商业环境中,成功的企业老板们都面临一个核心问题:如何在不断变化的市场中保持竞争力,吸引和激励优秀的人才,以实现可持续增长和成功呢?合伙人机制无疑是最佳答案。

华为能够成为世界科技巨头,任正非确立的虚拟股权的激励机制功不可没,这种合伙人机制激发了华为员工奋斗者文化和创新精神,使得华为在快速发展的同时保持了高效协作与持续创新。无独有偶,美团的创始人王兴和他的合伙人团队,通过技术创新和持续努力,将美团从一个小的团购网站发展成为全球著名的本地生活服务平台之一,他们不仅关注企业的短期利益,更注重长期发展和持续创造价值。那么,我们该如何理解和复制他们的成功呢?本书正是为了解答这个问题，作者根据大量的实操而编写的。一个好的合伙人团队能够给企业带来强大的竞争优势，为企业创造更多的机遇和价值。这本书为您详细解析了这些成功企业背后的合伙人制度，让您深入了解其精髓。通过阅读本书，您将学会如何制定一套适合自己企业的合伙人机制，让您的企业在竞争激烈的市场中基业长青、蓬勃发展。

无论您是一家初创企业的创始人，还是一家已经运营多年的企业老板，我们都诚挚地邀请您阅读这本书，希望您在阅读本书的过程中，能够领悟到合伙人制度的真谛，为企业的长远发展奠定坚实的基础。我们从案例和实践的角度分析，设立一套合理、健全的合伙人机制所需的工具和策略。我们相信，通过深入了解合伙人机制的精髓，并将其应用到您的企业中，能够助您建立一个高效、稳定的合伙人团队，让您的企业在竞争激烈的市场环境中脱颖而出。

让我们一起揭开这本书的序幕，共同探讨如何让您的企业在合伙人机制的引领下，走得更远、更高！

陈辉律师

2023 年 12 月 10 日于深圳

目 录
contents

第一章 合伙人机制

第一节 什么是合伙人机制　003

第二节 企业为什么要实行合伙人机制　015

第三节 各种组织的合伙人机制　026

第二章 企业发展阶段与合伙人类型选择

第一节 合伙人与股东　053

第二节 企业不同发展阶段的合伙人机制　058

第三节 创始合伙人　063

第四节 事业合伙人　066

第五节 资金合伙人　072

第六节 虚拟合伙人　075

第七节 供应链合伙人　082

第三章 如何选择合伙人

第一节　合伙人应该具备哪些条件　093

第二节　选择合伙人的途径　097

第三节　选择合伙人的标准　099

第四章 有限公司股权架构设计

第一节　合伙人出资形式　107

第二节　合伙人进入机制　113

第三节　公司治理结构　161

第四节　公司控制权设计　173

第五节　公司章程　210

第六节　合伙人退出机制　241

第五章 公司股权激励设计

第一节　为什么要进行股权激励　249

第二节　股权激励关键要素　264

第三节　股权激励计划　296

第六章 公司动态股权

第一节　静态股权弊端　315

第二节　股权动态调整机制　324

第三节　股权激励动态调整机制　335

第七章 公司常见法律风险防范

第一节　有限责任公司分红之税　347

第二节　有限责任公司股权转让之税　349

第三节　夫妻创业风险如何防范　351

第四节　财富（股权）传承风险防范　359

第五节　股权代持风险防范　364

第六节　股东知情权问题　381

文书范本索引

协议范本 1：合伙协议　　029

协议范本 2：股东合作协议　　125

协议范本 3：增资协议　　137

协议范本 4：股东不竞争协议　　153

协议范本 5：保密协议　　156

协议范本 6：一致行动人协议　　190

协议范本 7：×××××有限公司章程　　223

协议范本 8：股权激励计划方案（草案）　　298

协议范本 9：委托持股合同　　371

第一章
CHAPTER ONE

合伙人机制

第一节 / 什么是合伙人机制

一、什么是合伙人

当今时代,一个人的能力是有限的,单打独斗能成功的可能性越来越低。人们已经越来越重视合作与共赢,合伙人模式是合作共赢的必然选择。合伙人,从法律上讲以其资产进行合伙投资,参与合伙经营,依协议享受权利,承担义务,并对企业债务承担无限(或有限)责任的自然人或法人。通俗地讲就是组织多人在一起做一个项目,有钱的出钱,有力的出力,如果赚到钱就按原来约定的比例进行分配,如果把原来投入的钱亏光了,没有钱再投入了,那就关门清算。在管理上,通俗地说,一个通晓企业组织和运行的领导者,将具有相同经营理念和共同目标的人组织到一起,成为事业共同体,共同推进企业的进步与发展。

因此,合伙就是合伙人通过一定规则建立一个能够共同盈利的事业共同体。笔者认为两个前提条件是必不可少的,第一个是合伙人资源互补,根据这个事业共同体需要,发挥各自的专长,提供不同的资源,实现优势互补、发挥合伙人团队资源聚集的最大效应;第二个是合伙人之间要有共同的经营理念和发展目标,形成利益共同体,大家站在同一立场发声，步调一致，实现互利共赢，最终达到共同分配利益的目的。

二、合伙人机制古今中外

（一）"管鲍分金"典故

"管鲍之交"，这个词语大家都很熟悉，常用来形容好朋友之间交情深厚、彼此信任。管仲和鲍叔牙都是春秋时期著名的政治家，两人意气相投，来往密切。两人曾经合伙做生意的典故也令人津津乐道，年轻的时候，管仲家境贫寒，人很聪明，承担养家糊口的责任；鲍叔牙则腰缠万贯，出手大方。两人一起做生意，所有的合伙本钱都是鲍叔牙拿出来的。但生意赚了钱之后，管仲分到的钱比鲍叔牙还多。其他人都认为鲍叔牙吃大亏了，鲍叔牙却认为管仲打理生意功劳大，家里比较穷又要养家糊口，多拿一点也没有关系。可以看出，春秋时期，已经有了合伙经营的概念。双方组建了一个生意共同体，共同经营，共同分配经营所得。

好朋友合伙做生意是一种常见的合作关系，其中相互信任起着至关重要的作用。管仲和鲍叔牙的合伙故事告诉我们，尽管管仲在分配利润时多拿了一些，但鲍叔牙并不计较，因为他理解管仲的价值、家境贫寒和责任。这种相互理解使他们能够建立一个牢固的合作关系，相互支持和信赖。

合伙经营的另一个重要的特征就是共同经营共担风险。在管仲和鲍叔牙的合作中，鲍叔牙提供资金，而管仲负责经营。这种合作方式充分发挥了各自优势，形成了一种资源互补关系，从而共同努力，共同承担风险，为事业的成功共同奋斗。

此外，合伙做生意还需要公平合理的利益分配。虽然管仲分到的钱比鲍叔牙多，但鲍叔牙并不介意，因为他关心的是管仲的付出和需求。这种公平合理和互相关心，使得他们能够维持长久的友谊，并促进合生意的快速发展。所以好朋友合伙经营,就是共同建立一个协调一致的事业共同体,共同创造价值、共同分享利益,实现共同目标。

(二)康曼达契约

欧洲中世纪是地中海沿岸各城市合伙经营模式发展和应用的重要时期。当时,航海贸易逐渐发展起来,一些人意识到航海贸易有巨大利润,但面临技术或资金的"瓶颈";一些人虽然有资金,但缺乏航海知识与航海技术;还有一些人仅有丰富的航海技术。为了克服各自的障碍,形成优势互补,他们通过沟通和协商逐渐形成了"合伙人"的经营模式。

这种合伙经营模式的核心思想就是通过技术与资金互换,拥有技术与经验的一方,提供技术和经验,而另一方提供资金支持。通过这种资源交换,双方共同承担航海贸易的风险,共享航海贸易获得的利益。资金与技术资源的有效整合,大大推进了地中海沿岸航海贸易的发展。同时这种共担风险,互相支持和协作的方式,也为航海贸易参与者提供分散航海风险和共担航海风险的综合解决方案,从而推动航海贸易的快速发展。

随着航海贸易的发展,人们为了快速达成航海贸易的"合伙人"模式,一种名为"康曼达契约"的形式应运而生。投资者将商品、资金、船舶等交给具有丰富航海技术的航海商人,航海商人通过完成艰难危险的贸易航行获得丰厚报酬。"康曼达契约"对于投资比例和利润分配比例的约定完全取决于投资者与航海商人的协商,所以有些契约约定,投资者将资金、实物等资产交给航海商人经营,可获得3/4的利润,航海商人也可以投入部分资金、实物,并以双方投入的全部财产从事航海贸易,获得1/4的利润。也有一些契约约定,经营者提供1/3的资本,非经营者提供2/3的资本,最终利润双方平分。在风险责任承担方面,"康曼达契约"均采取有限责任与无限责任相结合的方式,即不参与航海贸易经营的投资者以投资资产为限承担责任,从事航海贸易的航海商人承担无限责任,这就是欧洲中世纪地中海沿岸有限合伙的雏形。

三、爱尔眼科的合伙人机制值得借鉴

古今中外,合伙经商模式早已广泛存在,通过合伙,参与人不仅有效降低经营风险,而且能实现利益共享。

新的商业逻辑和互联网思维正为合伙机制带来新的动能,合伙本就是大家相互协作的一种方式,用最通俗的话来描述即"有钱的出钱,有力的出力"。通过资源互补,形成一个新的利益共同体,追逐同一个目标,实现经济收益。随着时代的演变和企业管理水平的提升,合伙机制不再仅仅是简单的资源整合,已经融入了企业经营管理架构的完善和企业股权分配制度的改革,形成一种不同以往的新型组织架构关系,这种新型关系就是为了留住、培养和吸引能力突出的核心人才和技术骨干,使得中小企业能够在激烈的市场竞争中站稳脚跟,快速发展。

如今合伙人机制已在众多企业中得到广泛应用,而且每个企业在应用合伙人机制采取的模式和侧重解决的问题都有所不同。万科的事业合伙人计划目的在于改善因股权分散所带来的公司治理能力的不足;阿里巴巴的合伙人制度目的在于将股权所有人与公司控制权分离,减少财务投资人对企业掌控的可能性。

在合伙人机制对企业发展产生巨大影响之际,企业必须以全新的视角来理解这一制度。不能停留在寻找和吸引那些具有实力、良好品质的合作伙伴层面,只有在确信双方目标和理念高度契合、合作伙伴具备一定的经营智慧和专业能力的前提下,企业才能坚定地按照既定的合伙机制引入这些人才,使他们真正成为企业持续发展的引擎。爱尔眼科合伙人计划(见图1-1)的落地值得我们探讨和学习。

【股权案例】

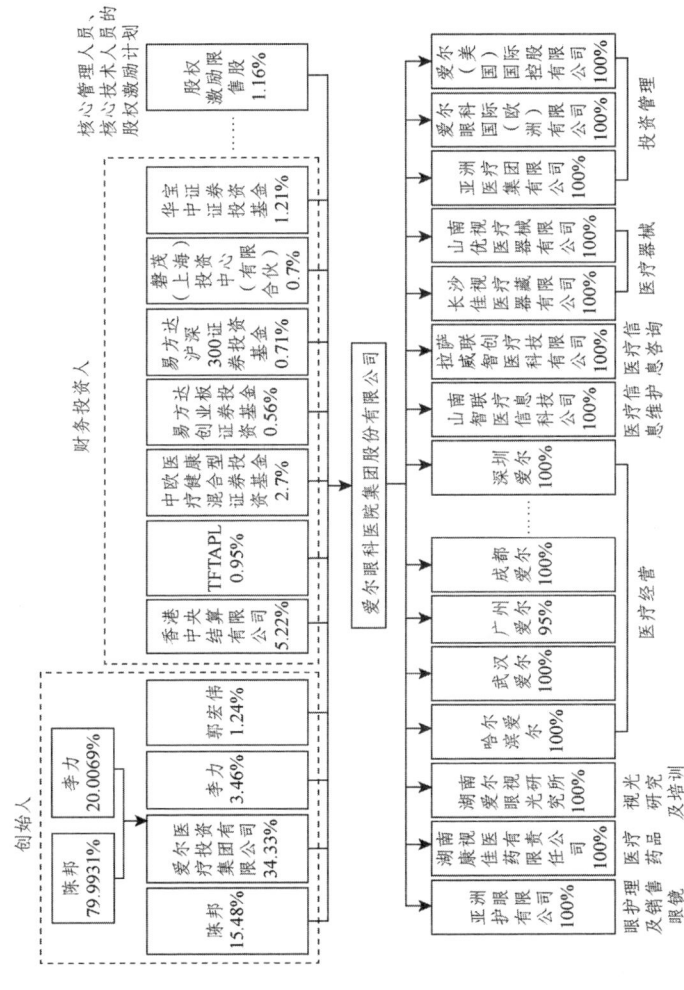

图1-1 爱尔眼科医院集团股份有限公司股权架构

爱尔眼科创始人陈邦,是湖南人,曾经蝉联湖南首富。他在爱尔眼科应用了合伙人模式,让爱尔眼科迅速做大并且在全国疯狂扩张,10年间陈邦把爱尔眼科做到了行业全国第一。爱尔眼科的主体公司是爱尔眼科医院集团股份有限公司(以下简称爱尔眼科医院股份),它是上市公司,现在实际控制人仍然是陈邦,直接持股15.48%,同时他和李力成立了爱尔医疗投资集团有限公司(以下简称爱尔医疗投资),他自己占将近80%的股权,李力占20%的股权,爱尔医疗投资持有爱尔眼科医院股份34.33%股权,陈邦通过爱尔医疗投资间接持有爱尔眼科医院股份27.46%股权。所以陈邦总共持股42.94%(见图1-2),这是陈邦能够在爱尔眼科推行合伙人机制的基础。

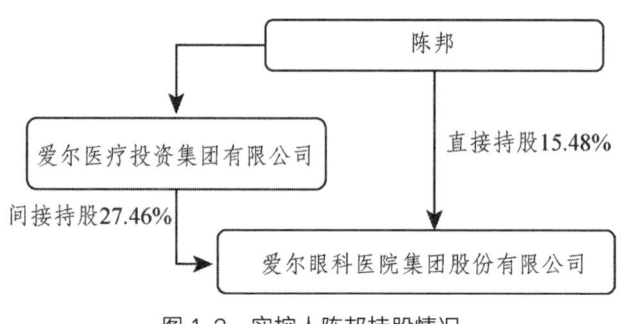

图1-2 实控人陈邦持股情况

爱尔眼科医院股份的下面有很多医院,都是爱尔眼科医院股份控股的实体医院,持股比例为51%~100%,数量达160多家,有市级医院,也有县区级医院,而且每年数量还在不断增加。那么这些全国各地的医院是怎么来的?是爱尔眼科医院股份赚了钱之后,再去各地逐家开设的吗?当然不是,爱尔眼科采取了非常高效的模式,就是合作成立产业基金,再去并购和投资新建。

并购模式就是产业基金并购加合伙人机制模式,这与传统的模式不同。我们先了解一下爱尔眼科产业基金,当然爱尔眼科为了能够迅速扩张,它成立的产业基金不止一个。我们就拿其中一家来说,南京爱尔安星眼科医疗产业投资中心(有限合伙),它是一家有限合伙企业,来看一下它合伙人结构是怎样的（见图1-3）。它一共有三个合伙人，其中占比最大的合伙人是融智恒通（北京）咨询有限公司，份额比例是75%，持有份额第二的合伙人也是一家公司，叫山南智联医疗信息科技有限公司，注册地址在西藏自治区山南市，持有的份额是19%，这家公司唯一股东就是爱尔眼科医院股份。第三个合伙人是拉萨经济技术开发区铭鸿创业投资管理合伙企业（有限合伙），持有份额6%。融智恒通（北京）咨询有限公司是这家有限合伙企业的执行事务合伙人，由融智恒通控制和主导这只产业基金，在南京及周边地区挑选眼科医院进行并购和培育。在这只基金里，爱尔眼科只是一个参与者的角色，那么为什么爱尔眼科医院股份不控制这只产业基金呢？首先，爱尔眼科的目的是把这只产业基金做成融资平台；其次，产业基金运营所需要的人才与开一家眼科医院需要的人才是完全不一样的，让爱尔眼科自己去运营所有的产业基金那是不现实的。没有储备那么多的专业人才，所以由爱尔眼科作为执行事务合伙人实际控制运营的只能是少部分产业基金，大部分是交给其他参与者打理。

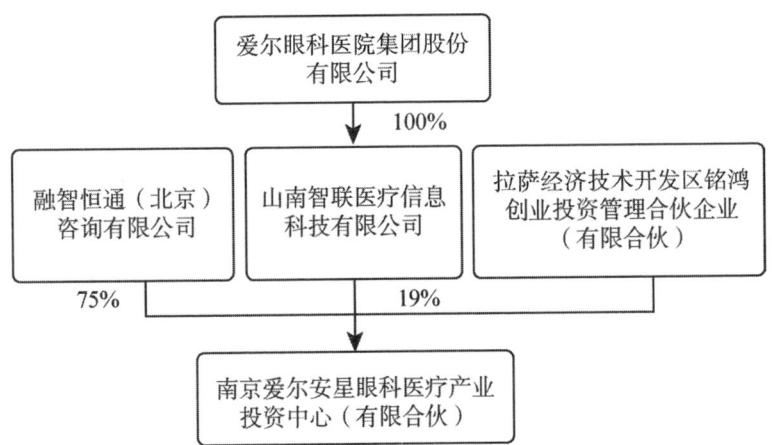

图1-3 南京爱尔安星眼科医疗产业投资中心（有限合伙）股权架构

由产业并购基金寻找适当的眼科医院进行并购，如果达成并购交易，产业基金对这些爱尔眼科医院的持股比例都在51%以上。前期这些医院并不是爱尔眼科医院股份旗下的控股公司，也不是爱尔眼科医院股份的资产，只是授权使用爱尔眼科品牌和采取爱尔眼科管理运营模式。在培育一定时间之后，等这些爱尔眼科医院真正实现盈利，由爱尔眼科医院股份用现金或者上市公司股票来收购这些爱尔眼科医院，从而使这些医院成为爱尔眼科医院股份的子公司，这样的操作最关键的环节就是充分利用合伙人机制使这些医院实现盈利。

举个例子，我们看一下马鞍山爱尔眼科医院有限公司的股权架构（见图1-4），这家马鞍山爱尔眼科医院股东有两个，一个是南京爱尔安星眼科医疗产业投资中心（有限合伙）持股比例80%，另一个是马鞍山视线医疗企业管理合伙企业（有限合伙）持股比例20%。马鞍山视线医疗企业管理合伙企业（有限合伙）的合伙人有30个自然人。这30个自然人合伙人，就是马鞍山爱尔眼科医院的核心人员，包括精通眼科医术的医生和对当地市场非常了解的管理人员和运营人员。有了这些人才，再加上马鞍山爱尔眼科医院利用爱尔眼科品牌和运营管理模式，为当地眼科患者提供了最好的服务，未来经过一定的时间运营使这家医院盈利成为可能。如果实现盈利，爱尔眼科医院股份就会用现金或定向增发股份的方式收购南京爱尔安星眼科医疗产业投资中心（有限合伙）和马鞍山视线医疗企业管理合伙企业（有限合伙）持有马鞍山爱尔眼科医院有限公司的股权，使马鞍山爱尔眼科医院成为爱尔眼科医院股份的子公司，这时南京的这只产业并购基金实现退出，医院核心人员获得了工资收益、分红收益和股份增值收益。

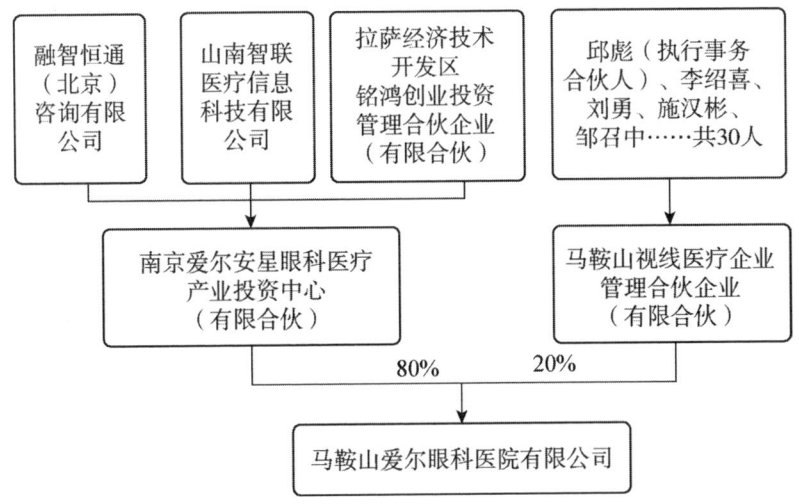

图 1-4 马鞍山爱尔眼科医院有限公司股权架构

从 2014 年 9 月开始,爱尔眼科医院股份就实施了合伙人计划,包括合伙人计划和省会合伙人计划(见表 1-1)。爱尔眼科医院股份由下属子公司与核心技术人才与管理人才共同设立合伙企业,下属子公司作为合伙企业的普通合伙人,核心人才作为合伙企业的有限合伙人,合伙企业参与投资设立爱尔眼科连锁医院,两者共同参与新建医院的管理和经营。在经营期间,合伙人不仅可以获得新建医院基本的工资,而且能获得新建医院每年的股权分红,在经营一段时间后,当新医院达到一定盈利水平之后,爱尔眼科医院股份通过发行股份、支付现金或二者结合等方式,以公允价格收购合伙人持有的新建医院的股权,这时候合伙人还获得股权增值的收益。

爱尔眼科的合伙人计划,对内是核心员工的创业平台,对外又是可以吸引优秀人才加入的平台,这些人才主要包括:

1.对新医院发展具有较大支持作用的上级医院核心人才;

2.新医院(含地州市级医院、县级医院、门诊部、视光中心)的核心人才；

3.公司认为有必要纳入计划及未来拟引进的重要人才；

4.公司总部、大区、省区的核心人才。

表1-1 合伙人计划与省会医院合伙人计划

	合伙人计划	省会医院合伙人计划
时间	2014年4月	2015年4月
概述	核心技术人才与核心管理人才与公司或爱尔并购基金共同投资设立新医院（含新设、并购及扩建）	在省会医院达到预定发展目标的前提下，核心管理人员、技术人员为主的团队，通过增资或受让部分股权的方式，成为省会医院的合伙人股东
实施方式	设立有限合伙企业，公司下属子公司作为合伙企业的普通合伙人，核心人才作为有限合伙人出资到合伙企业	公司选定两名省会医院骨干人员代表核心团队设立合伙企业，合伙企业管理人选择合适的时机将合伙企业份额转让给各位合伙人
占比	占20%~30%的股权	占10%~20%的股权
资格	（1）对新医院发展具有较大支持作用的上级医院核心人才； （2）新医院（含地州市级医院、县级医院、门诊部、视光中心）的核心人才； （3）公司认为有必要纳入计划及未来拟引进的重要人才； （4）公司总部、大区、省区的核心人才	（1）各省会医院的核心团队； （2）对省会医院发展进行综合协调、重点支持的总部人员； （3）对省会医院进行对口支援的兄弟医院关键人员； （4）公司未来拟引进省会医院的重要人才； （5）公司认为有必要的其他重要人员
期限	一般为3~5年	一般为4~6年
退出	在新医院达到一定盈利水平后，公司通过发行股份、支付现金或两者结合等方式，以公允价格收购合伙人持有的医院股权	在省会医院未来实现更高的盈利目标后，公司通过发行股份、支付现金或二者结合等方式，以公允价格收购合伙企业所持的省会医院股权

具体而言，爱尔眼科的合伙人计划从进入退出分为三个阶段：

第一个是合伙人的投资期：医院管理人才和骨干医生作为有限合

伙人出资参与新的眼科医院的建设，承担对新眼科医院的经营决策工作，爱尔眼科医院股份利用管理人才和骨干医生对新建设的眼科医院进行体外培育。

第二个是合伙人股权持有期：培育期一般为 3~5 年，当新建眼科医院实现盈利时，这些医院管理人才和骨干医生作为合伙人除了享有日常工资和奖金，还可享受股权分红。

第三个是合伙人股权退出期：新建医院达到爱尔眼科医院股份规定的盈利标准后，就会被爱尔眼科医院股份收购，合伙人转让股权实现个人退出或成为上市公司的合伙人，实现股权增值收益。

爱尔眼科的上市公司收购加产业基金投资加合伙人机制的运行模式（见图 1-5），可以说是让每一个参与的角色都各得其所，爱尔眼科医院股份获得了更多的眼科医院并增加了上市公司的营收，最关键的是提高了上市公司的市值，产业并购基金通过爱尔眼科医院股份的股权收购，获得了丰厚的利润，而参与爱尔眼科管理运营的合伙人获得了分红和股权溢价的回报，实现三方共赢。

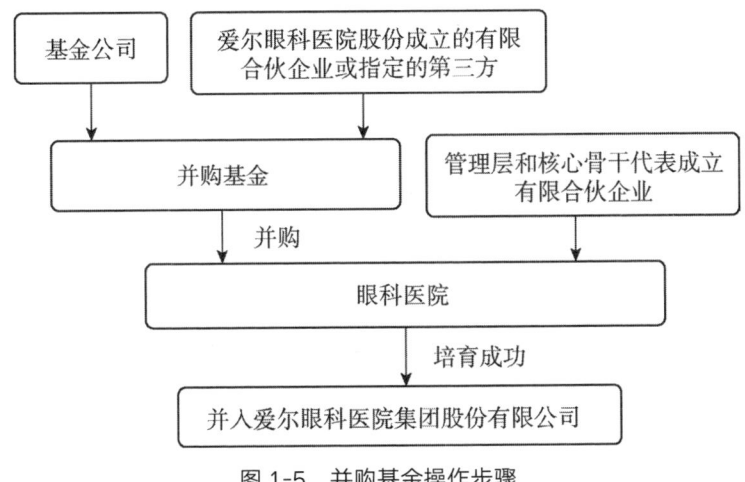

图 1-5　并购基金操作步骤

另外，爱尔眼科利用上市公司平台，还先后实施了股票期权、限制性股票等多形式、多层次的激励措施。在多维度、多层次的激励机制推动下，这些合伙人不仅实现了自己的价值，也与爱尔眼科形成了长期、共同的发展目标，相互之间结成了更紧密的利益共同体。

第二节 / 企业为什么要实行合伙人机制

一、传统合作模式的局限性

一方面，在公司传统管理模式下，企业与员工的关系本质是雇佣和被雇佣关系，两者之间的关系大多数是以绩效为导向。员工的工作岗位、工作职责是由岗位说明书固定的，甚至薪资待遇都是固定的，或者按照相应的业绩结果有一定的绩效工资，可以说员工赚多少钱，完全是老板说了算，不能完全反映员工的劳动付出成果。大多数公司是不管员工付出多大的努力，员工得到的回报永远比自己预期的少，长此下去，员工工作积极性降低甚至离职，导致人才流失，有时公司效益不好，老板就主动想办法解聘员工，以节约成本。

另一方面，公司老板受过往管理经验的影响，很难接受新的激励机制，很少会把公司的股权拿出来分享给员工，认为给奖金或提成就足够了。但员工每个人心里都有一杆秤，是由于大家的努力企业发展得越来越好，都非常清楚公司的价值，当他们明白自己的付出和回报不成正比时，再想让他们全心全意地为企业付出是不现实的。

有些老板为了提高企业管理能力，激发企业活力，会选择引入职业经理人，让专业的人干专业的事，全面负责企业的管理运营和战略落地。职业经理人都是经过千锤百炼、市场洗礼的，具有较强的运营能力、管理水平和创新意识，用人得当能够带领企业走向辉煌、为股东创造更多的财富。但是他们对薪酬待遇要求也很客观，就是付出和收益相匹配，如果在基本工资＋绩效奖金的模式下，他们在一个企业运营管理的寿命也是有限的。

[案例 1：呷哺呷哺]

2021 年 5 月 21 日，呷哺呷哺发布公告称，因集团若干子品牌表现未达到董事会预期，解除赵怡女士的行政总裁职务，并称解除赵怡的职务不会对公司的业务营运造成重大不利影响，随后创始人贺光启被委任为行政总裁，自 2021 年 5 月 20 日起生效。2021 年 6 月 14 日，呷哺呷哺又发布公告，正式宣布董事会"建议罢免赵怡的执行董事职务"。6 月 21 日，赵怡发布个人声明称特别股东大会正式决议以前，她"仍是呷哺控股的执行董事"。6 月 27 日赵怡再次作出回应，自己于 2012 年 11 月 12 日加入呷哺呷哺，并在 2 年后推动呷哺呷哺在香港联交所主板上市，是成就呷哺呷哺控股成为证券市场火锅第一股的首要功臣之一。同时，她表示，在呷哺呷哺任职的 9 年，基本全年无休地工作，一直在市场前端，非常了解消费者、了解市场，并制定了清晰的战略及应对措施，公司受到市场肯定，股价大幅上涨，使股东获得巨大利益。这场罢免风波，一直持续到 7 月底，最终以 7 月 28 日呷哺呷哺召开特别股东大会，作出罢免赵怡执行董事议案而告终。在这个过程中，最受伤的就是呷哺呷哺本身，这个时间节点，距离呷哺呷哺子品牌"凑凑"CEO 张振纬离职，也只有 3 个多月，呷哺呷哺的股价激烈震荡，前后蒸发了 200 多亿元市值。至此，呷哺呷哺主品牌和子品牌的大权，都落在了创始人贺光启身上。

呷哺呷哺的矛盾，实质就是创始人与职业经理人对公司运营管理理念的碰撞。据了解，呷哺呷哺发展早期，创始人贺光启会将公司放手给元老级高层去管理运营,这也是他创业能取得成功的主要原因之一。随着呷哺呷哺的发展,便聘请职业经理人管理,并逐渐形成一套稳定的运营体系,但创始人贺光启与职业经理人在公司运营管理等方面的冲突也越来越多,双方管理理念不一样,冲突也不可避免。可以看出,公司为了发展聘请职业经理人也不能包治百病。

[案例2:TCL手机]

在中国手机行业发展史上,名气最盛的可能是万明坚。万明坚是国产手机的探路人,做事雷厉风行,曾在手机江湖上叱咤风云,十几年前就与欧系和韩系手机品牌打擂台,掀起国产手机发展的第一波高潮。万明坚个性张扬,性格坚韧,做事执着,2000年以后掌控TCL移动业务,成为TCL移动业务的职业经理人,并取得了巨大成功。2003年,TCL手机销售额达到94.5亿元,占TCL集团总利润的80%以上,手机业务一度成为TCL业务支撑。TCL手机做得最火时期,万明坚人气远超李东生,被有些媒体称为"国产手机教父""国产手机带路人",还荣获2003年"中国十大杰出青年"。但风光时刻来得快走得也快。2004年年末,TCL手机业务遭遇滑铁卢,净利润急剧下滑,正应了"成者为王,败者为寇"那句话,万明坚立刻被TCL集团扫地出门。万明坚的离开,当时引发了较大的争议。有人说,业务下滑只是表面原因,主因是万明坚名气太盛,威胁到了李东生的领导地位,也就是"功高盖主"之说。

[案例3:汇源]

无独有偶,空降职业经理人与企业创始人发展思路不兼容的还有汇源果汁。苏盈福原来是纽交所上市的金宝汤公司的亚洲总裁,主要负责亚洲业务,在食品和饮料行业有超过30年的市场销售和渠道推广经验,多年来在大中华及亚太地区发展食品及饮料业务并且成绩显著。2013年7月15日,苏盈福受邀入职汇源担任公司行政总裁,成为汇源果汁的职业经理人,时任执行董事兼总裁的朱新礼于当日退任公司总裁,仅保留执行董事职位。

业内一致评论汇源真正开启职业经理人时代，朱新礼也决心汇源的运营管理一定要走职业化道路，在苏盈福接手汇源时，朱新礼说出："哪怕汇源被我新招来的人折腾死了，我也认。"朱新礼决心满满，苏盈福也信心满满，决心为汇源干一番事业，上任后大刀阔斧，2个月内，撤掉了所有事业部。原来朱新礼将市场分为20个大区，并成立了7个特区，苏盈福撤掉了所有的大区和特区，重新将市场划分为7个大区，苏盈福对利润也提出进一步要求，要求业务人员砍掉所有影响利润的环节，苏盈福的改革不可谓不激烈，但不到1年时间，退居二线的朱新礼再次强势回归，空降兵苏盈福黯然辞职。

通过以上案例我们可以看出，职业经理人有时在企业中的角色确实是比较尴尬。一方面，在老板眼里，职业经理人职务再高级、能力再出色，归根到底是打工者，实质上与普通员工没什么区别，是"外人"不是"自己人"。另一方面，掌握企业管理权的职业经理人，根据自己的经验和市场判断坚持自己的管理理念，势必与老板的"经验和认知"产生矛盾和冲突，更重要的是传统的职业经理人激励机制会导致职业经理人的短期行为，对企业长期发展非常不利。

马云曾说："员工离职的原因可以归结到两点：第一，钱没给到位；第二，心受委屈了。"职业经理人也是如此，如果个人的利益没有与企业发展形成荣辱与共的格局，没有牢固地捆绑在一起，即使企业做好了，职业经理人没有得到应有的回报，最终肯定是钱没给到位而转身离开的结局；每位职业经理人的风格不同，有的做事大刀阔斧，有的做事缩手缩脚，如果与创始人的经营理念差异巨大，没有得到创始人信任和支持，职业经理人心受委屈了，转身离开是必然的结局。这种离开，无论谁对谁错，对企业的发展一定是百害而无一利的，先不说对企业内部的折腾，对外部，职业经理人离职后，要么去更高薪的平台，要么自行创业，而且很大可能从事的业务是与原企业有同业竞争关系。职业经理人非常清楚原企业渠道资源和经营模式，再加上离职时与原企业创始人闹得不愉快，对原来企业的打击是非常可怕的。

二、合伙人机制能解决企业发展的瓶颈问题

第一，合伙人模式是解决企业缺乏优秀操盘手的有效途径。当公司需要一名出色的职业经理人时，引入他们作为合伙人，深度捆绑、共同分担风险共享利益，有助于激励经理人团队对企业的发展有更深的投入。

第二，企业面临增长乏力和动力不足的情况下，合伙人机制能够注入新的活力。企业往往在快速扩张后陷入机构臃肿、执行力不足的困境。通过让更多的能干事、肯干事的人成为合伙人，让每个人都有机会成为企业发展的动力，并享受相应的收益，这不仅提升了团队的整体执行力，还增强了团队的凝聚力和士气。

第三，合伙人机制在解决人才瓶颈问题方面具有显著优势。通过吸纳优秀人才加入合伙团队，能够实现企业裂变式增长。以芳澜国际为例，通过合伙人机制，整合800多家美容院并将其转成自己的品牌，充分体现了合伙人机制在解决人才瓶颈问题上的作用，这种方式不仅促进了人才的集聚，还能够在更广泛的范围内促进专业技术和经验的分享。

第四，合伙人机制能够解决产品研发的瓶颈问题。以产品为核心的企业发展，就要不断更新迭代产品以保持竞争力，通过吸引技术合伙人加盟，企业可以汇集更多的创新思维，引入行业内的技术人才，从而推动更好的产品推陈出新。

第五，合伙人机制可以解决人效瓶颈问题。许多企业规模扩张后，带来了效益下降问题，将企业管理机构模块化转变为合伙人团队运营，

成为独立的经营核算主体,使每个成员都是团队的一部分,共享决策、共担风险、共享利益,有助于挖掘和释放团队成员的潜力,解决人效瓶颈问题。

现在很多企业,都借鉴特种部队作战模式,将企业划分小团队经营运作,通过合伙人机制的方式,能够更好地实现企业的裂变和业绩倍增。在合伙人机制下,合伙人不仅有分红和奖金,还有管理公司或团队的权力,增强员工的主人翁意识。给老板打工还是给自己打工,所付出的努力自然是不同的。综上所述,合伙人机制是当前商业环境中解决企业发展诸多问题的有效手段之一,通过将优秀人才纳入合伙人团队,以股权激励的方式激发他们的工作积极性,以实现企业的持续增长和发展。但在引入合伙人机制的同时,企业需要关注运营管理的合规性,确保利益分配的透明性。

三、合伙人机制助力企业发展

(一)促进管理扁平化

时代的发展,逐渐打破了马克斯·韦伯所提出的科层式组织理论,实行合伙人机制的企业在管理上淡化了人与人之间的上下级关系,强调管理信息的对称性。合伙人之间一般没有强隶属关系,彼此是通过利益分享机制及共同价值观捆绑在一起的,是真正意义上的管理扁平化。

在这种模式下,企业经营的思维发生了根本性的变化,员工真正实现从为老板工作到为自己工作,最终转变为员工与老板合作,这种转变彻底改变了人力资源的利用效率。过去的管理模式,上下级之间存在明确的层级关系,员工只需按照老板的指示去执行任务,缺乏主动性和创造力的发挥。然而,在合伙人机制下,员工的角色发生了转变,他们不再只是被动地接受任务,而是积极参与决策、承担责任,最终分享收益。这种转变使得企业能够更加灵活和迅速地应对市场变化,提高决策的准确性和速度。同时,合伙人机制也减少了管理成本,因为不再需要维护繁琐的层级关系。

在合伙人机制下,员工更愿意主动地投入自己的时间和精力,因为他们知道自己的付出和收益直接相关,相比传统的雇佣关系,合伙人机制激发了员工的内在动力和创造力,他们更积极地参与工作,实现工作业绩,他们与企业的利益紧密捆绑,更关注企业的长远发展,并愿意为实现共同目标付出更多努力。

（二）创造拥有感

合伙人制度最大的特点就是创造拥有感。在传统管理模式下,员工只是按部就班地完成工作,工作结果与自己的关系不紧密,很少会拥有成就感,更难以产生归属感,当有更好的工作机会时,优秀的员工容易跳槽。在合伙人机制下,员工成为企业的合伙人或股东,直接获得成就感、存在感和话语权。这种新的机制能够充分发挥人的主观能动性,更好地达成工作成果,促进企业的长期发展。

（三）留住人才

企业在发展过程中,公司高管甚至创业元老也会选择跳槽或自己开公司。有这样一个案例,王老板在2018年创业做贸易公司,创始员工小刘从一开始就跟着王老板干,干了4年,过去几年经历新冠肺炎疫情的洗礼,公司仍然做得很成功,年营收超过3500万元,利润有700万元,这期间,小刘的工资也从10万元涨到60万元。但是就在公司发展势头最好的时候,小刘选择了离开,自己成立公司创业了,这让王老板很伤心，不明白小刘为什么要自己创业。

其实这种情况在创业公司很常见，我们分析一下原因，有以下几点：

第一，企业干得成功与员工的利益回报无关，公司赚了更多钱，但员工收入有限。就像小刘，他辛辛苦苦帮助王老板创业小有成就，公司获利越来越多，年利润700万元了，但他的工资只能涨到60万元，公司的成功与他的收益无关。

第二，有能力的员工希望获得与贡献相匹配的职位，小刘是公司的骨干员工，随着自己能力的增强，也期望在公司获得职务升迁和个人价值的认可。如果公司的晋升通道不畅通，小刘的晋升预期无法实现，离职创业就成为获得承认和更大回报的出路。

最关键的原因还是传统的雇佣制下，员工参与了公司的创立和成长，但公司的价值增值与员工没有直接关系。就比如这个案例，小刘跟着王老板一起创业，公司的营业收入从0元增长到3500万元，公司的发展小刘是做出巨大贡献的，但是小刘还是拿的死工资，虽然他的收入从10万元涨到60万元，但是他的付出和他的收益与公司营业收入和利润的增长并不对等。遇到这种情况，小刘就会考虑：反正都是打工，那我还不如选择一个年薪更高的公司继续打工，或者当小刘个人实力积累到一定程度时，产生自己创业的想法。凡是骨干员工伴随公司成长掌握了行业专业技术、拥有客户资源，大部分产生巨大信心通过自主创业会实现自己的事业发展。还有一些有能力的员工跳槽到可以合伙创业的公司，做一个项目的负责人，拥有合伙人的资格，并且拥有一定的股权，比如你有本事，有机会加入小米生态系统，小米有资本、有平台、有流量，可能雷军都不需要你投钱，只要雷军看上你，你做总经理都行。

当下，许多企业仍处于传统的雇佣制阶段，这在当今的经济时代已经难以适应。为留住人才，企业必须主动转型紧跟时代步伐，从雇佣制向合伙人机制转变。老板要转变思维观念，从传统的企业家角色转向企业规划师角色，要以发展的眼光看待问题，员工是具有动态的时空价值的，不同时间阶段和不同空间状态下其价值不同，为企业创造的成果也不同。当有能力的员工想要有更大发展空间时，鼓励他们自主创业时，不要束缚，而且要主动投资他们，给他们出钱或者提供平台，成为他们的天使投资人，将他们孵化成合作伙伴，这样有能力的员工即使离开公司后，也不会成为竞争对手，企业依然可以获得发展，这也是留住高管人才的重要手段。

合伙人机制是企业获得持续竞争力的必由之路。正如马云所说的：下一轮竞争，不是人才竞争，而是企业合伙人机制的竞争。阿里巴巴、万科、小米等优秀企业正是在合伙人机制运作下取得巨大成功。合理的股权分配和股权激励，将有能力的员工转变为企业合伙人，这是培养人才、留住人才和增强团队凝聚力的关键。

（四）吸引人才

企业建立合伙人机制已经成为吸引人才的有效方式，这主要是因为合伙人机制能够满足人性发展的需求：

首先，合伙人机制使员工成为公司项目的牵头者，员工可以承担企业责任和分享收益，增强员工的工作积极性和企业认同感。其次，合伙人机制为员工提供广阔的发展空间和机会，可以通过逐渐持股成为公司高管。最后，合伙人机制就是让员工获得股权激励，分享企业价值增长，很多互联网企业和高科技企业在招聘人才时，就提到给优秀人才建立合伙人制度或股权激励计划。总之，合伙人机制能为员工提供发展机会和丰厚回报,这对新生代员工具有强大吸引力,也是吸引人才的有效途径。

(五)为企业资源整合

做企业在某种程度上也是玩资源整合游戏,你能在多大范围内整合资源,你就能获得多少人的支持,就能创造出多大的成就,合伙人机制就是一种资源整合工具,是一种共创、共担、共享的股权激励分享机制。

央企为什么能让很多优秀人才争相奔赴,核心就在于它拥有独特的行政资源和能够整合行业人才资源的能力。首先,它可以吸引全国乃至全球范围内优秀毕业生申请入职,这相当于整合了行业最具潜力的专业人才。其次,它可以聘请到全国乃至全球最优秀智库提供意见,这相当于企业整合了外部的顶级人才资源。再次,它得到了政府和社会资本的大力支持,不断注入资金和使用政府资源。最后,它有很多与全球顶尖高校和科研机构展开交流合作的机会,这相当于得到上游资源的有效对接。可以看出,央企之所以成功,是因为它作为一个平台,有能力和有机会整合多个方面、多个层面的资源,形成强大的合力。

类似地,企业通过合伙人机制也可以实现这样的资源整合效应,合伙人的利益与企业利益紧密捆绑,达到合伙人的各种资源有效整合。通过股权分红、业绩分成等方式,合伙人的收益高度挂钩企业业绩,从而能够主动为企业创造价值,更愿意为企业付出。

同时合伙人机制也能够整合外部优质资源与企业实现良性互动,合伙人本身往往具有扎实的专业背景和丰富的人脉资源,可以对接企业急需的各类外部资源,如技术、客户、投资等,外部的资源也更愿意与合伙人合作,而非仅与老板合作。另外,合伙人既代表企业利益,也参与行业发展的探讨,更有能力推动上下游合作,实现资源共享、优势互补,从而形成稳定的行业生态价值链。最后,有外部合伙人背书,还能够吸引资本投资,为企业获得持续发展动力,投资方与合伙人利益一致,合伙人更倾注于企业发展。

综上所述,企业能够通过合伙人制实现资源的整合与叠加,形成化学反应,为企业注入强大内生发展动力,这是合伙人机制的核心竞争力。

第三节 / 各种组织的合伙人机制

一、个体工商户和个人独资企业

《民法典》第54条规定,自然人从事工商业经营,经依法登记,为个体工商户。个体工商户可以起字号。第56条规定,个体工商户的债务,个人经营的,以个人财产承担;家庭经营的,以家庭财产承担;无法区分的,以家庭财产承担。

与之类似的还有个人独资企业,即由一个自然人设立创办的,并且只能是自然人,对企业财产享有所有权并且以其个人财产对企业承担无限责任的企业。两者都由个人投资者承担无限责任,最大的不同就是个体工商户不能设分支机构,个人独资企业可以。个人独资企业的投资人可以委托或者聘用他人管理事务,但是个体工商户的投资者与经营者必须为同一人。

如果成立个体工商户或个人独资企业,希望与他人合作经营,形成事实的合伙关系,可以通过签订合作协议,明确大家合作的目标、职责分配、财务安排、利润分配、退出机制等关键细节,一方担任法定的实际经营者,其他方以约定形式成为投资者或以合作伙伴的身份参与经营,共同承担风险和分享回报。

个人独资企业创办方式较为简单快捷，对投资人的出资没有特别的要求，并且个人对企业拥有绝对的控制权，其所有权、经营权、收益权高度统一。但同时，个人独资企业如前述所言，只能自然人创办，不能以法人名义创办，个人投资的风险极大，所以规模小，难以筹集大量资金，不易发展壮大。

二、合伙企业

自然人、法人和其他组织依法在中国境内设立的普通合伙企业和有限合伙企业。

（一）普通合伙企业

普通合伙企业必须有2个以上合伙人，普通合伙人的出资形式没有要求，可以用货币、实物、知识产权、土地使用权或者其他财产权利出资，也可以用劳务出资。全体合伙人通过订立书面的合伙协议，协商约定好合伙企业的名称和经营场所，各合伙人姓名或名称及住所，出资方式、出资数额和缴付期限，利润分配和亏损分担方式，合伙事务由谁执行以及如何执行，入伙和退伙的方式，争议解决办法、违约责任等。可以说，合伙协议是划分和确定所有合伙人一切权利义务的根本性约定。

大家对执行合伙事务享有同等的权利，全部合伙人可以共同执行合伙事务；也可以选择委托一个或者数个合伙人对外代表合伙企业，执行合伙事务，其他合伙人就不再执行合伙事务，行使监督权利即可。

但需要注意的是：

1. 普通合伙人是不能自营或者与他人合作经营与本合伙企业相竞争的业务。

2. 各合伙人对合伙企业承担无限连带责任，而且承担责任是不以出资或收益为限的。也就是说，有可能一人之错，但需全体合伙人先行承担对外的无限连带责任。举个例子，这个普通合伙企业有6个合伙人，每个人占一定的合伙份额，如果合伙企业对外欠了已到期的债务1000万元，合伙企业没办法偿还，债权人追来的时候，可以找谁呢？他可以找全体合伙人，也可以找其中一个合伙人，并且要求这个人承担全部责任，这个合伙人承担完之后，你再去追其他合伙人，这叫连带责任，所以债权人可以起诉所有的合伙人，并且在诉讼请求里加一句"要求所有合伙人承担连带责任"，也就是说，最后法院执行的时候，任何一个合伙人的钱都可以拿出来偿还全部债务，然后再去做内部的追偿。

（二）特殊的普通合伙企业

一般以专门知识和技能为客户提供有偿服务的专业服务机构，会选择设立特殊的普通合伙企业。例如，律师事务所、会计师事务所、资产评估机构等。特殊的普通合伙企业必须在其企业名称中标明"特殊普通合伙"字样，以区别于普通合伙企业。

在特殊的普通合伙企业中，一个合伙人或者数个合伙人在执业活动中因故意或者重大过失造成合伙企业债务的，先以合伙企业财产承担责任，不足以清偿的部分，由有过错或者有重大过失的合伙人承担无限连带责任；其他合伙人则以其在合伙企业中的财产份额为限度，承担有限责任。这就是与普通合伙企业相比，"特殊"之处所在。如前所述，其合伙人都是凭借自己的专门知识和技能、职业经验等提供专业的服务，基本上是独立完成委托和获取收益。如果特殊的普通合伙企业的合伙人任何情况都承担无限连带责任，对于无过错的其他合伙人而言，是不公平的。

当然，特殊的普通合伙企业内部也是按照合伙协议的约定，有过错的合伙人要对其他合伙人造成的损失承担赔偿责任，即内部追偿。

（三）有限合伙企业

有限合伙企业是由 2 个以上 50 个以下合伙人设立，至少要有一个普通合伙人和一个有限合伙人。常见于风险投资基金、公司股权激励的持股平台。

在有限合伙企业中，由普通合伙人执行合伙事务，有限合伙人不得执行合伙事务并对外代表合伙企业，有限合伙人不能以劳务出资。

与普通合伙人相比，有限合伙人可以和本合伙企业进行交易，也可以自营或者同他人合作经营与本有限合伙企业相同的业务，但是合伙协议另有规定的除外。有限合伙企业是各种合伙企业类型中最常见应用最广泛的组织形式。

以下为有限合伙企业的合伙协议范本，仅供各位企业家参考。

协议范本 1：

合伙协议

甲方(普通合伙人)：
身份证号码/统一社会信用代码：
乙方(有限合伙人)：
身份证号码/统一社会信用代码：
丙方(有限合伙人)：
身份证号码/统一社会信用代码：

本协议各方经平等自愿协商，根据《中华人民共和国民法典》《中华人民共和国合伙企业法》及相关法规，就各方自愿组成一个共同经营体，设立一家有限合伙企业事宜，签订本协议以共同遵守。

第一部分　合伙企业设立

1. 合伙企业基本信息

（1）合伙企业的名称为"（有限合伙）"。

（2）合伙企业的组织形式为有限合伙企业。

（3）合伙企业的经营场所拟设在＿＿＿＿＿＿＿＿＿。

（4）合伙企业的经营范围为＿＿＿＿＿＿＿＿＿＿。

（5）合伙企业的营业期限为＿＿＿＿＿＿＿＿＿＿。

以上事宜均以合伙企业登记机关最终核准登记的内容为准。

2. 合伙人

2.1 本合伙企业由普通合伙人及有限合伙人共同设立。普通合伙人对合伙企业债务承担无限连带责任，有限合伙人对合伙企业债务以其认缴的出资额为限承担责任。

2.2 经全体合伙人一致同意，普通合伙人可以转变为有限合伙人，有限合伙人可以转变为普通合伙人。

2.2.1 普通合伙人转变为有限合伙人的，对其作为普通合伙人期间合伙企业发生的债务承担无限连带责任。

2.2.2 有限合伙人转变为普通合伙人的，对其作为普通合伙人期间有限合伙企业发生的债务承担无限连带责任。

3. 合伙人的出资方式、数额和缴付期限

3.1 全体合伙人共认缴出资人民币（大写）×元（¥×元）。合伙人应按本协议约定履行出资义务。

3.2 甲方出资

3.2.1 甲方出资额：人民币（大写）×元（¥×元），占认缴出资总额的×%（百分之）。

3.2.2 甲方出资方式：货币。

3.2.3 出资时间：202×年×月×日前缴付出资。

3.3 乙方出资

3.3.1 乙方出资额：人民币（大写）×元（¥×元），占认缴出资总额的×%（百分之）。

3.3.2 乙方出资方式：货币出资。

3.3.3 出资时间：202×年×月×日前缴付出资。

3.4 丙方出资

3.4.1 丙方出资额：人民币（大写）×元（¥×元），占认缴出资总额的×%（百分之）。

3.4.2 丙方出资方式：货币出资。

3.4.3 出资时间：202×年×月×日前缴付出资。

3.5 合伙人名册

合伙企业成立后5个工作日内，应当置备合伙人名册，并应记载下列事项：

（1）合伙人的姓名或者名称及住所；

（2）合伙人的出资额和出资日期。

记载于合伙人名册的合伙人，可以依合伙人名册主张行使合伙人权利。

3.6 违约责任

合伙人未按期缴纳或未缴足出资的，应当赔偿由此给其他合伙人造成的损失；如果逾期____日仍未缴足出资，按本协议项下"退伙"处理。

4. 合伙费用

4.1 各方同意，合伙企业设立的全部事宜由甲方负责办理，其他各方应提供一切必要协助。

合伙企业设立的费用，由甲方先行垫付。上述费用在合伙企业成立后由合伙企业承担。合伙企业未能成立的，由各方按认缴出资比例分担。对合伙企业未能成立有过错的当事方，应当承担相应的赔偿责任。

第二部分　合伙企业事务执行

5. 执行事务合伙人

5.1 执行合伙企业事务的合伙人对外代表企业。全体合伙人一致同意，委托下列合伙人执行合伙企业事务：

5.1.1 乙方负责经营管理，丙方负责财务出纳、财务会计。

5.1.2 由甲方作为执行合伙企业事务的负责人。

5.2 执行事务合伙人职权

执行合伙企业事务的合伙人对全体合伙人负责，并行使下列职责：

(1) 对外开展业务，订立合同。

(2) 主持合伙企业的日常生产经营、管理工作。

(3) 拟定合伙企业利润分配或者亏损分担的具体方案。

(4) 制定合伙企业内部管理机构的设置方案。

(5) 制定合伙企业具体管理制度或者规章制度。

(6) 提出聘任合伙企业的经营管理人员。

(7) 制定增加合伙企业出资的方案。

(8) 向其他合伙人报告合伙企业事务执行情况以及经营状况、财务状况。

(9) 法律、行政法规和本协议规定的其他职权。

6. 全体合伙人之授权

6.1 全体合伙人在此确认，执行事务合伙人受到全体或任一合伙人的书面授权，则可以代表全体或任一合伙人在下列文件上签字或盖章：

(1)本协议的修正案或修改后的合伙协议。

当修改内容为本协议约定的合伙会议决定事项之相关内容时,执行事务合伙人代表凭合伙人依据本协议作出的合伙人会议决议或出具的书面同意文件即可代表全体合伙人签订;其余事项执行事务合伙人代表可直接代表全体合伙人签订,并通知全体合伙人。

(2)符合本协议约定的合伙人入伙、退伙、变更出资额、合伙权益转让事项的文件,包括但不限于入伙协议、退伙协议、变更出资额、合伙权益转让协议等工商变更登记所需各项文件。

(3)合伙企业设立、变更所涉全部工商登记文件及政府部门审批、核准、备案文件。

(4)当执行事务合伙人担任合伙企业的清算人时,为执行合伙企业解散或清算相关事务而需签订的文件。

6.2 虽有本条上述授权,如法律法规或者企业登记机关要求全体或任一合伙人亲自签署相关文件,则应以法律法规或企业登记机关的要求为准。

7. 合伙人会议

7.1 合伙人会议的组成

合伙人会议为合伙企业的最高权力机构,由全体普通合伙人和有限合伙人组成。

7.2 合伙会议职权

7.2.1 合伙人会议讨论决定如下事项:

(1)听取执行事务合伙人的年度报告。

(2)改变合伙企业的经营范围和组织形式。

(3)根据执行事务合伙人的提议,变更合伙企业的名称和主要经营场所。

(4)审议批准以合伙企业的名义对外举债或提供担保的议案。

(5)批准有限合伙人转让合伙权益。

(6)审议批准执行事务合伙人向其关联方转让合伙权益。

(7)审议批准普通合伙人向其关联方之外的第三方转让合伙权益。

(8)批准合伙人将其持有的合伙企业财产份额出质。

(9)接纳新的合伙人入伙。

(10)根据执行事务合伙人的提议,决定合伙人的除名。

(11)批准普通合伙人变更为有限合伙人,或有限合伙人变更为普通合伙人。

(12)更换合伙企业的执行事务合伙人。

(13)根据执行事务合伙人的提议,决定延长、解散或提前清算合伙企业。

(14)审议批准由执行事务合伙人以外的人士担任本合伙企业清算人的提案。

(15)除本协议明确授权执行事务合伙人独立决定之内容外,关于本协议其他内容的修订。

(16)法律法规规定或者本协议其他条款约定应由合伙人会议讨论的其他事项。

7.3 合伙人会议实行一人一票表决制度。

7.4 合伙人会议对前款事项作出决议,须经代表三分之二以上(含本数)表决权的合伙人通过。

7.5 合伙人会议决议对全体合伙人有约束力。

7.6 合伙人会议的召开。

7.6.1 合伙企业每年召开一次合伙人年度会议,由执行事务合伙人召集。

经执行事务合伙人提议或经单独或合计间接持有10%以上公司股权比例的合伙人提议,合伙企业应召开合伙人临时会议("临时会议"与"年度会议"统称"合伙人会议")。

执行事务合伙人不能召集或不召集的,提议召开会议的合伙人可自行召集。

7.6.2 合伙人会议由执行事务合伙人主持。执行事务合伙人不能主持或不主持的,半数以上的合伙人可以推举一名合伙人主持。

7.6.3 执行事务合伙人应于合伙人会议召开 15 日前发出召集会议的通知。会议通知应为书面形式,且应至少包含如下内容:

(1) 会议的时间、地点;

(2) 会议议程和相关资料;

(3) 联系人和联系方式。

7.6.4 合伙人可以自行出席合伙人会议,也可以委托其他合伙人代理出席合伙人会议,代理人应当提交授权委托书,并在授权范围内行使权利。

7.6.5 合伙人会议可以现场或电话会议、视频会议中一种或几种全体参会合伙人均可有效获取信息的方式召开。

7.6.6 对于属执行事务合伙人召集临时会议讨论的事项,执行事务合伙人亦可决定不召集会议,而以书面形式征求全体合伙人意见,各合伙人均应在收到该等书面文件后 15 日内书面回复。未以任何方式参加会议或未在约定期限内回复意见的合伙人将被视为对会议讨论事项投弃权票并同意从表决权总数中减去相应份额。

7.6.7 合伙人会议应对会议所讨论事项的决议做成会议记录,出席会议的合伙人应当在会议记录上签名。

8. 合伙人的权利义务

8.1 非执行事务合伙人的权利义务

8.1.1 不参加执行事务的合伙人享有以下权利:

(1) 对企业的经营管理提出建议。

(2) 获取经审计的合伙企业财务会计报告。

(3) 对涉及自身利益的情况,查阅合伙企业财务会计账簿等财务资料。

(4) 参与选择承办有限合伙企业审计业务的会计师事务所。

(5) 监督执行事务的合伙人、检查其执行合伙企业事务的情况。

(6) 有权对未参加执行的事务提出异议。提出异议时,应当暂停该项事务的执行。

（7）如执行事务合伙人违反本协议或者全体合伙人的决定执行事务的，有权决定撤销该委托。

（8）在合伙企业中的利益受到侵害时，有权向有责任的合伙人主张权利或者提起诉讼。

（9）执行事务合伙人怠于行使权利时，督促其行使权利或者为合伙企业利益以自己的名义提起诉讼。

（10）有权依法为合伙企业提供担保。

（11）有权按照持有合伙份额的比例分红。

8.1.2 不参加执行事务的合伙人负有以下义务：

（1）普通合伙人未根据本协议约定被选为执行事务合伙人的，不得执行合伙事务。

（2）有限合伙人不执行合伙事务，不得对外代表合伙企业。任何有限合伙人均不得参与管理或控制合伙企业的投资业务及其他以合伙企业名义进行的活动、交易和业务，或代表合伙企业签订文件，或从事其他对合伙企业形成约束的行为。

全体合伙人一致确认，有限合伙人在履行本协议时，就"合伙人会议职权"约定的事项进行表决的行为，以及履行"非执行事务合伙人的权利义务"的行为，均不视为执行合伙事务。有限合伙人不承担由此被认定为表见普通合伙人的无限连带责任。

9. 违约责任

合伙人违反本协议"合伙企业事务执行"约定的，应按实际损失进行全额赔偿。违反情节严重的，由其他全体合伙人决定除名。

第三部分　财产份额处置

10. 财产份额的转让

10.1 各方同意，合伙人之间转让在合伙企业中的全部或者部分财产份额时,应当通知其他合伙人。

10.2 普通合伙人不得将财产份额转让给其他合伙人之外的主体,有限合伙人可以将财产份额转让给其他合伙人之外的主体。

10.3 有限合伙人向合伙人以外的人转让其在合伙企业中的全部或者部分财产份额,应当经其他合伙人一致同意。有限合伙人应就其财产份额转让事项书面通知其他合伙人征求同意,其他合伙人自接到书面通知之日起满三十日(含当日)未答复的,视为同意转让。其他合伙人半数以上(含本数)不同意转让的,不同意的合伙人应当购买该转让的财产份额;不购买的,视为同意转让。

10.4 合伙人对外转让财产份额的,在同等条件下,其他合伙人有优先购买权。两个以上合伙人主张行使优先购买权的,协商确定各自的购买比例;协商不成的,按照转让时各自的认缴出资比例行使优先购买权。

10.5 尽管有前述约定,自合伙企业成立之日起 × 年内合伙人不得退出合伙企业。

10.6 合伙人向合伙人以外的人转让财产份额,该受让方应按本协议"入伙"的约定享有权利承担债务。合伙人转让其在合伙企业中的全部财产份额的,该转让方按本协议"退伙"的约定承担债务。

11. 财产份额的继承

11.1 自然人合伙人身故后,合伙人资格不得自动继承,应经其他合伙人一致同意后,方可继承,但其他合伙人对因继承发生变化的合伙企业财产份额变动享有"同等条件"下的优先购买权;如未能获得其他合伙人一致同意的,合伙人资格不得继承,由合伙企业减资,其他合伙人在此对合伙企业减资给予预先的同意,不得持反对意见,否则持反对意见的合伙人须按照本条中的"同等条件"受让财产份额,多个合伙人持反对意见的,按转让时各自的认缴出资比例受让财产份额。合伙企业减资后,被继承合伙人的合伙人资格消灭,对应价款支付给法定继承人。

12. 财产份额的出质

12.1 普通合伙人不可以其在合伙企业中的财产份额出质。有限合伙人以其在合伙企业中的财产份额出质,须经全体合伙人一致同意。

12.2 任何一方违反本协议,擅自以其在合伙企业中的财产份额出质的,出质行为无效。由此给其他合伙人造成损失的,应承担赔偿责任。

第四部分　其他事务安排

13. 入伙、退伙

13.1 入伙

13.1.1 新合伙人入伙时,经全体合伙人一致同意,并依法订立书面协议。订立书面协议时,原合伙人向新合伙人告知合伙企业的经营状况和财务状况。

13.1.2 新合伙人与原合伙人享有同等权利,承担同等责任。新合伙人对入伙前合伙企业债务承担连带责任。

13.2 退伙

13.2.1 自愿退伙

有下列情形之一时,合伙人可以退伙:

(1)合伙协议约定的退伙事由出现。

(2)经全体合伙人一致同意退伙。

(3)发生合伙人难以继续参加合伙企业的事由。

(4)其他合伙人严重违反合伙协议约定的义务。

13.3 当然退伙

有下列情形之一的,合伙人当然退伙:

(1)作为合伙人的自然人死亡或者被依法宣告死亡,其他合伙人反对其继承人继承合伙人资格的;

(2)作为合伙人的自然人被依法认定为无民事行为能力人或者限制民

事行为能力人；

（3）个人丧失偿债能力；

（4）作为合伙人的法人或者其他组织依法被吊销营业执照、责令关闭、撤销，或者被宣告破产；

（5）法律规定或者合伙协议约定合伙人必须具有相关资格而丧失该资格；

（6）合伙人在合伙企业中的全部财产份额被人民法院强制执行。

退伙事由实际发生之日为退伙生效日。

13.4 除名退伙

有下列情形之一的，经其他合伙人一致同意，可以决议将该合伙人除名：

（1）未履行出资义务；

（2）因故意或者重大过失给合伙企业造成损失；

（3）执行合伙事务时有不正当行为；

（4）发生合伙协议约定的事由。

对合伙人的除名决议应当书面通知被除名人。被除名人接到除名通知之日，除名生效，被除名人退伙。

被除名人对除名决议有异议的，可以自接到除名通知之日起三十日内，向人民法院起诉。

13.4.1 普通合伙人退伙后，对基于退伙前的原因发生的合伙企业债务，承担无限连带责任。

有限合伙人退伙后，对基于退伙前的原因发生的合伙企业的债务，以其退伙时从有限合伙企业中取回的财产承担责任。

合伙人退伙时，合伙企业财产少于合伙企业债务的，该退伙人应按照本协议"亏损分担"的约定承担债务。

14. 禁止行为

14.1 合伙人在合伙企业存续期间不得进行以下任何行为：

（1）自营或者同他人合作经营与本合伙企业相似或相竞争的业务。合伙人系有限合伙人的除外。

（2）有限合伙人未经全体合伙人一致同意，私自以合伙企业名义进行业务活动。

（3）未经全体合伙人一致同意，与本合伙企业进行交易。合伙人系有限合伙人的除外。

（4）从事损害本合伙企业利益的活动。

14.2 合伙人违反本协议"禁止行为"约定的，由此获得的利益归本合伙企业；如造成损失，应按实际损失进行赔偿。劝阻不听者，由其他全体合伙人决定除名。

15. 利润分配和亏损分担办法

15.1 利润分配、亏损分担原则

15.1.1 合伙企业应当按照约定的财产份额比例，分享合伙企业的经营成果、分担合伙企业的经营风险，分配合伙企业的利润，并在合伙终止时分配合伙企业资产。

15.1.2 普通合伙人对合伙企业债务承担无限连带责任，有限合伙人对合伙企业债务以其认缴的出资额为限承担责任。

15.2 利润分配

各方同意，本合伙企业所获利润，每年最晚于12月31日前进行一次审计。经审计的利润，应提取10%计入资本公积用于弥补合伙企业的亏损或者扩大合伙企业生产经营。提取后仍有剩余的，由全体合伙人依照以下比例进行分配：

合伙企业的利润，由全体合伙人按实缴出资比例分配。

15.3 亏损分担

合伙企业对其债务，应先由其全部财产进行清偿。合伙企业不能清偿到期债务的，由全体合伙人按实缴出资比例承担责任，合伙人清偿债务超过自己应当承担比例的部分，有权向其他应承担责任的合伙人追偿。

16. 解散与清算

16.1 合伙企业有下列情形之一的,应当解散:

(1)经营期限届满,合伙人决定不再经营。

(2)合伙协议约定的解散事由出现。

(3)全体合伙人决定解散。

(4)合伙人已不具备法定人数满 30 日。

(5)合伙协议约定的合伙目的已经实现或者无法实现。

(6)依法被吊销营业执照、责令关闭或者被撤销。

(7)法律、行政法规规定的其他原因。

16.2 合伙人严重违反本协议、或因重大过失违反《合伙企业法》而导致合伙企业解散的,应对其他合伙人承担赔偿责任。

16.3 合伙企业清算办法应当按《合伙企业法》的规定进行清算。

清算期间,本合伙企业存续,但不得开展与清算无关的经营活动。合伙企业财产在支付清算费用和职工工资、社会保险费用、法定补偿金以及缴纳所欠税款、清偿债务后的剩余财产,合伙人依照本协议"利润分配"约定的比例进行分配。

16.4 清算结束后,清算人应当编制清算报告,经全体合伙人签名、盖章后,在 15 日内向企业登记机关报送清算报告,申请办理合伙企业注销登记。

第五部分　陈述与保证

17. 陈述与保证

17.1 本协议各方于本协议签订日向其他方作出如下陈述与保证,该陈述与保证在合伙企业成立后仍然持续有效。各方确认,各方系建立在对本条项下的陈述与保证充分信赖的基础上方达成本协议。

17.2 每一项陈述与保证应被视为单独陈述与保证(除非本协议另有明

确的相反规定),而且前述每一项陈述与保证不应因参照或援引任何其他陈述与保证条款或本协议的任何其他条款而受到限制或制约。

17.3 如有与下列所作陈述与保证不符的情况,作出陈述与保证的一方已于本协议签订日前以书面形式向其他方披露。

17.4 各方承诺,如果其知悉在本协议签订后发生任何情形,使该方作出的任何陈述与保证在任何方面变为不真实、不准确或具误导性,将立即书面通知合同其余方。

17.5 协议各方通用陈述与保证

协议各方均承诺:

17.5.1 该方系合法设立且有效存续的实体(法人或非法人组织)或具有完全民事行为能力的自然人。

17.5.2 除本协议另有约定外,该方拥有签订本协议和履行本协议全部义务所必需的所有合法权利,已取得签订本协议和履行本协议全部义务所必需的所有内部和外部的批准、授权和许可。

17.5.3 该方提交的文件、资料等均是真实、准确、全面、完整和有效的,并无任何隐瞒、遗漏、虚假或误导之处。

17.5.4 该方签订本协议和履行本协议任何义务不会:

(1)违反该方的公司章程或任何组织性文件的规定;

(2)违反法律、法规或其他规范性文件;

(3)违反对该方有法律约束力的任何其他协议、合同、文件、该方对任何第三方作出的承诺或保证(无论是书面的或是口头的)、该方对任何第三方所负担的其他有法律约束力的义务。

17.6 关于合伙企业设立与出资的陈述与保证

协议各方均承诺:

17.6.1 该方确认自身符合法律法规及监管规范等规范性文件规定的拟设合伙企业合伙人所需满足的条件,不存在不得作为拟设合伙企业合伙人的情形。

17.6.2 该方确认用于出资的资产是其合法自有财产。

第六部分　其他约定

18. 违约责任

18.1 任何一方违反本协议约定的,应承担协议中约定的违约责任。本协议中未约定的,应赔偿守约方全部损失。

18.2 本协议中约定的违约金或违约责任不足以赔偿守约方全部损失的,应赔偿守约方全部损失。

18.3 守约方全部损失包括但不限于对守约方所造成的直接损失、可得利益损失、守约方支付给第三方的赔偿费用/违约金/罚款、调查取证费用/公证费、诉讼费用、律师费用以及因此而支付的其他合理费用。

19. 合同联系方式

19.1 为更好地履行本协议,各方提供如下联系方式:

(1)甲方联系方式

联系人:_____

地址:_____

手机:_____

微信:_____

电子邮箱:_____

(2)乙方联系方式

联系人:_____

地址:_____

手机:_____

微信:_____

电子邮箱:_____

（3）丙方联系方式

联系人：＿＿＿＿＿＿＿＿＿＿＿＿＿

地址：＿＿＿＿＿＿＿＿＿＿＿＿＿＿

手机：＿＿＿＿＿＿＿＿＿＿＿＿＿＿

微信：＿＿＿＿＿＿＿＿＿＿＿＿＿＿

电子邮箱：＿＿＿＿＿＿＿＿＿＿＿＿

19.2 通过电子邮箱及其他电子方式送达时，发出之日即视为有效送达。

19.3 通过快递等方式送达时，对方签收之日或发出后第三日视为有效送达（以两者较早一个日期为准）；对方拒收或退回，视为签收。

19.4 上述联系方式同时作为有效司法送达地址。

19.5 一方变更联系方式，应以书面形式通知对方；否则，该联系方式仍视为有效，由未通知方承担由此而引起的相关责任。

19.6 本联系方式条款为独立条款，不受合同整体或其他条款的效力影响，始终有效。

20. 其他约定

20.1 不可抗力

20.1.1 不可抗力定义：指在本协议签署后发生的、本协议签署时不能预见的、其发生与后果是无法避免或克服的、妨碍任何一方全部或部分履约的所有事件。上述事件包括地震、台风、水灾、火灾、战争、国际或国内运输中断、流行病、罢工，以及根据中国法律或一般国际商业惯例认为不可抗力的其他事件。一方缺少资金非为不可抗力事件。

20.1.2 不可抗力的后果：

（1）如果发生不可抗力事件，影响一方履行其在本协议项下的义务，则在不可抗力造成的延误期内中止履行，而不视为违约。

（2）宣称发生不可抗力的一方应迅速书面通知其他各方，并在其后的十五（15）天内提供证明不可抗力发生及其持续时间的足够证据。

（3）如果发生不可抗力事件，各方应立即互相协商，以找到公平的解决办法,并且应尽一切合理努力将不可抗力的影响减小到最低限度。

(4)金钱债务的迟延责任不得因不可抗力而免除。

(5)迟延履行期间发生的不可抗力不具有免责效力。

20.2 部分无效处理

如任何法院或有权机关认为本协议的任何部分无效、不合法或不可执行,则该部分不应被认为构成本协议的一部分,但不应影响本协议其余部分的合法有效性及可执行性。

21. 法律适用

本协议的制定、解释及其在执行过程中出现的、或与本协议有关的纠纷之解决,受中国现行有效的法律的约束。

22. 争议解决

因本合同以及本合同项下订单/附件/补充协议等(如有)引起或有关的任何争议,由合同各方协商解决,也可由有关部门调解。协商或调解不成的,应向合伙企业所在地有管辖权的人民法院起诉。

23. 附则

23.1 本合同一式四份,合同各方各执一份,另一份用于办理登记。各份合同文本具有同等法律效力。

23.2 本合同经各方签名或盖章后生效。

全体合伙人签字:

年　月　日

附件：合伙人名册

姓名/名称	身份证号/统一社会信用代码	住所	认缴出资额
普通合伙人			
有限合伙人			
合计			

全体合伙人签字：

年　月　日

三、有限责任公司

有限公司是 50 个以下股东出资设立，具有人合性和资合性特征，合作基础主要依靠股东之间的相互信任。目前有限责任公司是我国存在主要的营利组织形式。

有限责任公司的"有限责任"主要体现在两个层面：第一个是公司层面，公司以全部资产为限对外承担责任。例如，即使公司欠下 1 亿元的债务，但公司实际注册资本只有 1000 万元，也只能用这 1000 万元来偿还。如果公司不倒闭不清算，未来盈利再继续偿债；如果公司清算，只用现有资产偿还债务，剩余未偿还的部分债务可"一笔勾销"，不再追偿。这就限定了公司的债务责任范围。第二个是股东层面。股东并不直接向债权人承担责任，而是仅对公司承担有限责任，就是股东以认购的出资数额为限，对公司承担有限责任。因此，股东对公司的债务风险也受到限制。

综上所述,有限责任公司形式之所以适合大规模使用,关键在于有限责任具有双重含义——公司只以全部资产为限清偿债务,股东也只在出资范围内承担责任。这种有限责任机制,控制了企业和股东的债务风险,使股东可以全身心地投入企业的经营。

四、股份有限公司

股份有限公司,股东以其认购的股份为限对公司承担责任,公司以其全部财产对公司的债务承担责任。股东的每一股股份都有一票的表决权,公司的经营以及股东承担责任都与股份所占份额息息相关,一般而言,股东所占份额越高话语权越大,所需要承担的责任越高。因此股份有限公司是典型的"资合公司"。

股份有限公司的市场竞争力较强,达到上市条件的,可以上市融资,有利于继续扩大公司经营规模,上市后的股份可以自由流通。除少数股东的限制情形外,其他股东转让/售出股份不受限制,股东可以通过股价上涨售出股份获得丰厚回报,相对灵活。

但同时,股份有限公司适合具有一定规模的企业,设立程序严格复杂,管理决策机制也较为严格,需遵循相应的议事决策程序。上市公司受监管机构、社会大众、新闻媒体监督,对企业社会责任要求也更高。

五、各类组织合伙机制的区别

表1-2 各组织合伙机制对比

项目	个人独资企业	有限合伙企业	有限责任公司	股份有限公司
设立依据	《个人独资企业法》	《合伙企业法》	《公司法》	《公司法》

续表

项目	个人独资企业	有限合伙企业	有限责任公司	股份有限公司
出资人	1个自然人，且只能是中国公民	2个以上50个以下的合伙人，至少应当有1名普通合伙人	1个以上50个以下股东，可以为自然人，也可以为法人、非法人组织等	股东（发起人）人数为1个以上200个以下，其中须有半数以上的发起人在中国境内有住所
出资方式	个人（或者家庭）财产	货币、实物、知识产权、土地使用权等，有限合伙人不得以劳务出资	货币、实物、知识产权、土地使用权、股权、债权等	货币、实物、知识产权、土地使用权、股权、债权等
法律地位	不具有法人资格	不具有法人资格	具有法人资格	具有法人资格
责任承担	以个人（或者家庭）财产对企业债务承担无限责任	普通合伙人对公司债务承担无限连带责任；有限合伙人以其认缴的出资额为限承担有限责任	以认缴的出资额为限承担有限责任	以其认购的股份为限对公司承担责任

如果您的公司有以下情况，笔者建议直接注册成立股份公司，或者尽早进行股改：

1.如果您计划通过股权融资迅速做大公司、成为事业发展的平台，股份公司形式更有利。股份公司股权清晰，可以方便进行股权转让、增资扩股，这为融资创造了条件。

2.如果您计划使用股权激励，吸引核心管理团队和技术骨干加入，股份公司更合适。股权激励需要股权架构支撑，股份公司股权关系明确，股权激励实施更顺利。

3.如果计划未来上市或在新三板挂牌，必须选择股份公司形式。

这是证券监管机构的明确要求。提前选择股份公司,可以避免未来股改中的各种麻烦。

总而言之,在我们创业时遇到的第一个问题就是,企业组织形式是选择个人独资企业或个体工商户或合伙企业或有限责任公司,还是一步到位直接成立股份有限公司。需要充分了解各种组织形式的特点并与自己项目的实际情况相结合,才能作出适当的选择。

第二章
CHAPTER TWO

企业发展阶段与合伙人类型选择

第一节 / 合伙人与股东

甲、乙、丙、丁四个人合伙创业，甲想让丙、丁成为自己的合伙人，却不想让丙、丁成为公司的注册登记股东，干预公司的内部经营管理，这要怎么操作？回答这个问题之前，我们首先弄清楚合伙人跟股东的概念，《合伙企业法》第 4 条规定："合伙协议依法由全体合伙人协商一致，以书面形式订立。"即如果成立合伙企业就要按照《合伙企业法》的规定，全体合伙人按照自愿、平等、公平、诚实信用的原则订立合伙协议，然后在市场监督管理局注册登记成立合伙企业。《民法典》第 967 条规定："合伙合同是两个以上合伙人为了共同的事业目的，订立的共享利益、共担风险的协议。"也就是说，在不设立合伙企业的前提下，两个以上自然人可以订立的共享利益、共担风险的协议，参与人也可以称为合伙人，但实质上所有的参与人是一种合作关系。那么股东是按照《公司法》的规定，向公司出资或通过其他合法途径获取公司股权，对公司享有权利和承担义务的人，以有限责任公司为例，有限责任公司以全部财产对公司的债务承担责任，有限责任公司的股东则以其认缴的出资额为限对公司承担责任。

所以本书所称的合伙人是一种通俗说法，只要大家在一起合作经营一个项目，那么参与人就可以成为这个项目的合伙人，对于这个项目，可以通过成立合伙企业的方式运营，也可以通过成立有限责任公司的方式来运营，也可以不成立任何组织形式，通过协议约定的方式来运营，所以合伙人泛指《合伙企业法》规定的合伙人、《公司法》规定的股东和以协议形式约定一起合作项目的人，合伙人之间的关系，实质是一种合作关系。

公司里的合伙人包括依照《公司法》登记的股东也包括以协议方式参与公司投资和经营，承担风险享受收益的参与人。所以在公司里，包括股东合伙人和非股东合伙人，股东合伙人包括创始人、联合创始人、授予股权激励的核心高管和骨干员工、战略投资人、财务投资人，非股东合伙人则是不享有直接或间接登记股权份额，而是基于合作协议来承担风险、享受收益。

那么股东合伙人与非股东合伙人有什么不同呢？笔者认为主要在以下几个方面：

1.进入条件不同。

股东合伙人可以通过货币出资或实物、知识产权、土地使用权等可以用货币估价并能够依法转让的非货币财产作价出资，并在公司登记机关登记为股东。非股东合伙人通常具备企业所需的某种能力或技术，如管理能力、营销能力等，进入企业能够为企业价值增值并享受财富的分配，所以并不一定会真金白银地放到企业中。非股东合伙人的投入，被视为一种灵活的、非传统的出资方式，能够为企业提供多样化的生产要素资源。他们通常会带来一些独特的价值，如专业技能、市场渠道、品牌影响力等，这些价值可能比单纯的货币投资更为重要。但是，这种方式也存在一些风险，如非股东合伙人可能无法履行其兑现资源的承诺,或者他们带来的价值无法达到市场的预期。因此,公司在选择非股东合伙人作为股东时,需要仔细评估其能力和风险,并采取相应的措施来确保利益安全。

2.分享收益的基础不同。

股东合伙人是按照企业所得税之后的净利润进行分配,股东强调的是所有权和分红权。非股东合伙人是按照约定对企业价值增值的贡献比例进行分配,强调的是经营权。一般分享的是企业的增量,只有大家共同创造出来价值了,非股东合伙人才能去分享。而且,分享的规则可以自由定义,可以是销售收入的一定比例也可以是净利润的一定比例。比如,阿里巴巴的部分合伙人收益分配就是作为企业管理费用处理,阿里巴巴每年会向包括公司合伙人在内的公司管理层发放奖金,阿里在招股书中强调,该奖金属于税前扣除事项,在这里这部分合伙人的收益实质上就是奖金的一部分,非常灵活。除此之外,一些公司还会对股东和非股东合伙人之间的收益进行调整。例如,一些上市公司股东会会对非股东合伙人分享的收益(实际为奖金)进行限制,以确保公司的经营权不会被滥用。分享收益是公司治理结构中一个非常重要的方面,不同的合伙人对于收益的分配有不同的看法,在制定公司治理结构和规则时,公司应该充分考虑不同合伙人的看法,并制定出合理的分享规则,以确保公司的长期发展。

3.管理机制不同。

在有限责任公司中,股东通过公司治理机构股东会、董事会、监事会和经理层实现自己的目的,"三会一层"各自扮演着不同的角色,并设有明确的分工。股东会是公司的最高决策机构,由全体股东组成,负责制定公司的战略,决定公司的大事以及选举和罢免董事会成员;董事会则负责日常经营决策,执行股东会决议;监事会则是对董事会及其成员进行监督的机构,负责监督董事会的工作并纠正不当行为。总经理则是公司的执行者,负责实施落地董事会决策、管理公司日常经营以及协调各部门之间的工作。非股东合伙人的管理机制则主要基于合作协议和实现自己的目的,合作协议是合伙人之间约定的法律文件,规定了各合伙人的权利和义务,包括工作职责、如何管理、如何分配利润和承担损失、如何退出等。

4.退出机制不同。

有限责任公司或股份有限公司股东的退出,法律是有明文规定的,一般会具体规定各种限制条件。有限责任公司的退出灵活一些,可以通过公司章程进一步规定,但是在公司登记机关注销登记还是比较麻烦的。对比之下,非股东合伙人的退出没那么复杂,只要大家能够一致同意,在签署合伙协议时提前约定好相应的退出条件,在触发约定条件时,就可以按照约定好的退出机制进行退出。这种退出机制通常更加灵活,不需要经过烦琐的法定程序和漫长的等待时间。

5.可以相互转换。

非股东合伙人在满足约定条件的情况下也可以成为股东合伙人,非股东合伙人与股东合伙人,就相当于一个男人跟一个女人,从认识到谈恋爱再到领证结婚,谈恋爱属于合伙阶段,领证结婚属于到公司登记机关注册登记成为股东合伙人。当然,股东合伙人退出不必然导致一定会离开公司,可以转为非股东合伙人。非股东合伙人的本质是享有了股东的好处,而且容易分手;而股东合伙人则不一样,因为有注册登记的环节,分手比较麻烦,所以现在很多老板做股权激励推崇非股东合伙人。

从资本投资角度讲,现在进入了以出让股权为主要收入来源的投资时代,其特点是以资本为基础,持有股权为表现形式,投资者更加注重企业的长期发展和可持续性。因此，更愿意将资金投入有潜力的项目中，并通过股权转让来获取利润和价值增长。但是，我们必须承认从公司运营角度讲，现在已经到了股权+合伙人时代，甚至是以合伙人合作为主。

合伙人不仅关注人的价值，还关注合伙人之间向公司贡献生产要素的价值程度。只要某种生产资源要素投入某个项目之中并产生价值，这个生产要素的所有人就可以成为合伙人。因此，合伙人在项目中放大了人本价值，并且合伙人本身资源也成为价值贡献的一部分，在分钱方式方面，不仅是分税后的净利润，而且合伙人之间可以自主设定。例如，有一家贸易公司已经做到了5亿元，每年的净利润有6000万元，如果合伙人去跟公司的大股东谈，表示希望自己成为公司股东合伙人，并持有公司5%的登记股权。有人说："这个合伙人开玩笑吧，公司每年6000万元的净利润，你要投多少钱才能占5%股权呢？"这位合伙人可以回答说："我不需要投钱，我给你做增量。"我们从2022年对赌到2024年，如果到2024年我帮你做到了30亿元，净利润做到2.6亿元，你就给我5%的登记股权，公司原来计划到2024年从5亿元做到10亿元左右，现在如果做到30亿元，增量达到20亿元，给我5%的登记股权也是划算的。这就是协商设定，设定的是增量。通过这样的机制，合伙人不仅关注公司的价值，更应该关注自身的能力和贡献。通过合伙人的自我设定目标和价值贡献，公司的价值也可以得到提升，是双赢！

第二节 / 企业不同发展阶段的合伙人机制

一个企业从创立阶段、发展阶段到成熟阶段，所需要的管理和运作机制是不一样的。在企业不同的发展阶段，合伙人机制也具有不同的意义。对于创业阶段的企业，合伙人机制就意味着找到适合项目的创业合作伙伴，合伙人之间形成资源互补，解决企业起步阶段的各合伙人能力短板问题。比如，新东方的"三驾马车"，也就是俞敏洪、徐小平和王强。在新东方创立初期，俞敏洪积极地向徐小平和王强发出邀请，邀请这两人加入，为新东方发展注入了智慧、学术、资源和人气。

雷军决定创建小米后，在公司成立之前，在半年时间里花了至少80%的时间寻找合作伙伴，当时共找到了7位合伙人，平均年龄42岁，经验极其丰富且充满创业热情。分别是林斌、周光平、洪峰、黄江吉、黎万强、王川、刘德，他们在创办小米之前每个人都带领过超千人的团队，每个人都有超过一般人的经历、技术和人脉。

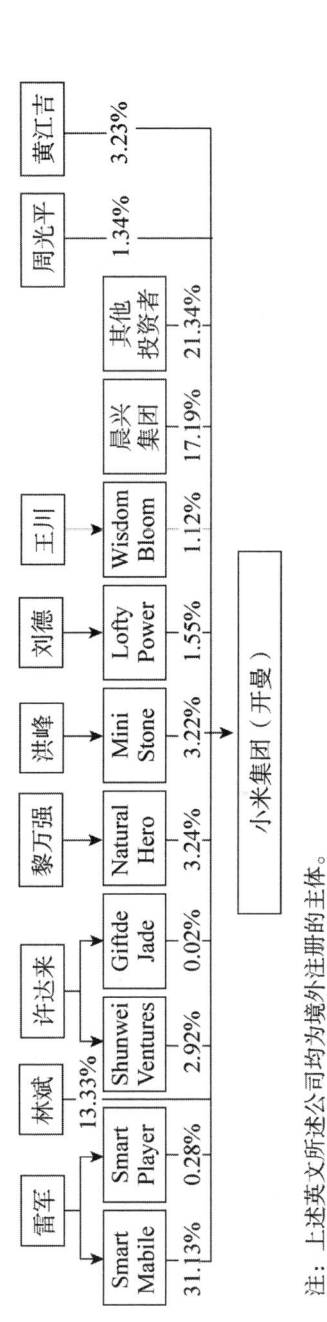

图 2-1　小米集团上市前的顶层股权架构

注：上述英文所述公司均为境外注册的主体。

对于发展期的企业而言，合伙人机制是一个关乎公司发展的重要举措，可以帮助企业吸引人才、留住人才和激励员工。在企业发展到一定的阶段，出现后劲不足问题时，企业需要通过合伙人机制吸引人才增添活力，如果出现发展的瓶颈期，留住人才就显得尤为重要，为了留住人才，企业可以采取一系列配套措施，如股权激励等。这些措施不仅可以激励员工的积极性和创造力，还可以增强员工对企业文化的认同感和归属感。此外，企业还可以制定更加公正、透明的晋升机制，让员工看到机会和未来发展的可能性，从而增强员工的忠诚度和工作动力。

对于成熟期的企业而言，合伙人机制意味着创始人要牢牢抓住控制权，创始人不因融资而丧失对企业的控制权。通常一家企业在具备了一定的规模，在市场上具有一定的竞争力之后，就会有投资人进行投资。此时，如何使创始人团队不因投资人的增资扩股而丧失实际控制人地位显得十分重要。实践中，有太多的企业创始人因为企业融资而失去了控制地位。在这种情况下，创始人可以采取以下措施：

1.制定明确的融资计划，在融资前与投资人协商一致，这样有助于确保创始人在融资过程中不会被稀释太多股权，而且加强了创始人和投资人之间的沟通和信任。

2.可以限制投资人的股权比例，或者通过限制投资人的加入条件来确保投资人的质量。

3.建立更加紧密的股东和董事关系，通过一致行动协议，加强创始人董事会的投票权，以便创始人能够保持对公司的控制权。

4.采取更加谨慎的融资策略，包括选择合适的融资方式、限制融资的规模和时间、确保融资估值的合理性。

5.建立更加透明的融资机制，让创始人能够及时了解公司的财务状况和资金使用情况。

那么合伙人怎么分类呢？本书将它分成五类，当然还有其他分类说，并且不同类别在一些具体实操案例落地中并没有明显的差异。

第一类，创始合伙人、联合创始人，就是公司初创期就存在的股东，这些股东通常是关系比较密切的朋友或合作伙伴，具有较强的人身属性，体现有限责任公司的人合性，他们在公司发展初期为公司提供了重要的发展资源和资金投入，在公司早期的决策中具有绝对的影响力。

第二类，事业合伙人，事业合伙人不仅包括公司的创始股东，更包括后来新加入的或采取各种合作形式共同致力于推动公司业务发展的合作伙伴，他们通常具有广泛的专业知识、资源和经验，能与公司共同成长，共同面对市场挑战，包括授予股权激励的核心高管和员工，通常称为项目合伙人、子公司合伙人、城市合伙人、门店合伙人等，这些合伙人都或多或少持有公司或子公司的登记股权。

比如，项目合伙人通常是在某个具体项目中工作，负责项目的日常管理和协调，与项目组成员紧密合作，共同完成项目任务。项目合伙人通常具有丰富的项目管理经验，能够有效地协调各方面资源，确保项目的顺利进行，持有项目公司的登记股权。

子公司合伙人、城市合伙人、门店合伙人总体来说是在某个业务领域具有相同背景、资源或者经验，能够为公司提供支持和帮助，共同成长，共同面对市场挑战。目前的阿里合伙人、万科合伙人都属于这类事业合伙人。

第三类，资金合伙人，通俗来说，就是给公司出资的金主，包括个人投资、机构投资、基金投资、产业投资等。

第四类，虚拟合伙人，就是独立核算的经营团队，不持有公司的登记股权，依靠人力资本作为主要驱动力，自主进行业务开发和执行，并在其经营所带来的利润中提取收益，虚拟合伙人在满足一定条件下可以成为事业合伙人。

第五类，供应链合伙人，即公司的外部合伙人，重点在于整合支持公司发展的上下游资源。

以上是从资源整合角度对合伙人进行分类的。创始合伙人创业初期，应考虑所有合伙人的权益保障以及相应的退出机制，否则出现股东矛盾时就会束手无策。举个例子，如果一个公司有持有8%股权的在职股东选择第二年休息去干其他事情，但不退股，享有原来约定的股东权益，也就是说，第二年其他的在职股东在为这个股东收益而工作，其他的在职股东就会感到心理不平衡，公司的组织结构就变得不稳定，第三年又有持有10%股东作出同样的决定，长期下来，股东内部矛盾必然会发生，干活的股东可能会选择另起炉灶，重新建立一家公司发展业务。

因此，为了确保公司的长期发展和运营稳定，股东内部问题必须先制定好解决规则，确保所有合伙人都有清晰的职责和权利，避免股东产生矛盾。

第三节 / 创始合伙人

腾讯的五位创始人：首席执行官马化腾、首席技术官张志东、首席运营官曾李青、首席信息官许晨晔、首席行政官陈一丹。五位创始人各自以其独特的资源和能力，形成互补性，创建了闻名全球的科技企业，他们的合作模式不仅启发着创业者，也展示了成功企业背后的默契合作和团队力量。

首先，腾讯的五位创始人都拥有自己比较广泛的人脉资源，其中有三位是马化腾的中学或大学同学，他们有着长期相处建立的友情基础和信任基础，这种信任和亲密关系在创业早期至关重要，他们可以坦诚地分享自己的想法和担忧，及时地消除工作中的误解或不信任。

其次，这五位创始人的能力相当，各具所长，马化腾被描述为聪明而固执，注重用户体验和复杂问题简单化，张志东专注于技术研发，曾李青是建立市场渠道的专家，许晨晔是随和而有见地的人，而陈一丹本身是律师出身，知晓法律做事严谨，个性张扬。这种互补性使团队具有广泛的市场洞察力，能够应对各种复杂的挑战。

腾讯的五位创始人清晰地划分了各自职责，确保每个人都在自己的领域充分发挥所长。这种工作的明确性有助于避免内部冲突,提高工作效率,每个人都知道要发挥最佳的状态执行自己的工作,这为公司的稳健发展奠定了坚实的基础。

最重要的是,马化腾意识到合作伙伴的价值,寻找合作伙伴的标准就是合伙人资源的去同质化,以弥补各自自身短板,这种策略不仅在创业初期有效,而且在企业发展的各个阶段也持续发挥作用,腾讯发展的过程就是不断寻找具有不同资源的合伙人的过程,通过与不同资源合伙人的合作,腾讯构建了一个强大的企业生态系统,不停地扩大业务领域和范围。

在创业的道路上,找对人是幸运的,而充分发挥各自优势、尊重不同声音并持续深入合作,是取得成功的重要法则,因此我们要积极寻找最适合公司和项目的合作伙伴,共同创造辉煌的未来。

再如,阿里巴巴的蔡崇信。他毕业于耶鲁大学,法学博士学位。他先是在纽约做税务律师,3年后进入私募股权行业,1995年开始为总部设在瑞典的AB投资公司工作,主要负责该公司亚洲私募投资业务,年薪70万美元。蔡崇信第一次见马云,是代表AB投资公司去看阿里巴巴这个项目要不要投资的,结果到杭州才发现,马云连公司还没有,只有个运行了几个月的网站,不过这次见面,马云给蔡崇信留下了深刻的印象,他动了加入阿里巴巴的念头。1999年,蔡崇信加入阿里巴巴;2013年5月,他成为阿里巴巴董事会副主席。

一开始的阿里巴巴,没有股权架构、没有合伙人规则、没有制度、没有标准、没有资源、更没有成功的经验或特别的优势,只有对共同事业追求近乎疯狂的合作伙伴。蔡崇信加入后,从股权结构设计开始,每天他把"十八罗汉"集合在一起,拿着一块小白板,教大家什么是"股权"和"股东权益"。接着拟出完全符合国际惯例的英文合同,明确了每个人的权利和义务,最后说服马云和其他创始人签字,从此,阿里巴巴从游击队进化为正规军。此时,阿里巴巴正式完成了股权架构的建设,形成了公司的基本雏形。然后蔡崇信利用自己在投资领域的人脉关系,帮助阿里巴巴完成四次增资,每一次都助力阿里发展上一个新台阶,而且负责完成了许多阿里巴巴具有里程碑意义的项目。值得一提的是,把阿里巴巴带上一个新高峰的管理者陆兆禧也是由蔡崇信推荐给马云的。

第四节 / 事业合伙人

近年来,事业合伙人概念越来越多地被企业家提及,凡是在公司或子公司拥有注册股权的员工都被老板称为事业合伙人,意思是说,大家都为同一个事业绑在一起共同努力奋斗。特别是在传统雇佣制下的职业经理人制度出现严重弊端的情况下,让职业经理人成为事业合伙人是解决这种弊端的重要手段。

职业经理人制度的发展,出现了一系列无法解决的矛盾,如具有竞争关系的企业之间不断恶意争夺优秀的职业经理人,由于职业经理人与企业的黏性不足,有些职业经理人缺乏职业道德,为了追求更高的薪酬恶意跳槽。还有职业经理人受聘于企业,基于业绩考核的需要,为了快速实现收益,可能会忽视企业发展的长期性和稳定性,使得企业陷入不可控风险,有些风险在短期内是显现不出来的,最终还是由企业和企业的创始人承担的,职业经理人并不会承担任何风险。因此在公司发展中,建立职业经理人风险共担机制是非常有必要的,也就是让职业经理人在满足一定条件下成为事业合伙人。

2014年万科把职业经理人制度升级为事业合伙人制度,就是典型的案例。

万科成立于 1984 年，1988 年进入房地产行业，经过 30 余年的发展，已经成为国内领先的房地产公司。2022 年 7 月，上榜《财富》中国 500 强排行榜第 29 位。能够取得如此大的收益，与万科公司的事业合伙人计划密切相关。

从 2013 年开始，万科由于其股权结构高度分散，经营管理层持股很低，经营管理层对公司的股权控制严重缺位，被"恶意投资人"宝能系盯上，引发"宝万之争"。同时，传统的职业经理人机制可以实现共创和共享，但不能共担风险。以往的股权激励计划已无法适应万科的发展需求，经营管理层没有动力与公司股东共进退。因此，为配合企业战略转型，万科事业合伙人制度势在必行，在总部层面推进事业合伙人持股计划，在项目层面则建立项目跟投机制。

（一）集团层面：事业合伙人持股计划

2014 年 4 月，万科召开事业合伙人创始大会，共有包括在公司任职的全部 8 名非独立董事、监事以及高级管理人员在内的 1320 位员工率先成为首批万科事业合伙人。

全体事业合伙人均签署了《授权委托与承诺书》，将其获得的公司经济利润集体奖金账户中的全部收益，委托给深圳市盈安财务顾问有限公司进行投资管理，包括引入融资杠杆进行投资，同时承诺在集体奖金所担负的返还公司或有义务解除前，该部分集体奖金及衍生财产收益统一封闭管理，不兑付到具体个人。

深圳市盈安财务顾问有限公司，是万科股东之一的深圳盈安财务顾问企业（有限合伙）的普通合伙人。该有限合伙企业创立之初，其有限合伙人为上海万丰资产管理有限公司（万科工会委员会的全资子公司)以及华能信托有限公司。即在盈安合伙中,无论是作为普通合伙人的盈安财务顾问有限公司,还是作为有限合伙人的上海万丰、华能信托,其资金来源都是万科员工。因此,由于有限合伙企业人数上限为50,万科1320名员工通过华能信托的一个信托计划将资金注入盈安合伙,就避开了监管的限制。

盈安合伙的普通合伙人作为第三方,受万科事业合伙人的委托,有权决定资金的投资管理,包括引入融资杠杆。初期盈安合伙通过国信证券设立的资产管理计划进行买入股票的操作,该资管计划没有设立期限。在这一资金管理计划之上,万科设置了复杂的合伙、信托计划来实现合伙人对整个股票回购计划的控制。通过该资金管理计划,盈安合伙可以和外部资金进行对接,并按照市场资金使用利率,计算融资成本和收益,并承担相应的风险。

自2014年5月28日以来,盈安合伙通过券商集合计划多次增持万科A股股票。截至2015年1月27日,集合计划共持有本公司A股股份494,277,819股,占公司总股本的4.48%。合伙人持股计划的推出,进一步强化了管理团队与股东之间共同进退的关系,确保了事业合伙人与股东利益的一致性。2015年1月,事业合伙人持股计划迎来了第二批员工的加入。

万科的事业合伙人持股计划,将公司管理层利益和股东利益、公司员工和公司的未来更紧密地结合在一起,为公司的发展和转型提供有力的组织机制支持。其超越了一般的股权激励设计,管理层身份转变为职业经理人和事业合伙人二合一,不仅"共创、共享",还要"共担",管理层不仅要自己掏钱买股票,还引入了杠杆扩大风险和收益,将承受比股东更大的投资风险,所以职业经理人只能把万科做得更好,才能获得更多的回报。

（二）项目层面：项目跟投制度

2014年万科开始推出项目跟投制度。对于2014年4月1日后所有新增项目，除旧改及部分特殊项目外，原则上要求项目所在一线公司管理层和该项目管理人员必须跟随公司一起投资，总部董事、监事、高级管理人员及其他员工也可自愿参与投资，员工可以自愿跟投自己负责或参与的项目，也可以跟其他项目。

具体操作：部分员工跟随万科在"项目公司"中投资。项目所在区域公司管理层、所在城市公司管理层、项目的管理团队以及总部的董事、监事、高管必须参与跟投，因为这部分员工对项目的获取和经营质量影响最大，项目其他普通员工可自愿参与跟投，员工初始跟投份额不超过项目资金峰值的5%，而且，公司对跟投项目安排额外受让跟投，其投资总额也不超过该项目资金峰值的5%。项目所在一线公司跟投人员可在未来18个月内，按人民银行同期同档次贷款基准利率支付利息后额外受让此份额。

在项目效益一般时，收益可能全部归万科公司，跟投人可能没有项目收益，但收到利息收益；在项目收益较好时，跟投人才能按投资比例分配收益；在项目收益很好时，跟投人才能得到超过投资比例的收益。这样的设计，意在鼓励跟投人努力选取好项目，努力将项目运营出更好的效果，这样跟投人自己才能拿到高收益。

具体而言，万科负责该房地产项目的城市公司管理层代表和项目团队的员工代表属于强制跟投，成立有限合伙企业B，管理层代表作为普通合伙人，项目团队的员工代表作为有限合伙人。如果城市公司其他员工想参与跟投，那么就签订代持协议，委托有限合伙企业B进行投资。万科各级别员工跟投是否积极，即意味着大家是否看好这个项目。

如果大家投资积极，万科认为这个项目可行，万科的全资企业深圳盈达投资基金管理有限公司就会参与投资，作为普通合伙人与有限合伙企业 B 再成立另一个有限合伙企业 A（见图 2-2）。

综上所述，该项目公司的股东为有限合伙企业 A 和当地的万科城市公司（区域公司）。一般情况下，也会有外部合伙伙伴参与进来。最后，当项目结束实现资金回笼的时候，各合伙人按照持股比例分红。可以说万科的项目跟投制度就是企业拿出一些可独立核算的业务、产品和项目，让具体参与运营的员工共同投资、共享利润、共担风险。

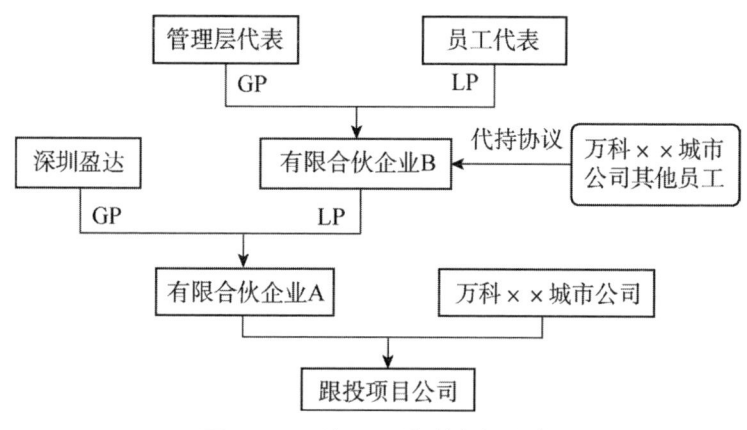

图 2-2　万科项目跟投的组织形式

不过随着房地产行业的低迷，万科跟投机制也发生改变。2022 年 6 月 8 日，万科发布项目跟投制度 6.0 版。根据公告，此次万科修订最大的亮点是推出跟投的模拟清算退出机制，对退出的时间节点更加清晰。即将跟投项目进行拆分成不含持有经营类物业和持有经营类物业，前者同时满足以下三个条件，则该项目的跟投资金可通过模拟清算方式统一进行清算和退出：(1) 可销售物业的最后一期已交付；(2) 所有可销售物业的累计销售金额比例达到项目可销售物业的预计总销售金额的 95% 及以上；(3) 全部成本类合同均已结算完毕，累计已结转成本占总成本的 95% 以上。退出时未售部分价值按收益现值法计算，折现率为 15%。对于后者持有经营类物业，则还需要满足开业满 3 年或者商业地产投资回报率超过 5% 的要求才可以退出。经营性资产的退出价格原则上不高于第三方评估机构的评估价值。目的在于强调项目的完成程度以及相应增加了跟投人员的责任，跟投人员对项目的交付、销售和回款都形成了连带责任。同时对于经营类物业项目的开发，需要更加慎重考虑。

就如万科集团董事会主席郁亮所言，"万科是一家混合所有制企业，公司的员工有合伙人精神，员工的利益和公司利益非常紧密地绑在一块儿。在事业合伙人机制下，我们有持股计划，有项目跟投，有事件合伙。我们内部还常有责任连坐，当规定的任务没有完成，所有人都有责任"。

地产行业已经进入深度调整期，合伙人机制也要与时俱进，改变和完善激励模式，通过利益绑定，避免企业这艘船在大海航行中触礁，有沉没的风险。

第五节 / 资金合伙人

一般来说,就是公司中"出钱不出力"的合伙人,属于纯财务投资者的角色,通常称为"资金合伙人"。资金合伙人仅提供资金,不参与企业日常经营管理,一般资金合伙人的股权比例占总体的 10%~30%。公司初创阶段,财务投资人和股东出资作为公司启动资金确实非常重要,但必须提醒各位投资者:如果公司想要为股东持续创造可分配利润和价值增长,主要还是要依靠公司创始合伙人的经营运作,所以股权架构设计不能仅看出资比例,否则不利自己的投资收益。

举个例子,一个公司成立时注册资金 1000 万元,有三位股东,股东甲全职,出资 400 万元,持有公司 40% 股权,在公司里不拿工资,乙、丙两位股东兼职,名下还有其他公司经营,在其他公司年薪 30 万元和 50 万元。第一年通过甲全身心投入,公司可分配利润 200 万元,甲分得 80 万元,乙、丙共分得 120 万元,第一年甲还可以忍受,大家相安无事。第二年通过甲玩命工作,年底公司可分配利润 400 万元,分红时甲分得 160 万元,乙、丙共分得 240 万元,甲就不痛快了,心想为什么我拼死拼活把公司做起来了,你们两个人却拿大头,而且还拿两份钱,股东矛盾就这样发生了，企业发展并不顺利，影响了股东的投资回报。

其实这个问题很多投资者都想不通，出钱多拿大头不是很正常吗？但是企业运营要靠人，所以股权架构设计要符合人性。困扰所有投资者的问题有三点：第一，如何解决全职股东与财务投资人利益平衡；第二，有人出钱多，有人出力多，如何解决这两者的矛盾，最常见的就是创始人出力比较多，反而成为公司的打工仔，贡献和收益不对等；第三，大家出钱差不多，但有人干活多，有人干活少，如何保障股权比例与贡献一致。因此，进行股权分配要公平、公正、公开，把合伙人投入的资源分成三大部分：一是资金投入，二是劳动投入，三是资源投入，事先商定好各自的权重比例然后再进行分配，资金的投入比较好分配，就是按照投资多少，在资金权重比例里分配股权；劳动投入比较复杂，要按照职责、能力、工作完成进度进行划分股权比例；资源投入，常见的如销售渠道、人脉资源、信用资源等。有的把所有股权一次性分配完毕，有的还要设定股权兑现条件和程序。比如，下一年销售目标达到3000万元才能兑现相应的股权比例。

在实际操作的过程中，资金合伙人提供的资金还分为内部资金和外部资金，内部资金就是创始人团队自己筹得投入的资金，外部资金就是纯财务投资人投入的资金，纯财务投资人只出钱，不用出力，坐等股权分红或者股权增值，在初创阶段吸引的外部资金，实质就是天使轮融资，初创阶段公司会释放出15%~20%股权进行天使轮融资，太少了对投资人没有吸引力，太多了会影响创始人团队对公司的控制权。

当公司过了初创期以后，公司发展缺少现金流，迫切需要融资，债权融资是企业家经常使用的方式之一，但是债权融资的条件非常苛刻，需要提供抵押物和股东担保，很多创业公司并不具备这样的条件，那么，股权融资就是唯一的选择，吸引"出钱不出力"的合伙人加入，这期间的融资被称为 A 轮、B 轮、C 轮融资，出资者也属于纯财务投资者的角色，通常称为"资金合伙人"，也是仅提供资金，不参与企业日常经营管理，有的会协助创始股东进行战略设计和必要的资源协助。相比直接债权融资，这种合作模式的优势在于资金合伙人与创始人团队形成利益共同体，而且资金合伙人对企业发展前景持乐观态度，预期可获得丰厚回报。而创始人团队通过股权融资方式获得企业各个阶段发展所需资金，既不需要偿还贷款本息，也不会面临提供贷款抵押物和连带担保给个人或家庭带来不确定的风险。

但需要注意的是，为了继续保障创始人团队对企业的控制权，公司、创始合伙人与资金合伙人需要根据企业资金需求情况和项目预期价值拟定合理的股东合伙协议或增资协议，明确约定各方的股权比例、权利义务、利润分配、重大决策机制、退出机制等。提前规定好资金合伙人可以采用的退出方式、退出时间节点，保证资金合伙人的退出不会对企业生产经营和现金流产生重大不利影响。

第六节 / 虚拟合伙人

虚拟合伙人，是企业不区分业务、项目、区域等，全体合伙人出资（或不出资）认购公司整体的虚拟股份。虚拟股份不进行注册登记，不具有表决权只享有分红权，年终根据企业整体盈利状况进行分红，承担经营风险（不承担经营风险）。最典型的就是华为的虚拟股权激励。

华为员工虚拟股权的推出，最初为了应对公司现金流紧张问题，为什么华为现金流紧张呢？第一，华为用高薪来挖人，人工成本非常高，而且人工成本都是前置成本；第二，华为是强激励文化，到年底要兑现激励承诺的时候，会让企业现金流吃紧；第三，华为主要是跟国有企业做生意的，国有企业特点是不赖账，但是账期长，所以华为需要大量现金周转；第四，当时的华为刚开始发展还没什么名气，还没有抵押物，去银行贷款根本贷不出来。因此，华为在不断发展过程中需要大量的现金周转，银行又不给贷款；客户的钱又收不回来，任正非就想到用员工的奖金"债转股"，也即虚拟股权激励。

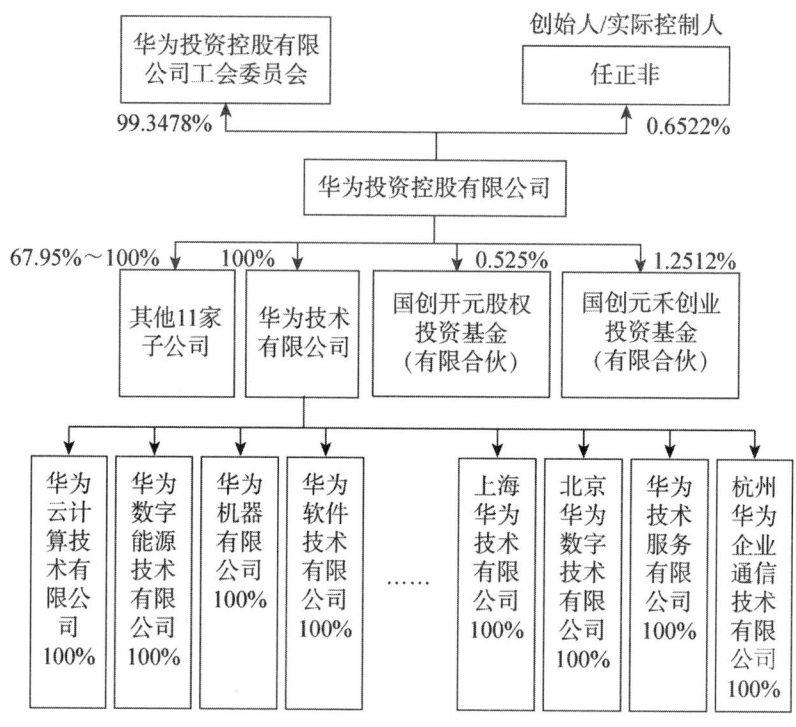

```
                    华为投资控股有限              创始人/实际控制人
                    公司工会委员会                    任正非
                       99.3478%                        0.6522%
                              ↓                    ↓
                         华为投资控股有限公司
       67.95%~100% ↓   100% ↓        0.525% ↓    1.2512% ↓
        其他11家      华为技术      国创开元股权    国创元禾创业
        子公司       有限公司      投资基金        投资基金
                                   (有限合伙)     (有限合伙)

  华为云   华为数   华为机   华为软          上海华   北京华   华为技   杭州华为
  计算技   字能源   器有限   件技术          为技术   为数字   术服务   企业通信
  术有限   技术有   公司     有限公          有限公   技术有   有限公   技术有限
  公司     限公司   100%     司              司       限公司   司       公司
  100%    100%              100%            100%    100%    100%    100%
```

图 2-3 华为公司的股权架构

比如，销售人员年底拿到 30 万元奖金，华为给他两个选择，第一个选择是你把奖金都拿走，第二个选择是奖金不拿走，放在公司转成股份，承诺回报不低于 15%，后来有一段时间，做到回报达到 30% 或 40%，第一年实施这个合伙人机制的时候有人信有人不信，信的人把奖金转成股份了，到了明年拿到手的分红达到 30%，下一年入股的人就多了起来，用这种方式当时大大缓解了华为的现金流压力，这就是华为实施虚拟股权激励的原因。

那么华为的股权激励是如何落地的呢？早在 1990 年，处在创业期的华为就推出了员工持股机制，即让员工全员持股，成为公司的事业合伙人，但是与其他公司的事业合伙人机制不同，华为的事业合伙人不直接登记股权,而是成立工会委员会作为合伙人的持股平台,这个阶段的合伙人收益主要是固定的分红收益。具体来讲,就是按照内部员工工作的级别、绩效、贡献等进行核算授予内部员工股份,员工以工资、年底奖金出资一元一股购买股份,资金不够的,公司还协助向银行贷款,员工只享受分红权,但不享有表决权,员工所持股份在退出时,公司按照原始价格回购,员工也不享有所持股份的溢价收益。从华为虚拟合伙人的发展历程来看,华为的虚拟合伙人发展历程分为四个阶段:

第一阶段,从2001年开始,华为实行了虚拟受限股计划,从这个时候开始,授予股权激励的员工,获得收益的大头不再是固定的分红收益,而是公司的净资产的增值对应的持股股份的价值,从此华为的激励机制,完成从普惠性原则向重点激励的转变。

第二阶段,2001年以后,华为又实行了员工持股改革,新员工不再派发长期实行的一元一股的股票,而老员工的股票也逐渐转化为期股,虚拟受限股开始由华为工会委员会负责发放,每年华为会根据员工的工作水平和对公司的贡献决定其获得的股份数额,员工按照公司当年净资产价格购买虚拟股,拥有虚拟股的员工,主要的收益除了可以获得一定比例的分红,还可以获得虚拟股对应的公司净资产增值部分收益。

例如,在2002年华为公布的当年虚拟受限股执行价格为每股净资产2.62元,2003年为2.74元,到2006年每股净资产达到3.94元,2008年该数字已经进一步提高为4.04元,员工的股份增值收益率达到了25%~50%。

第三阶段,2008年华为再次调整了虚拟股制度,实行饱和配股制,即规定员工的配股上限,每个级别达到上限后,就不参与新的配股,如级别为 13 级的员工，持股上限为 2 万股，14 级为 5 万股，这一规定也让手中持股数量巨大的华为老员工们配股受到了限制，给新员工的持股留下了空间。

第四阶段，2013 年为了解决外籍员工和基层员工的激励问题，华为推出了时间单位计划（TUP 计划），每年根据员工的岗位、级别及绩效等给员工配置一定数量的期权，不需要员工购买，5 年为一个结算周期，周期内享受相应的分红，周期结束后进行净资产增值部分的结算。这个计划可以解决任正非多次批评的收入过度集中到部分人手中，从而导致基层员工无缘分享公司发展红利的问题。

正如华为轮值 CEO 郭平所说的那样，TUP 计划本质上是一种特殊的奖金。是基于员工历史贡献和未来发展前途来确定的一种长久，但非永久的奖金分配权利，从这个角度来说，华为的虚拟股权激励实质是一种公司奖金重新分配的机制。

华为的虚拟合伙人计划，有以下几个方面值得我们学习借鉴：

1. 华为的虚拟合伙人计划是一种变相增加公司现金流的手段，值得很多企业去学习。

2. 任正非在创办华为之初，把华为做大做强为事业目标，正是因为有这种信念，才能在当时的时代背景下，让政府为华为的股权激励"背书"，吸引华为员工掏钱购买公司的股份，华为每年将 10% 以上的销售收入用于研发投入。

3. 华为的股权激励计划惠及了绝大多数员工，这一点与其他企业只是让极少数的核心员工持股形成了鲜明的对比。华为之所以这样做，我们分析有两点原因：其一，华为认为公司的发展要靠大家；其二，任正非敢于拿出公司的绝大部分股份让员工持有，就是让奋斗者能够获得更多的利益。

还有一种虚拟股权激励方式就是在公司确定的业绩和利润数额基础之上设定目标,运营团队通过努力,实现了超过目标以外的利润部分,作为对经营团队的分红激励,这种方式适用于员工对公司业绩的提升能起到较大作用但员工的经济实力没办法进行资金跟投的情况。比如,永辉超市推行的一线员工合伙人机制,这个合伙人机制不涉及公司主体的股权分配问题,只是员工通过自己的努力实现业绩与利润的额外增长,并享受分红收益。

对于实体零售企业而言,门店一线员工的工作状态如何,起着重要的作用。举个很简单的例子,我们在超市购物的时候,看到瓜果生鲜摆放得很整齐,看起来很新鲜,就会有购买的欲望。也就是说,门店一线员工如何码放果蔬,轻拿轻放至关重要。如果一线门店员工抱着"卖多少都和我没关系"的态度,随意摆放,受到撞击的果蔬通常几个小时后就会出现变黑的情况,这样就不能激发消费者的购买欲。如何激励员工工作积极性,成为永辉超市的难题。单纯地增加员工薪酬,会增加企业成本负担,影响公司的利润,平均到每个员工又不多,并且增加多少也难以确定,加多了老板不愿意,加少了没有激励效果。为改变困局,永辉超市开始运营机制改革,对一线员工实行"合伙人机制"。

其核心在于总部与门店(合伙人代表)根据历史数据和销售预测制定一个业绩标准,如果门店实际经营业绩超过了设立的标准,增量部分的利润按照预先约定的比例在总部和合伙人之间进行分配。店长拿到这笔分红之后就会根据其门店的岗位贡献度进行二次分配,最终让分红顾及每一位基层员工(见表2-1)。

表2-1 永辉超市合伙人奖金包计算方法

合伙人奖金包
门店利润总额超额/减亏部分=实际值-目标值

续表

合伙人奖金包	
门店奖金包＝门店利润总额超额/减亏部分×30%	
门店奖金包上限：门店奖金包≥30万元时，奖金包按照30万元发放	
职级	各职级奖金包分配
店长、店助	门店奖金包×8%
经理级	门店奖金包×9%
课长级	门店奖金包×13%
员工级	门店奖金包×70%

合伙人机制在永辉超市更是因"店"制宜，在一家门店中，既可以部门为单位，又可以柜台、品类、科目为单位，非常灵活。也就是永辉在品类、柜台、部门达到基础设定的毛利额或利润额后，由门店和员工进行收益分成。其中，对于一些店铺（主要是精品店），甚至可能出现无基础目标额的要求。

在分成比例方面，是由大家讨论决定的，根据实际情况，三七、四六、二八都有可能。这样一来，员工自己的收入和品类或部门、科目、柜台的收入挂钩，只有自己为消费者提供更出色的服务才能得到更多回报。合伙人机制对于员工来说就是在收入方面的"开源"，为增加门店的利润和自己收入，员工会注意尽量避免不必要的成本浪费，在码放果蔬时轻拿轻放，并注意保鲜。这也是在国内整个果蔬销售行业损耗率超过30%的情况下，永辉超市只有4%~5%损耗率的原因所在。

同时，在合伙制下，对于部门、柜台、品类等内部人员的招聘、解雇都是由该部门、柜台、品类所有成员决定，你这个柜台当然可以招聘10名员工，但是所有的收益大家是共同分享，你也可以5个人干10个人的活,员工收入增加一倍,都是由所有员工自己决定。

总而言之,永辉超市采用的合伙人制度,能够让店长、店助、经理和普通员工甚至固定小时工都能参与,充分调动了大家的工作积极性,激励员工超额完成公司下达的经营目标,践行融合共享、共同成长的企业文化。极大地降低了企业的管理成本,员工的流失率也有了显著的降低。

第七节 / 供应链合伙人

什么是供应链合伙人？就是投资于企业的供应商、经销商、客户以及与企业经营资源的提供者，为什么要把这些人发展成为企业的合伙人？道理很简单，企业内部的人员再怎么出色，资源仍然是有限的；而且与这些人形成合伙关系，还能极大地增强企业的抗风险能力，最聪明的人和最有实力的人永远在公司外部，这样的人可以不为我所有，但为我所用就足够了。

这种合伙模式的实质在于用股权进行产业上下游资源的收购与整合，如对于经销商来说，自身缺乏独立扩大再发展的实力，又不具备整合别人的规模和优势，所以被上游整合也是经销商自身发展需求。企业对上下游资源的整合，形成外部合伙人机制，有助于与上下游企业形成命运共同体，把大家的利益关联在一起，从而打通了整个产业链资源，减少了上下游企业竞争的同时增强本身的抗风险能力。比如，海澜之家和泸州老窖就值得研究和学习。

一、海澜之家

海澜之家是著名的男装品牌，就是运用了这种供应链合伙人模式，在企业发展的高峰时期，每月开100余家店，占领了国内大部分三、四线城市，与加盟商和供应商合伙，整合了供应链资源，建立了运营良好的生态链平台企业。那么海澜之家具体是如何操作的呢？传统服装品牌和加盟商之间的关系一般是买卖关系，也就是加盟商向品牌商或生产商进货，放到加盟店里进行销售，加盟商需要自负服装的库存成本，而海澜之家采用的是加盟商只需出钱，由海澜之家代运营方式，加盟商出钱开起店面，拥有加盟店的所有权。但不参与店面的具体经营，门店的所有内部管理全部委托海澜之家负责。

所以加盟商相当于这个门店的投资人，负责店租、装修、人工成本，但不参与任何管理。同时海澜之家与加盟商之间的销售采用的是"委托代销"模式，商品的所有权全部在海澜之家手里，加盟商不承担库存滞销的风险，等商品销售出去之后，加盟店和海澜之家之间再根据协议约定结算营业利润的分成（见图2-4）。

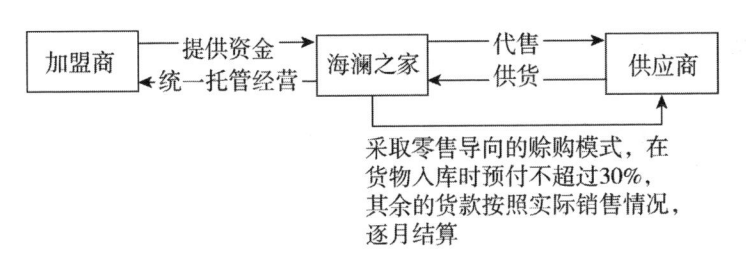

```
┌─────┐  提供资金   ┌───────┐   代售    ┌──────┐
│加盟商│ ──────────→│海澜之家│ ────────→ │供应商│
│     │←──────────│       │   供货     │      │
└─────┘ 统一托管经营 └───────┘          └──────┘
                                           ↑
                         采取零售导向的赊购模式，在
                         货物入库时预付不超过30%，
                         其余的货款按照实际销售情况，
                         逐月结算
```

图 2-4　海澜之家商业模式

另外，海澜之家和上游供应商之间签订的是"滞销商品可退货"的采购合同。也就是由海澜之家剪去商品标签之后，将滞销品退还给供应商，滞销风险由供应商承担。结算方式是在产品销售完成之后，逐月与供应商进行货款结算，现金流极其健康。因此，海澜之家的采购模式是以可退货为主，不可退货为辅。

关于可退货的服装，供应商收到海澜之家的退货之后，会选择与一些中小微企业合作,销售退货商品。在这个生态链内,有大量的小微卖家在非常卖力地帮海澜之家做品牌宣传,而且由于是一两年前的过季产品,又基本上不会对海澜之家的主营当季产品形成冲突。反而将品牌的过气产品推进了大量低端市场,在市场上形成强烈的品牌认知曝光。

关于不可退货的服装,换了一个"马甲",给了海澜之家的子品牌"海一家",这是海澜之家专门负责处理过季库存的品牌,海澜之家通过从不打折的营销模式,保证了品牌的形象和价值。一两年的滞销库存,则通过"海一家"进行打折处理。这样就避免了打折对主品牌形成的冲击,也能够很好地通过低价折扣来迅速清理一部分库存。

海澜之家的这种生态链模式,通过整合资源,实现自身轻资产快速发展模式。海澜之家开店不用钱,因为是加盟商作为投资人出的钱,这类投资人是手上有闲钱,想投资开店但是没有运营经验,所以海澜之家采取的是代运营的方式,选址、日常运营都由海澜之家总公司负责,加盟商只需要先投钱和拿后期的分钱。而且海澜之家采取保底的分红方式,对于供应商来说,可获得量大的订单,即使单件的利润不高,但是经过标准化的流水线生产,总体利润也是很可观的。而且作为海澜之家的供应商,不仅拥有长期稳定的下游,也能依靠海澜之家的品牌影响力,吸引更多的订单,这也是海澜之家的供应商愿意承担库存风险的原因,不仅因为海澜之家设立了专门清库存的品牌,而且供应商也能参与投资分红作为利润支撑。

二、泸州老窖

泸州老窖能在中国白酒行业闻名遐迩,尤其是浓香型白酒更是称霸江湖,这就不得不说泸州老窖以"柒泉模式"为核心的供应链合伙人机制,虽然"柒泉模式"已经过时,但是也有可借鉴之处,"柒泉模式"是以泸州老窖销售渠道管理团队、经销商客户及其管理团队共同出资建立的柒泉公司,从而将公司利益捆绑对象进一步延伸到销售人员和经销商。"柒泉模式"是共赢思维,将公司与经销商深度绑定成为合作伙伴,实现了公司对销售终端的精准掌控。此后的"柒泉模式"始终顺应市场变化进行迭代和调整,为泸州老窖品牌的提升和市场的扩张做出巨大贡献。

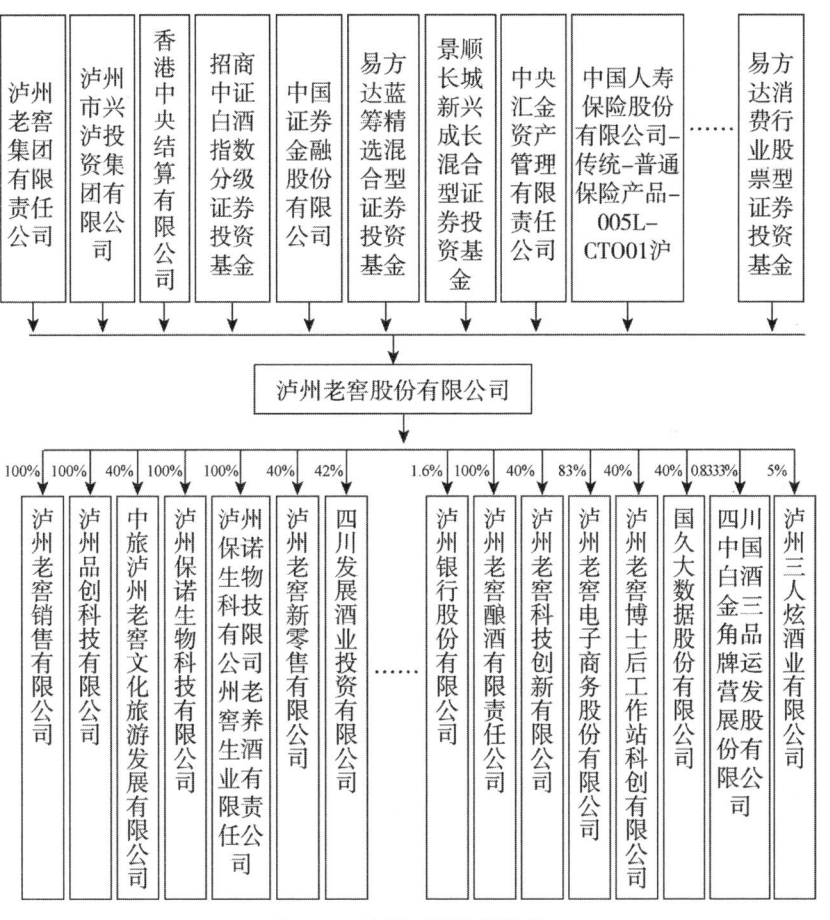

图 2-5 泸州老窖股权架构

泸州老窖供应链合伙人模式的产生和发展经历了四个阶段：

第一阶段（1998~2003年）。

从1995年开始，泸州老窖"产品思维"根深蒂固，产能一直快速上升，但下游散货销售能力却打不开局面，预收款增速放缓，存货增速却持续增加，1994~1997年大规模扩产导致库存积压，泸州老窖在这一阶段开始思考调整经营策略，对内控产能，对外拓渠道，增强产品销售能力，但控产能的负面就是直接降低了营业收入的增长，1998年成为拐点，拓渠道大幅增加销售费用直接导致净利润率降低，策略的调整虽然牺牲了短期业绩，但渠道数量和质量的提升为下一阶段探索创新营销模式、绑定经销商奠定了良好的基础。

第二阶段（2004~2012年）。

随着经济的快速发展，从2002年开始，白酒行业迎来"黄金十年"，全国白酒行业营业收入从500亿元激增到了4000亿元，由于市场的需求，激发了高端白酒的需求，泸州老窖顺势而为全力打造高端白酒，一方面，讲好国窖1573品牌故事，大幅度提升价格，带动利润的提高，2008年至2012年出厂价涨幅高达66%；另一方面，分两步开启了基于经销商合伙人模式的"柒泉模式"股权激励，与渠道商共享高利润回报，建立供应链合伙机制，拉动公司整体销售收入的快速攀升。

泸州老窖是上市公司为"柒泉模式"的落地打下扎实的基础，"柒泉模式"分两步落地。

第一步：定向增发，对经销商期权激励。2006年6月，泸州老窖召开了临时股东大会，决议向10名特定投资人定向增发3000万股，其中8名为泸州老窖的经销商，获配股1228.4万元，占增发总量的40.95%；经销商的采购量按照一定比例折算为一定数额的期权，授予期为3年，业绩条件为销售量指标；2006年经销商以12元的价格拟购入泸州老窖的股票到2008年其股价涨到76元,涨幅为600%,期权激励让经销商赚得盆满钵满,充分激励了经销商积极性,大幅提升了营业收入,2007年和2008年营业收入增长率分别为57%和30%。

第二步:建立柒泉营销公司,通过股权绑定供应链合作伙伴。2009年,泸州老窖将利益捆绑对象拓展到销售人员和更多经销商。泸州老窖的区域核心销售团队与当地经销商共同出资建立泸州老窖营销咨询管理公司(以下简称柒泉公司),主导泸州老窖核心产品的销售,各经销商根据其入股前1年老窖主打产品的销售额确定股权比例,并预留一定股权给新进经销商,这就是泸州老窖有名的"柒泉模式"。

柒泉公司的董事长,由经销商选举产生,总经理由泸州老窖选任,总经理持有一定股份,原泸州老窖片区销售人员与泸州老窖解除劳动合同,入股柒泉公司,成为柒泉公司的核心员工。

泸州老窖将终端销售全部给柒泉公司,可以理解为柒泉公司就是泸州老窖的销售公司,只是股东不是泸州老窖而已,泸州老窖通过制度、协议和利益对柒泉公司进行约束,真正的泸州老窖销售公司取消对柒泉公司的原有返点、返酒政策,直接以折扣价供货给柒泉公司;柒泉公司承担管控职能和营销费用投放,柒泉公司利润来自销售公司的折扣价与按市场价销售后的差额,再与销售公司协商好的利润分成;柒泉公司的财务统一委托第三方专业机构管理,泸州老窖有权查阅所有账目。

柒泉合伙人模式助力泸州老窖在白酒行业如鱼得水,把上游品牌、下游渠道以及营销团队通过柒泉公司整合成了一个有机整体,达到供应链统一行动,协同作战,提高了市场效率和占有率,主要体现在:拓宽市场渠道、提升销售收入和降低销售费用,"柒泉模式"为泸州老窖在行业快速发展期业绩提升立下了汗马功劳,但在行业调整期却暴露出诸多问题。

第三阶段(2013~2014年)。

2012年党的十八大召开以后,随着"反腐倡廉"深入进行和限制"三公消费"以后,政务接待需求下降、酒类消费回归大众,特别是高端酒需求急剧萎缩,国窖1573为防失去高端酒地位还逆势提价,导致销量急剧下降,2014年泸州老窖营业收入腰斩为53.5亿元,降幅高达49%,处境十分尴尬。

泸州老窖生意不好,各方利益受损,"柒泉模式"的不足也显现出来。由于泸州老窖未参股柒泉公司,导致对其财务掌控力不够,先期对经销商放权比较大导致对销售终端控制力也变差,难以在行业低谷期利益发生分歧时有效的控制局面,"柒泉模式"的效果大打折扣,暴露出很多问题:如柒泉公司为了自身利益(因为要承担除生产之外的费用)更倾向于销售周转较快的低端产品,拉低了整体毛利率和收入。市场情况好的时候,经销商愿意囤货和保价,但市场不景气的时候,经销商会为了谋求利益,采取薄利多销方式销售低端产品,放弃对中高端产品推广,损害了品牌长期利益。泸州老窖对柒泉公司的控制力不足,造成产品价格倒挂严重,区域价格混乱,渠道利润空间下降,造成经销商快速流失。

因此,泸州老窖必须适应时代发展,进行模式升级。

第四阶段(2015~2018年)。

经历2年的低谷后,2015年,泸州老窖开始重塑品牌价值,确立五大单品战略,同时以品牌为划分聚焦资源打造大单品,建立了升级版"柒泉模式",即"品牌专营模式",分两步进行:

第一步:组建品牌专营公司。选择原"柒泉模式"中优秀的经销商共同参股组建国窖、窖龄、特曲三大品牌专营公司,每个专营公司只运作自身专有产品，专营公司的控制权掌握在泸州老窖手中。

第二步：按照各品牌的市场定位，进行差异化运营。

1. 低端品牌：严格库存控制，经销商库存超过20%以上不能再打款购货，催促经销加快出货速度。

2. 中高端品牌：公司控价，采用月返+季返的模式给经销商制定目标，同时价格稳定上升以推动销售，给经销商同价位产品的1.5倍渠道利润。

3. 高端品牌：实行价格双轨制+终端配额制，在经销商配额制度的基础上，执行终端计划配额制度，计划外制单价高于计划内制单价。

品牌专营模式加强了公司控盘能力，品牌专营虽然本质上是分销模式，但有利于逐步厘清各个单品渠道关系，把重点资源都投入五大单品上，同时通过对专营公司的控制、对公司终端的掌控改变了对"柒泉模式"控盘能力差的问题。

品牌专营模式帮助泸州老窖强势回归。2015年至2017年，仅3年时间，泸州老窖重回百亿阵营，年复合平均收入增速24%，泸州老窖重新回归到高端白酒的领军地位。

综上所述，泸州老窖的合伙人机制，以下几点值得大家学习：

1. 明确的价值贡献呈现方式，是供应链股权激励的重要基础。

通过设立柒泉公司或品牌专营公司，绑定生产商、品牌商、渠道商、营销人员，明确各方在生态链中的角色、定位及价值贡献方式，匹配合理的激励方式、激励力度和激励周期，保证合伙人共创事业、共享利益、共担风险。

2. 通过业绩竞争动态排名，避免合作伙伴躺在过去的功绩上。

采用赛马机制，基于业绩排名，定期动态调整激励对象、确定利益分配额度，使被激励对象一直处于竞争关系中，迫使其持续奋斗、长期创造业绩贡献,避免其有"搭便车"的现象。

3.有效控制整体局面,最大化分配利益,促进供应链合伙人良性持续发展。

供应链合作是博弈基础上的合作,在具体的经营管理中,需要通过多种方式掌握实际的控制权,但在利益分享上,要多让利给合作伙伴,充分激发积极性,促进长期稳定的合作。

第三章
CHAPTER THREE

如何选择合伙人

第一节 / 合伙人应该具备哪些条件

一、合伙人要实际出资

王老板研发一种产品,可替代外国进口,他对产品的市场前景非常乐观,但他没有销售渠道,于是他找了一位对同类产品有多年销售经验的刘总,希望他能成为合作伙伴,主要负责建立销售渠道,为了保证刘总能加入进来,王老板表现得很大气,表示500万元的启动资金全部由他出,占80%的股份,刘总不需要出资,直接占20%的股权,这样的股权分配合理吗?

当然不合理!果不其然,1年后,公司在运营过程中遇到了一些问题,两个合伙人发生了冲突,刘总觉得没有必要继续合作下去,于是退出,把烂摊子留给了王老板。刘总这类合伙人,对企业没有投钱,没有风险意识,是典型的投机者,赚钱就会主动做事,发现情况不对就会马上退出做甩手掌柜。创业是一个长期的过程,收益与风险并存,选择的合作伙伴就要选择能够出资的合伙人,具备共同承担风险的决心和能力。

现实企业运营中确实会遇到没有出钱能力,但又必须将其纳入的合伙人的高手,那么应该如何操作呢?首先,要分析这位高手不出钱的理由，是真的没钱，还是不想出钱。如果是真的没有资金，是否可以通过非货币财产方式出资呢？或者通过约定延迟出资时间，但是同时要约定行使股东权利要和出资时间相同，还可以通过向公司借钱的形式出资，这些方式不仅能解决出资的问题，也能考验这位高人是否有项目信心、是否敢于承担风险。

比如，一位技术大拿，如果邀请他加入创业，他说我只出技术不出钱，在公司发展初期这项技术对公司发展确实非常重要，可以采取期权的方式先让他加入进来，技术在实际应用过程中确实达到了预期，就让这位技术大拿登记为公司股东，否则就放弃他；但技术实际应用后没有达到预期，而这项技术公司又掌握了，这位技术大拿的价值会逐渐减弱，甚至边缘化，在没有出资的情况下，很容易被公司抛弃；如果这位技术大拿既出技术又出钱，不仅能够表现出合作的诚意，让其他合伙人觉得他有共同创业的决心，即使技术应用没有达到预期，但还是能参与到公司运营过程中，这样在公司发展壮大后，依然保持着一定的话语权。

那么合伙人具体出资多少钱呢？总体需要根据公司规模、类型和所在行业而定，比如要设立一家制造业企业，启动资金需要1000万元，那么就要按照1000万元大家共同出资，按出资为主其他资源为辅确定各自的股权比例。如果要成立一家咨询公司，不需要太多的启动资金，这时各位合伙人可以有钱出钱、有办公场地出办公场地，主要按照合伙人的专业能力和客户资源确定股权比例。

二、拥有共同的目标并且与团队价值观一致

一群人，方向一致、步调一致，才能走得长久，合伙创业亦是如此。大家知道创业初期会面临诸多问题，缺钱缺人缺客户，许多问题都要共

同解决。如果大家没有共同的目标和价值观，很容易产生隔阂，心生芥蒂，精力都花在互相说服上了，更谈不上解决公司业绩增长问题，结局只会是大家分道扬镳，创业无疾而终。

价值观可能听起来有点虚无缥缈，但事实并非如此。笔者认为这主要体现在四个方面：第一，目标观，合伙人对公司未来都是一个目标，并愿意为这个目标全身心地付出。第二，时间观，创业初期不是马拉松而是百米冲刺，就是全部合伙人都为公司活下来与时间赛跑与竞争对手赛跑，时间应该用在哪里，付出的时间和获得的收益是否一致，这些都需要全体合伙人共同确认。第三，金钱观，最初的创业资金大部分是合伙人的全部家当，必须把钱花在刀刃上，发挥最大的价值，需要投到哪里，投入多少资金，合伙人应该制订公司"花钱"计划，用有限的资金创造更多的财富。第四，市场观，创业伙伴要有一致的产品定位和市场认知，要让听见炮火的合伙人做市场销售决策。

三、彼此信任，能够长期地全身心地投入

合伙人除了拥有共同的目标和价值观，还要彼此信任，很多时候合伙人产生意见分歧，只是看待问题有不同的看法而已。如果大家相互信任，形成一定的默契，知道大家所做的一切都是想为了公司发展，那么即使某些合伙人对最终的决策不完全认同，但基于互相信任，也愿意作出一定的让步，最终达成共识并且坚决贯彻执行；假设合伙人之间都缺乏信任了，互相猜疑，谁也不愿意作出让步，很容易陷入僵局，阻碍公司的发展，甚至哪怕有最终的决策，但有合伙人总是抱着怀疑的态度去对待，也无法推动工作进展，散伙也是迟早的事情。

创业不同于其他事情，可以说是同生死、共富贵，全职合伙人几乎把全部身家、全部精力都投进去了，唯一的出路就是创业成功，而兼职

的合伙人，是有其他的工作和获取收入的途径，所承担的压力相对较小，也没有什么紧迫感。两种合伙人的态度和投入有很大的差异。

因此，合伙人创业必须是彼此信任，至少能够在 3~5 年内全身心投入共同的创业事业中。大家要记住，驱动合伙人永远向前的不仅是名和利，更是背后的万丈深渊，只有斩断退路的时候，才能永远往前走，即使累了，也不能原地踏步，还是要往前冲，这才是大家一起合伙的本质。

四、具有一定的资源

空手套白狼的时代已经过去，合伙人一定是具有资源的人。例如，资金实力，能够缓解企业的现金流压力，或者营销能力、核心技术能力、管理能力等资源。现在想创业的人想当老板的人很多，没有一定的资源，谁愿意成为你的合伙人呢？

第二节 / 选择合伙人的途径

一、外部寻找

外部寻找，顾名思义，就是公司创始人或 HR 利用自己的资源，在行业内寻找合适的合伙人，这种方式，一定是寻找足够优秀且有丰富经验的人才，但是否真正适合企业的发展，能够向公司提供什么资源，公司是给注册股权还是给期权，需要根据实际情况确定，而且都要提前设置好，不要冲动决定。

二、内部选拔

公司在创业发展过程中，除了最初的创业合伙人，还会有创业初期的老员工和新人才加入，这些人才经过公司的培养和锻炼，了解公司的具体情况，并且对公司有一定的情感基础，把这些人才纳入合伙人，是不错的选择。这种培养和挖掘公司内部合伙人机制，能够激发员工的感恩之心，让员工看到晋升的希望，增强工作的积极性。而且最重要的是优秀的人才成为公司的合伙人，主人翁的意识会增强，也能强化对公司的忠诚度和责任感。

三、被动选择

当我们的企业发展到一定规模时，自然而然能够吸引外界优秀的人才加入。如何设置相应的考核标准，确定哪些人是企业发展真正需要的，哪些是过去需要但现在不需要的，如果没有提前设置好考核，合伙人就会出现进入容易退出难的尴尬局面，不仅会增加公司的运营成本和时间成本，还会增加人才不稳定的风险。

第三节 / 选择合伙人的标准

　　创立企业之所以要找合伙人，一定是他身上的某些资源是企业需要的，而且是其他合伙人没有的，能够弥补其他合伙人的短板，否则就没有合伙的必要。比如，如果创业缺乏资金，那么就要找有资金实力的人合作；如果是缺乏技术，那么就找一个技术大拿一起共同创业。也就是说，只有明确自己的资源和专长以及企业所需的其他资源之后，才能找到与自己形成优势互补的人，才能为成功创业打下良好的基础。

　　对于公司发展而言，性格兼容资源互补，可谓求同存异，对创业成功百利而无一害。比如，途牛网两位创始人于敦德和严海峰，就是典型的例子。于敦德相对含蓄内向，而严海峰则是热情奔放。两位"80后"，一个像火一个像水，因此在创业过程中两个人也有很多争执，不过两个人只是"吵"，只针对事情不针对人，但是大部分的情况是越争吵越接近企业经营问题的核心，越争吵越能找到解决问题的办法。两个人总会在正确方向上达成默契和共识。时间长了，一个人可能一张嘴，另一个人就知道他要说什么了。并且，为了更好地合伙发展，两个人也始终秉持着一个原则,那就是简单直接,有什么意见和看法就直接表达出来,而不是藏着掖着。虽然于敦德和严海峰在性格上截然相反,相同的价值观和工作原则却能让两个人一走就是十几年,也堪称合伙创业的一段佳话。

一、创始合伙人的选择标准

创业不易,且行且珍惜。如何能够让企业稳定有效地运作下去,创始合伙人非常重要。那么创始合伙人应该具备哪些条件呢?

1. 有共同的目标,相同的价值观,性格互补,能充分信任合作伙伴,能够全身心地投入工作。

2. 高情商,对待下属情绪稳定。创始合伙人每天都在跟不同类型的人打交道,企业能否充分发挥人才效应,关键在于创始合伙人与下属的沟通思路,与优秀的合伙人交谈或共事,会感觉情绪理性而稳定。

3. 具备深刻的业务洞察能力,能综合运用企业的多种资源,将每个要素安排到最合适的位置,把资源产生的效果发挥到极致。同时他们会以简洁易懂的方式表达,让公司的其他员工充分理解其表达的真实意图,沟通效率高。

4. 能指导各部门制作工作流程,并按照项目化执行,能够基于部门职责或企业目标清晰地规划部门工作路径,并不断优化,让工作有条不紊地进行。

5. 工作中会保持激情,在创始合伙人的思维中,已经形成了一种自我激励的机制,对于他们而言,并不只是为了钱工作,而是为了获得成就感而工作。

二、选择事业合伙人的标准

1. 懂技术的,是技术大拿。

懂技术的事业合伙人可以帮助创业企业实现从 0 到 1 的突破,协助产品实现从 1 到 N 的扩张,合适的技术型事业合伙人,一定是业务能力强,与创始合伙人有共同的理念,具有技术团队组建能力。

2. 对于创业企业而言,除了要技术型事业合伙人,还要懂管理、懂企业运营的事业合伙人。

比如滴滴出行。滴滴的创始人程维和合伙人王刚从阿里巴巴出来便创办了滴滴打车,王刚是为滴滴提供初始资金合伙人,但对于一个处在风口浪尖的互联网企业,仅有王刚初始投入是远远不够的,他们还需要更多的融资,还需要有运营经验、懂技术的合伙人,之后很快吸引了金沙江创投合伙人朱啸虎、百度研发经理张博的加入,后来邀约柳青加盟滴滴作为首席运营官。柳青的加入,让滴滴的运营管理面貌焕然一新,不仅在客户产品体验上有巨大改观,还增加了专车、快车、顺风车等服务产品,让滴滴成为行业"领头羊"。

具体而言,选择懂运营的事业合伙人有以下标准:

(1)运营合伙人必须掌握全方面的运营技能,即必须熟悉并掌握用户运营、内容运营和推广运营等多个领域的技能。最为典型的就是电商平台拼多多的成功,创始人黄峥对用户运营有着精准的把握,客户群体定位是 40 岁以上的中老年用户,而且大部分为女性用户,她们追求产品性价比,有足够的时间挑选和通过各种手段换取低价适用的产品。

(2)需要有运营战略思维,运营合伙人应当能够制定长远的运营战略,不仅关注眼前的问题,还能够预见未来的市场趋势和用户需求。

(3)市场洞察力,运营合伙人应当对市场有敏锐的洞察力,能够及时发现用户需求的变化和竞争对手的动态。他们需要根据市场情况调整运营策略，保持竞争优势。

（4）数据分析能力。运营合伙人需要具备良好的数据分析能力，能够从数据中提取有价值的信息并作出相应的决策。

（5）沟通协调能力。运营合伙人需要与团队内外的成员进行有效的沟通，协调各个部门之间的合作，他们应当能够清晰地传达战略目标，并确保团队朝着共同的目标努力。

（6）创新思维。运营合伙人应当具备创新的思维方式，能够不断尝试新的运营策略和方法，关注行业的新趋势，尝试不同的方法来拓展用户群体和市场份额。

（7）自我驱动和责任心。运营合伙人需要有自我驱动的动力，积极主动地解决问题并承担责任。

三、资金合伙人的选择标准

"钱不是万能的，但没有钱可是万万不能的。"以前合伙创业，大部分会受限于没有资金支持，现在情况有所不同，融资渠道多样化，如果创业项目比较好，合伙人制度下，"钱"的问题比较好解决，引入怎样的资金合伙人，才是重中之重。

首先，资金合伙人对企业发展目标要与创始合伙人团队保持一致，大家有共同的企业发展目标。

其次，在有选择余地之时，不是谁出钱谁就能成为资金合伙人，还要看能否给公司发展带来其他方面的支持，如资金合伙人能否在业务、财务咨询、行政管理、外部资源对接等方面提供建议或帮助。

最后，我们也要判断资金合伙人进入公司，是否要求更多的话语权或投票权，企业创始人在面对资金合伙人时，一定要保持头脑清醒，千万不要为了快速获得资金,而失去了对公司的控制权。

四、供应链合伙人的选择标准

供应链合伙人是稳定上游原材料供应渠道和企业自身产品销售渠道的重要手段,能让企业增强抵御市场风险的能力,那么如何选择供应链合伙人呢?

1.从企业短板中找供应链合伙人,比如在销售渠道方面的资源欠缺,那么就可以找有销售渠道资源的企业进行合作,用合适比例的股权换取销售渠道资源,弥补企业发展的短板。

2.能够把供应链合伙人所带来的资源和股权对价落实到具体协议中,比如某风险投资公司计划吸纳一位下游合伙人来推进公司所投项目的后续融资或帮助公司在项目中退出,那么可以与下游合伙人在书面协议中约定,如果能为项目公司引入一个5000万元的投资人,则给其项目1%的注册股权,如果能帮助公司在所投项目中顺利退出,则可以再给项目1%的注册股权。通过这样具体的书面约定,将下游合伙人所带来的资源量化,避免双方因下游合伙人的加入所获得的资源效力理解不一致而产生矛盾,造成股权纠纷,对企业产生不利影响。

3.根据供应链合伙人能为公司带来资源的实际情况以及持续性供货情况,有的可以直接注册为股东,有的则为了避免出现其一次性获得股权后对企业的投入度不足或售后服务不够等问题,可以约定分期兑现事先承诺授予的股权,比如兑现期为5年,每年兑现20%。另外,我们也可以根据该资源是否为企业所急需的、产生的价值是否为长期的、是否能给企业带来极大的效益等情况,综合考虑所给予的股权数额。

第四章

CHAPTER FOUR

有限公司股权架构设计

第一节 / 合伙人出资形式

不少人有一种心理：花钱买的，付出代价得来的才懂得珍惜。对于合伙创业也是一样，合伙人不出资就没有心痛的感觉，也没有付出之后的倍感珍惜，让人拼命往前跑的，往往不是对利益的追逐而是背后失去投资成本的危机感，因此合伙人不出资就不会珍视自己的合伙人身份，更没有强烈的责任感和主人翁意识。

按照《公司法》第48条第1款的规定，"股东可以用货币出资，也可以用实物、知识产权、土地使用权、股权、债权等可以用货币估价并可以依法转让的非货币财产作价出资"，本书按照有限责任公司同股不同权的规则，把人力投资和某些特定资源也看作出资形式。

一、现金出资

出资对合伙人来说，更像是决心共同创业的保证金，保证把人和钱都交给了公司，或者说是创业路上的投名状。在这一点上，知名投资公司高盛就规定，要想成为高盛的合伙人，不仅要缴纳高昂的"保证金"，还需要将自己的大部分分红收益留存在公司作为股本金。现金出资是最常见、最靠谱的出资方式。合伙人以现金出资，一方面表明了合伙人对共同创业的高度认同，愿意同风雨共进退，共担风险，共享利润；另一方面现金出资能够增加公司的现金流，有利于公司的运营发展。

有时候一些员工为了成为公司的合伙人，愿意将自己的年终奖金、项目经营收益等作为出资资本，甚至向公司或实际控制人申请借款投入公司。

二、实物出资

实物出资也是合伙人最重要的一种出资方式，包括土地使用权、房屋、机器设备、厂房等作为出资资本。合伙人以实物出资成立公司，应该进行评估作价，核实实物的产权，并做好从合伙人到公司的财产转移手续。

三、知识产权出资

以知识产权出资，包括商标、专利技术、实用新型、外观设计和专有技术等作为出资资本，一般是公司经过生产加工之后能转化成产品或对公司经营起到重要作用，能产生一定收益的资产。这种形式的出资也需要经过评估和所有权转移两个程序。对知识产权的评估需要由第三方评估机构进行，通常采用"收益法"进行评估，包括收益额、收益期限和折现率等指标。收益法评估是一种带有主观性的预测，难免存在一定的偏差。在实操中，有些知识产权，特别是专利技术，采用实股＋期权的方式注册股权，最重要的还要办理相应的知识产权的转移手续，所有权人由合伙人变更为公司。

四、债权出资

债权出资可分为两种形式:首先,投资者可以利用他们在被投资公司(债务人)的债权作为资本注入公司,这种形式一般是公司主动进行的,能够有效降低公司的应付账款,解决公司的现金流紧张问题,同时对投资者(债权人)而言,对公司进行增资,不仅得到了公司股权份额,还可以将对该公司的债权用于抵扣购买该公司股权所需的资本,通常被称为"债转股"。

其次,投资者还能以其对第三人的债权作为资本注入公司方式,在被投资公司进行设立或增资时,投资人以其对第三人的债权来抵缴购买公司股权所需的资本,这种方式不直接涉及对被投资公司的债权,而是利用投资者与第三方的债权关系来支付持有被投资公司股权的对价。

一般而言,债权出资应满足以下条件:(1)债权真实有效,不违反法律、行政法规禁止性规定。例如,《商业银行法》第43条规定,商业银行在中华人民共和国境内不得从事信托投资和证券经营业务,不得向非自用不动产投资或者向非银行金融机构和企业投资,但国家另有规定的除外。按照前述规定,银行不得用公司债权向公司出资,如果形成不良债权,应将不良债权转让给资产管理公司,由资产管理公司进行处置。(2)能够以财产给付为内容且能够用货币估价。(3)债权可以依法转让的。(4)履行通知债务人的必要程序。(5)在公司经营期间,若公司债权人将其债权作为出资,即涉及公司增资事项,公司履行《公司法》规定的相应的法定程序。

五、股权出资

股权出资,是指股东或者发起人以其持有的其他公司的股权对新设公司或者已存续的公司进行出资，从而成为其股东。以股权作为出资，实际上是股东将其持有的其他公司的股权转让给新设立的或者已存续的目标公司所有，使得新设立的或者已存续的公司成为其他公司的股东，自己成为新设公司或已存续公司的股东。

换股出资和定向增发都是股权出资常见的一种形式。在换股出资中，出资人不需要支付大量现金，因此也不会占用出资人的运营资金，对目标公司来说，其股东可以推迟实现收益的时间，从而享受税收优惠。另外，换股出资会改变目标公司的股权结构，甚至会使原控股股东丧失公司的控制权。

[案例]

2016年年底帝王洁具对欧神诺陶瓷的并购是典型的"蛇吞象"式并购，从当时的资产规模来看，帝王洁具2016年年末总资产约为6.6亿元，净资产为5.9亿元，而欧神诺陶瓷2016年年末总资产为19.2亿元，相当于帝王洁具总资产的3倍，因此当时业内认为帝王洁具对于欧神诺陶瓷的并购属于一起弱势企业对强势企业的并购操作。

帝王洁具在产品布局方面面临一些明显的限制，其主要生产亚克力材质的洁具产品，而这种产品并非建筑材料行业的主流选择，为了丰富产品种类，帝王洁具也尝试推出了一些陶瓷洁具产品，但数量有限，市场反应不好，要想扩大市场份额，就必须改进产品组合，需要加强陶瓷洁具生产线，然而，建筑陶瓷行业的进入门槛很高，已被国家列为产能过剩行业，这意味着如果帝王洁具从零开始进入陶瓷行业，将承担巨大的投资风险。相反，如果帝王洁具选择并购一个已经成熟的陶瓷企业，就可以立即获得原企业的生产设备、工艺和熟练的员工并通过借助原企业的销售渠道和忠实客户群，扩大市场份额，提高盈利能力，所以并购策略是帝王洁具更稳妥的扩张途径。

欧神诺陶瓷成为帝王洁具的并购目标，发起并购前，欧神诺陶瓷是一家挂牌在新三板的公司，也有机构投资者参与，相对于其他交易所而言，新三板的交易量和流动性较低,欧神诺陶瓷融资仍然存在一定困难。但不同于欧神诺陶瓷,帝王洁具是深交所 A 股上市公司,这为它并购欧神诺提供了巨大的优势,因为 A 股市场具有高交易量和高流动性,只要公司业绩表现良好,有良好的前景,获得融资几乎是轻而易举的,所以尽管欧神诺陶瓷的财务数据远远超过了帝王洁具,但在 2016 年年底,欧神诺陶瓷的总市值仅为 20.01 亿元,远低于帝王洁具的 37.79 亿元,这是这次"蛇吞象"的并购的基础条件,2016 年 12 月 14 日帝王洁具以 20 亿元的价格向欧神诺 52 名股东发行股份及现金支付购买其合计持有的欧神诺 100% 的股权,之后欧神诺董事长鲍杰军等 36 名自然人股东与帝王洁具签订协议,同意将其合计持有的欧神诺 96.62% 的股份转让给帝王洁具,但剩下持有 3.38% 股份的股东未参与这次交易,这次交易结果是帝王洁具用股权出资收购欧神诺陶瓷的股权并成为控股股东,最终持有欧神诺陶瓷 96.62% 的股权,而欧神诺陶瓷的原股东有的收到现金后退出,有的成为上市公司帝王洁具的股东(见图 4-1)。

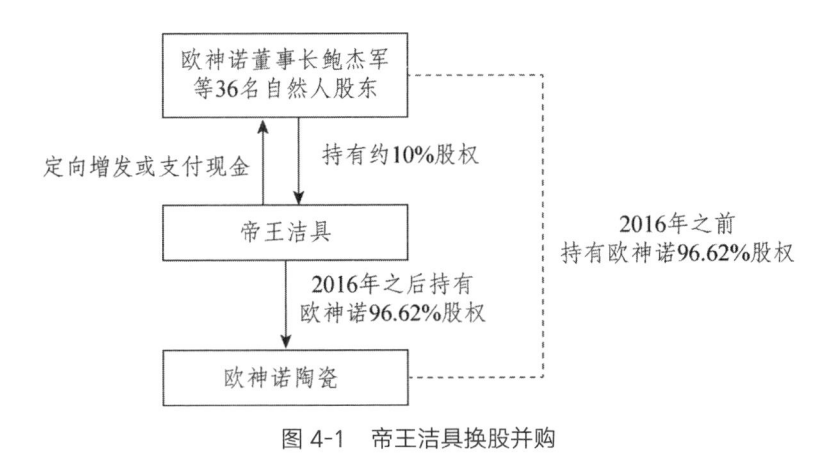

图 4-1 帝王洁具换股并购

六、人力或其他特定资源出资

资金对于企业运营固然重要,但是如果项目发展前景预期好,运营团队团结可靠,那么现金对公司价值的影响将变得弱化,最重要的因素是人和公司所拥有的特定资源,特别是创业公司最大的变量在于人和某些特定的资源,《公司法》规定有限责任公司全体股东可以通过自拟公司章程,约定出资比例不等于表决权比例不等于分红权比例,那么就可以改变以出资比例划定股权结构的方式,让人力投入和某些特定资源的投入成为增加某些特定股东表决权和分红权的依据,也就是说,能把人力投入和某些特定资源转为公司的股权。

第二节 / 合伙人进入机制

对于新时代的公司而言,"平台+合伙人"模式已经取代传统的"公司+雇员"模式。在这种新的合作模式下,公司的股权架构成为平台与合伙人、创始人与合伙人合作的重要体现。合理的股权结构设计有利于明确各合伙人的权、责、利,能更好地激励创业团队及公司员工的创业激情,也有利于平衡创始人团队与投资人之间的利益,保障创始人对公司的控制权和公司持续稳定发展。

前面我们已经讲述了合伙人不同的类型以及选择合伙人的标准,接下来我们要思考一个问题:合伙人如何分配股权。《公司法》对如何分配股权以及如何进行股权退出也有明确的规定,有限责任公司按出资比例计算持股比例,对于股权退出,要么必须满足法律规定的回购条件,要么是原股东愿意进行收购,但都是原则性的规定,实操中难以落地,因此,初创公司在设立之初,每位股东持有多少股权,要慎重计算,要体现每位股东权责利的平衡,否则容易产生股东矛盾,公司发生僵局时想退出都难,严重阻碍公司发展。

一、两步三维式股权分配（具体案例详见本节有限责任公司同股不同权股权架构设计的第二种模式）

股权分配按照法律规定参照现金出资、实物出资、知识产权出资、债权出资和股权出资的具体数额计算，其中实物和知识产权按照评估结果计算比例。中国大部分有限责任公司股权分配是按照合伙人的出资比例计算的，中国有4800万家公司形式的商事主体，其中绝大部分是有限公司形式，绝大部分有限公司实际运营短时间内就处于关门停业状态，为什么出现这种情况，其中最重要的原因是持股比例等于出资比例的股权分配模式，这种分配模式体现不出股东的权利、付出和收益的平衡关系，所以从实操落地经验来讲，股权比例不等于出资比例的分配模式更能体现人性，合伙人之间合作才更持久，虽然在以后的融资和股改中会有很多麻烦，但没有前期的公司发展哪有公司后来的融资和上市呢？

有限责任公司股权分配要科学要符合人性，两步三维式股权分配模式值得借鉴。第一步确定能让公司运作各种资源的权重，一般来说，能让一个公司运作起来需要的资源有资金、人力和特定资源，所以先由全体合伙人协商确定这三种资源的权重；第二步再确定每位股东的持股比例，如公司的发展最离不开的还是人的努力，所以，有限责任公司人力出资是股权分配的核心因素，但人力很难用客观的标准进行衡量，一般而言，根据公司的商业模式、所在行业、竞争优势、人的能力水平不同，人力资源体现的股权比重范围应该在20%～70%。例如，轻资产的互联网科技公司，属于人创造了公司价值，所以这类公司属于人力导向型公司，相应的人力股比重可以在50%以上，特别咨询类公司人力股比重可以达到70%以上。但对于重资产的制造型企业而言，人力股占的股权比重也就20%左右,资金股比重可达到70%,而咨询类公司资金股比重为10%左右。而资源股比重根据公司是否急需、是否能带来持久利益来确定,甚至能用钱来解决的就不用给股权。

综上所述,资金股、人力股和资源股的权重确定之后,再根据每位合伙人的贡献确定合伙人在各类生产要素资源股权重里的具体比例,然后再相加得出每位合伙人的持股比例。

(一)人力股股权分配比例

大家都知道,企业的运行离不开人的努力,但每位股东对企业的贡献是不一样的,人力股作为股权分配中最核心的部分,是最需要进行精细化设计的,而这种设计贯穿于企业运营的各个阶段。下面我来讲一下人力股股权的具体设计。

在公司创立之前,合伙人要综合考虑每个人的能力、优势、信用、职责和为企业提供的资源等,一般来说,企业的发起人或者创始人,可以占到人力股权重的50%,剩余的50%由其他联合创始人划分。但是人力股不是一成不变的,有的合伙人爱学习爱钻研,他的能力也随之变强,对公司的贡献也变大,因此,在人力股设计上,可以预留出一定比例的股权,如20%左右,后期用这部分的股权根据合伙人业绩考核和贡献情况进行动态调整,谁的贡献大,谁的股权就再多分些。

人力股初步分配后,接下来要确定持股模式。一般情况下,创始团队都是直接持股,财务投资人都是间接持股。如果投资人投资较少,建议由创始人代持,如果投资人较多,就设置有限合伙持股平台,以降低对资金合伙人的管理成本并隔离资金合伙人直接干涉公司经营的风险。如果再进行更细致划分,直接持股又分为实股、限制性股权和期权,实股就是直接注册登记,合伙人拥有公司法规定的股东所有权利;限制性股权是指我先给你股权,但是股东权利是受限制的,只有完成业绩目标才能解除限制,成为真正意义上的股东。如果没有完成业绩目标,不能获得作为股东的所有权利;期权的意思是,公司给合伙人未来以一定价格购买股权的权利,这只是一种权利,而且是一种选择权,这种权利是属于合伙人的,你在未来可以选择买,也可以选择不买,一切都取决于当时的股权价格。打个比方,现在公司股权每股价值5元,公司授予你在1年后可以6元/股的价格购买1000股,1年后,公司股票的价值翻了一番,每股价值10元,如果你是合伙人,你是选择买(也称行权)还是不买呢?当然选择买,毕竟现在每股价值10元,原来约定以6元/股的价格购买,购买之后每股净赚4元,购买之后你就成了真正意义上的登记股东,一般来讲,公司的联合创始人使用限制性股权较多,其他合伙人使用期权较多或者两者结合使用也是可以的。

需要注意的是,无论是限制性股权还是期权的获得,都有一定的条件,这种条件分为服务期限条件和业绩条件(人力股的转化条件)。服务期限条件就是工作时间要求,常见的要在公司服务3~5年,业绩条件就是每年要达到的业绩目标(如销售收入、客户数量和研发速度指标),然后每年解锁一部分股权比例,如3年期,可以设置成第一年解锁30%,第二年解锁30%,第三年解锁40%。

(二)资金股股权分配比例

所谓合伙人的资金投入,就是出资多少,这是一个非常客观的数据,你出多少钱,在公司登记机关就登记多少钱,在没有特殊规定的情况下,出资多的占的股权比例就越多。

但是,在公司实际运营中,只考虑出资,而不考虑其他因素的股权设计,合伙人之间经常会矛盾重重,影响公司发展。公司初创阶段,股东的出资作为公司启动资金确实非常重要,但如果公司想要为股东持续创造价值,主要还是要依靠公司创始合伙人的运营。按照两步三维式的股权分配模式"资金股"的权重比例应当占总体的30%~60%,然后再按照合伙人的出资多少计算资金股持股比例。

在实际操作过程中,资金投入还分为内部资金投入与外部资金投入。内部资金投入就是创始团队自己筹得的资金,外部资金投入就是其他财务投资人投入的资金。财务投资人只出钱,不出力,坐等年底的股权分红或者享受股权增值收益。

每一个项目都会有天使轮融资,也就是寻找启动资金。启动资金一般来说都是源于内部的自筹,但有的时候,因为项目比较好,也会吸引外部的投资人,一般在公司初创阶段,资金股权重占40%~60%,太少了对于投资人没有吸引力,太多了会影响创始人对公司的控制。有的项目创始人会想,我能不能一分钱不出,完全靠我的人力投入分得大部分股权并控制公司的运营呢?但如果创始人一分钱都不出,很难获得其他股东的信任,也很难获得外部财务投资人的认可。

(三)资源股股权分配比例

资源股虽然占的总股比不是很高,但是也很重要。企业在创立之初,不可避免地需要一些重要资源加持,如获得某项行政许可、某种产品国家级或省级的代理权,某些专门的产品推广渠道等。对于不同的资源,我们要分情况而定。如果资源自带品牌价值,对企业发展有背书作用,可以直接让资源合伙人作为显名股东,在工商部门予以登记。如果其他特殊的资源,可以设置成持股平台或者以代持的方式进行间接的持股,避免资源合伙人对公司的控制权产生影响。如果是短期资源提供者,尽量采用合作的方式,用协议绑定对方的资源。换句话说,就是花钱买资源。毕竟股权没有一分是多余的,能花钱解决的问题,就不要用股权解决。

资源股占多少的比例,笔者认为10%~20%比较合适。资源投入是一个非常模糊的概念,也是很多初创企业不好把握的一个问题。因为资源是要兑现出结果才有价值,如果没有兑现,就分文不值。在企业初创阶段,确实有一些资源股股东为公司发展带来了意想不到的好处,但有些给资源股股东的股权是当年一时冲动给的,反而成了公司的累赘。在这个内卷的时代,公司刚开始起步就非常困难,一部分创始人有走捷径的喜好,有的人就看中了这一点,把自己包装成企业的救星,吹嘘自己拥有很厉害的人脉资源,承诺可以帮助公司快速打开市场或引进巨额资金或补贴,很多创始人禁不住诱惑,被对方的花言巧语迷惑,直接送出股权表达诚意。但公司发展几年之后,才发现对方并没有兑现任何承诺,公司运营也没有因此受益,这时想收回已送出的股权却是非常困难。

所以,真正有用的资源必须是最终能为公司创造利润或让企业增值的,如果一味相信对方的关系资源但对公司业绩没有提升好处,送出股权就很可能成为毫无回报的损失。即使对方人脉广泛,也不代表就能直接形成公司的竞争力。公司创始人应慎重评估资源方的变现能力,建议不要直接赠与股权,而是通过采用限制性股权或期权的方式,设定具体的业绩承诺或限制条件,并在合作协议中予以约定。只有在资源确实变现之后,再给予相应的股权。另外对于资源股,我们可以设置有限合伙企业持股平台,创始人作为有限合伙企业的普通合伙人,具体执行合伙事务。资源合伙人作为有限合伙人进入公司,这样才能让公司控制权完全掌握在创始人的手中。

二、初创有限公司股权架构设计

按照我国《公司法》的规定，股东会会议由股东按照出资比例行使表决权，但是章程另有规定的除外；我国股东按照实缴的出资比例分取红利，但是，全体股东约定不按照出资比例分取红利的除外。有限责任公司中"股权"是一种通俗叫法，实际上在我国的《公司法》中没有"股权"的称呼，只有表决权的规定，所以我们通常说的"股权"其实指的就是表决权。

（一）有限责任公司同股同权股权架构设计

同股同权的意思就是说我出资比例多少，就占有多少股权，我享有多少比例的表决权和分红权。

[举例]

下面以甲、乙、丙、丁四位出资者共同设立 M 公司为例，四人共出资1000万元，如果以出资比例为标准，计算股权比例、表决权比例和分红权比例分配如图4-2所示。

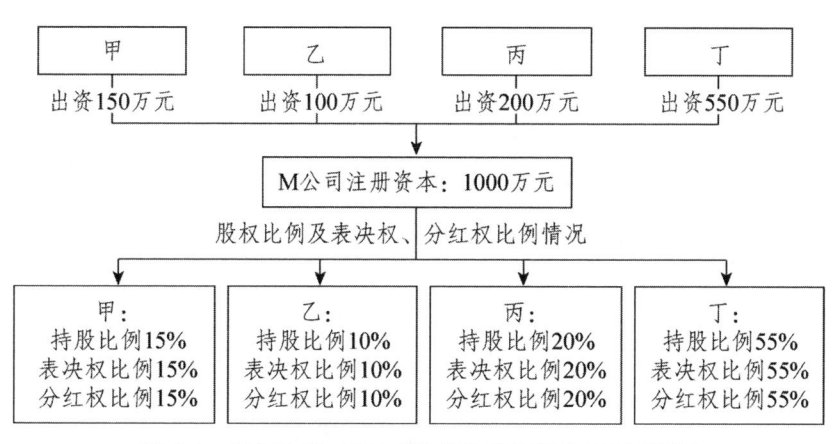

```
┌─────────┐  ┌─────────┐  ┌─────────┐  ┌─────────┐
│   甲    │  │   乙    │  │   丙    │  │   丁    │
└─────────┘  └─────────┘  └─────────┘  └─────────┘
出资150万元   出资100万元   出资200万元   出资550万元
     │            │            │            │
     └────────────┴────────────┴────────────┘
                        │
         ┌──────────────────────────────┐
         │  M公司注册资本：1000万元      │
         └──────────────────────────────┘
            股权比例及表决权、分红权比例情况
     ┌────────────┬────────────┬────────────┐
┌─────────┐  ┌─────────┐  ┌─────────┐  ┌─────────┐
│甲：      │  │乙：      │  │丙：      │  │丁：      │
│持股比例15%│  │持股比例10%│  │持股比例20%│  │持股比例55%│
│表决权比例15%│表决权比例10%│表决权比例20%│表决权比例55%│
│分红权比例15%│分红权比例10%│分红权比例20%│分红权比例55%│
└─────────┘  └─────────┘  └─────────┘  └─────────┘
```

图 4-2　股权比例、表决权比例和分红权比例分配情况

这样的股权架构就是我们通常所说的同股同权，这种思维就是认为能够让公司正常运作的生产要素资源只有股东出资，现在我国的绝大部分有限责任公司是这种股权设计方式。

（二）有限责任公司同股不同权股权架构设计

同股不同权的意思就是说我出资比例多少，但占有多少股权，享有多少比例的表决权和分红权可以不按照出资比例计算。

结合合伙人资金投入、是否全职、技术投入、创始人角色、信誉和关键资源能力、营销渠道等要素以及公司所在行业、公司类型、产品市场定位、产品研发难度和竞争对手情况等综合因素设定股权比例分配。

现在是充分竞争和产品过剩的时代，各个行业深度内卷，企业只有资金，没有管理、技术和营销渠道，仍然不能实现盈利，所以公司的管理、技术和营销渠道与资金一样是公司正常生产经营活动不可或缺的生产要素资源，现在法律规定可以认缴出资，公司不用钱就能做"大生意"，资本市场也日趋活跃，融资渠道越来越多样化，使资金在公司经营中的作用越来越弱化。如果我们能够认识到合伙人出资只是公司正常运作的生产要素资源之一，那么在公司股权架构设计中，股权比例、表决权比例和分红权比例就应该参考能够让公司正常运营的各种生产要素资源而不是只参照出资比例，难点在于如何参考，如何衡量其他生产要素资源对公司正常运营的贡献值，这种贡献值在股权比例、表决权比例和分红权比例中各体现多少呢？这是需要本书帮助各位企业家和创业者解决的问题。

下面笔者介绍两种股权架构设计模式。

第一种模式：

比如，合伙人四人创立公司，先细分各合伙人给公司提供的生产要素资源，在计算股权比例、表决权比例和分红权比例时，应该把生产要素资源全部考虑进去。

按如下步骤操作：第一步，列出合伙人为公司正常运营提供的生产要素资源：如出资、创业召集人、制定商业计划书、专利技术、全职工作、信誉、经理人、渠道。第二步，区分生产要素资源的重要性，由四位合作人共同协商，对生产要素资源在公司初期运营的重要性进行区分，区分的主要标准是合作人提供的生产要素可替代性的程度如何？（具体项目具体分析），从可替代性由强到弱分为非常重要、比较重要、一般重要。第三步，确定赋权数额，合伙人协商之后直接固定下来，非常重要的生产要素赋权200，比较重要的生产要素赋权50，一般重要的生产要素赋权10。第四步，计算合伙人的持股比例，列出每位合伙人能够提供的主要生产要素和赋权数额，计算每位合伙人赋权数额总和，再合并计算所有合伙人赋权数额总和，前者除以后者再乘以百分之百，就得出每位合伙人的持股比例。

[举例]

甲投资150万元，属于比较重要生产要素赋权50。他是全职，并且为公司提供搭建营销渠道，都属于比较重要的生产要素，所以两项各赋权50。

乙出资100万元，也是全职，并且提供专利技术的生产要素，是公司生产制造产品不可替代的资源，所以分别赋权10、50、200。

丙出资200万元，虽然不是出资最多，但对公司提供运营资金的贡献也是比较大的，比较重要赋权50。

乙还是公司创始召集人，是带头大哥，有号召力能够集合几位合伙人走到一起成立创业团队，并草拟商业计划书，提供给其他三位合伙人讨论项目的可行性，作出决策，因这两项生产要素的工作可替代性比较强，为一般重要赋权10。

丙全职在公司工作，具有一定的人身依附性，可替代性比较弱，所以赋权 50。公司创立初期，带头大哥对公司正常运营至关重要，他的人脉和信誉就是公司的人脉和信誉，对公司运营具有不可替代性，所以赋权 200。

CEO 是公司的操盘手，调动公司各种生产要素有序协调统一开展生产经营，在公司遇到困难时，丙是全体合伙人和全体员工的精神支柱，带领大家共同努力渡过难关，在公司创立初期起着不可替代的作用，所以作为 CEO 也要赋权 200。

丁出资 550 万元，出资最多，在公司创立初期运营资金这项要素非常重要，有资金才能购买生产和办公设备，租赁厂房和办公场所，因此对丁提供的本项生产要素赋权 200。

根据上述步骤列出每位合伙人提供的生产要素和赋权数额，见表 4-1。

表 4-1 生产要素和赋权数额

股东	出资	草拟商业计划书	专利技术	创始召集人	全职工作	信誉	CEO	渠道
甲	50				50			50
乙	10		200		50			
丙	50	10		10	50	200	200	
丁	200							

甲持股比例为 150/（150+260+520+200）×100%=13.27%；
乙持股比例为 260/（150+260+520+200）×100%=23.01%；
丙持股比例为 520/（150+260+520+200）×100%=46.02%；
丁持股比例为 200/（150+260+520+200）×100%=17.70%。

最终整理汇总见表 4-2：

表 4-2 股权架构设计汇总

股东	出资额（万元）	股权比例（%）	分红比例（%）	表决权比例（%）
甲	150	13.27	13.27	13.27

续表

股东	出资额(万元)	股权比例(%)	分红比例(%)	表决权比例(%)
乙	100	23.01	23.01	23.01
丙	200	46.02	46.02	46.02
丁	550	17.70	17.70	17.70
合计	1000	100	100	100

第二种模式：

第一步，确定创立公司运营初期的生产要素资源，如合伙人共四人，确定的公司生产资源要素为资金、运营管理、生产技术和营销渠道，四人都提供资金，都在资金股权重中分配股权比例，其中三人提供运营管理、生产技术和营销渠道，那么都在人力股权重中分配股权比例，这个公司初创阶段没有资源股。

第二步，确定资金股和人力股的权重，比如这个公司，资金股占总股权的40%，人力股占总股权的60%。

第三步，根据各生产要素资源在公司运营初期的重要性，确定某一生产要素资源的股权比例。比如，四人经过协商，资金股生产要素总股权比例为40%；人力股中的运营管理生产要素股权比例为30%；生产技术生产要素股权比例为20%；营销渠道生产要素股权比例为10%。

第四步，根据各合作伙伴的出资数额和提供的生产要素资源计算个人的持股比例。

[举例]

公司注册资本1000万元，甲只提供资金500万元，乙负责运营管理并出资300万元，丙负责营销渠道的建设并出资100万元，丁负责生产技术并出资100万元（见图4-3），再根据各股东出资数额和提供的生产要素计算个人的持股比例：

甲持股比例为500/1000×40%=20%；

乙持股比例为 300/1000×40%+30%=42%；

丙持股比例为 100/1000×40%+10%=14%；

丁持股比例为 100/1000×40%+20%=24%。

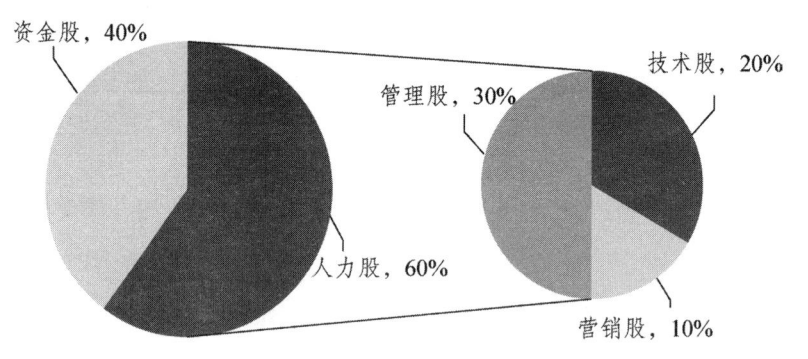

图 4-3　按生产要素计算持股比例

在公司创立时应设定运营管理、生产技术和营销渠道三个生产要素资源的股权比例为限制性股权，直接与公司每年经营业绩和提供该要素的个人业绩挂钩，分期解除限制，达不到业绩标准，不予解除，若3年连续达不到业绩标准，公司设立股权池，将该合伙人持有的股权划入股权池，用于引入新的人才。

接着上面的案例，此时，这个公司有没有控股人呢？从持股比例上看没有，乙持股最高，但也只有42%，没有超过50%，甲作为纯财务投资者，只看重每年的分红有多少，乙是带头大哥需要掌控公司的实际运营，掌握公司发展的方向。丁作为技术型股东，不仅有技术，也会看重每年的分红多少，此时，甲、丁可以让渡一部分比例的表决权给乙，乙用让渡一定比例的分红权给甲和丁。

表 4-3　股权架构设计汇总

股东	出资额（万元）	股权比例（%）	分红比例（%）	表决权比例（%）
甲：资金型股东	500	20	25	10

续表

股东	出资额（万元）	股权比例（%）	分红比例（%）	表决权比例（%）
乙：管理型股东	300	42	32	63
丙：营销型股东	100	14	14	14
丁：技术型股东	100	24	29	13
合计	1000	100	100	100

最终整理汇总见图 4-4：

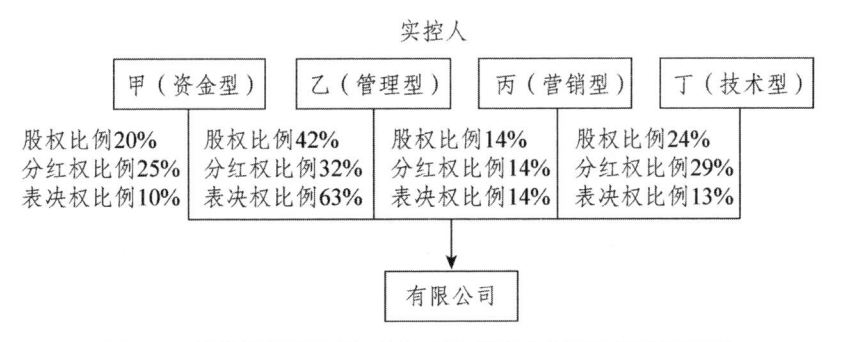

```
                            实控人
┌──────────────┬──────────────┬──────────────┬──────────────┐
│ 甲（资金型） │ 乙（管理型） │ 丙（营销型） │ 丁（技术型） │
└──────────────┴──────────────┴──────────────┴──────────────┘
股权比例20%     股权比例42%     股权比例14%     股权比例24%
分红权比例25%   分红权比例32%   分红权比例14%   分红权比例29%
表决权比例10%   表决权比例63%   表决权比例14%   表决权比例13%
                            │
                        ┌───────┐
                        │有限公司│
                        └───────┘
```

图 4-4 该公司股权比例、表决权比例和分红权比例分配情况

三、股东合作协议范本（以设立董事会的有限公司为例）

协议范本 2：

股东合作协议

甲方：　　　　证件号码：　　　　　　住所：

乙方：　　　　证件号码：　　　　　　住所：

丙方：　　　　证件号码：　　　　　　住所：

（可以是公民个人也可以是有限合伙企业或法人企业）

....

以上合称"合同各方"或"发起人"。

经友好协商,合同各方依据《中华人民共和国公司法》等有关法律法规,一致同意共同出资设立×××有限公司(以下简称公司),并达成如下协议,以资共同遵守。

一、公司名称、住所与经营范围

1.1 公司的中文名称:×××有限公司。(注:公司名称应当经公司登记机关预先核准)

1.2 公司的住所:×××(注:住所应当是公司主要办事机构所在地)

1.3 公司的组织形式:有限责任公司。

1.4 公司的经营期限:长期,自公司营业执照签发之日起计。

(注:营业期限也可以是"×年"或者"至20××年×月×日")

1.5 公司的法定代表人:×××。

1.6 公司的经营范围:(以上各项以公司登记机关核定为准)。

二、注册资本

2.1 公司注册资本为×万元,发起人均以货币出资。(也可以用实物、知识产权、土地使用权、股权和债权等可以用货币估价并可以依法转让的非货币财产作价出资)

2.2 出资和持股比例如下:

名称	认缴出资额	持股比例	表决权比例	分红权比例	实缴时间

2.3 表决权、分红权比例相关约定。股东的表决权、分红权与其持股比例一致,但任何一方未按约定缴足出资的,其持股比例按未缴足的出资比

例数额核减,该股东核减持股部分,由其他股东按其持股比例进行分配并履行出资义务。

2.4 实缴资金的约定。各股东承诺在202×年×月×日前依照本协议缴足注册资本。

三、公司股权转让、质押

3.1 在公司登记之日起三年内,除非经过持有三分之二以上表决权的发起人同意,否则合同任一方不得转让其持有的股权。

3.2 三年后,合同任一方向合同各方以外的人转让股权(包括将其股权向合同各方以外的人作出包括不限于赠与或者置换、抵债等处分的行为),应当经持有一半以上表决权的股东同意。其他发起人不同意转让的,不同意的发起人应当购买该发起人转让的股权,不购买的,视为同意转让。

经发起人同意转让的股权,在同等条件下,其他发起人有优先购买权。两个以上发起人主张行使优先购买权的,协商确定各自的购买比例;协商不成的,按照转让时各自的出资比例行使优先购买权。

3.3 股权转让的价格由股权转让方与买受方协商确认,协商不成的,由股东会聘请中介机构对拟转让的股权进行评估,以评估结果为准。

3.4 发起人转让公司股权后,其对公司商业秘密保密的义务仍然有效,直至该秘密成为公开信息,否则应承担违约责任。

3.5 股权质押:公司存续期间,发起人所持股权不得对外出质,但为了公司利益并经股东会批准除外。

四、关于法人治理结构的约定

4.1 公司股东会职权及议事方式。

4.1.1 股东会由合同各方组成,按照股权比例行使表决权。

(1)选举和更换非由职工代表担任的董事、监事,决定有关董事、监事的报酬事项;

(2)审议批准董事会的报告;

(3)审议批准监事会的报告;

(4)审议批准公司的利润分配方案和弥补亏损方案;

(5)对公司增加或者减少注册资本作出决议;

(6)对发行公司债券作出决议;

(7)对公司合并、分立、解散、清算或者变更公司形式作出决议;

(8)修改公司章程;

(9)决定公司的财务审批制度;

(10)决定终止或实质性变更公司主营业务。

(合同各方协商可以根据拟设公司运营管理的实际需要约定股东会的职权)

上述事项股东以书面形式一致表示同意的,可以不召开股东会会议,直接作出决定,并由全体股东在决定文件上签名、盖章。

4.1.2 股东会会议作出修改公司章程、增加或者减少注册资本的决议,以及公司合并、分立、解散或者变更公司形式的决议,应当经代表三分之二以上表决权的股东通过。股东会会议作出的其他决议,应当经代表过半数以上表决权的股东通过。(股东会通过决议事项可以约定高于本条规定的通过比例)

4.2 公司董事会组成、议事方式和权责。

4.2.1 公司成立董事会,董事会决定的相关事项形成董事会决议,交由相关执行者执行或备案;董事会成员不得以个人名义干涉公司日常的正常经营,须按董事会决议管理公司的日常经营运作。

4.2.2 董事会成员构成:董事会成员共×人,由发起人各方共同决定产生,董事长由× 担任,副董事长由× 担任。(董事会成员人数、董事长人选和副董事长人选可以约定由某一方决定或推选)

4.2.3 董事会的运作,董事会原则上应定期召开例会,审议决定公司的重大事项及日常经营状况。董事会决议事项的条件是由董事长主持或董事长委托副董事长主持召开的董事会,并有×或以上董事会成员参加的决议(董事会会议应当有过半数的董事出席方可举行)。公司有重要事项须讨论决定的，董事会成员可临时提议召开。

董事会应当对所议事项的决定做成会议记录，出席会议的董事应当在会议记录上签名。

4.2.4 本董事会中不设由董事组成的审计委员会。

4.2.5 董事会对股东会负责，行使下列职权：

(1) 负责召集和主持股东会，并向股东会报告工作；

(2) 执行股东会的决议；

(3) 制订公司的利润分配方案和弥补亏损方案；

(4) 制订公司的增加或减少注册资本的方案；

(5) 制订公司合并、分立、变更公司形式、解散的方案；

(6) 决定公司内部管理机构的设置；

(7) 决定聘任或解聘公司经理及其报酬事项，并根据经理的提名决定聘任或解聘公司副经理及其报酬事项；

(8) 聘任或解聘公司的中层管理人员，决定(包括变更)其职责、权利、任期和报酬；

(9) 决定公司的基本管理制度；

(10) 制定公司的财务审批制度；

(11) 购买和处分超过 × 万元以上的公司固定资产及生产经营事项；

(12) 制定或修改与关联方的交易制度，包括批准向关联方融资或提供担保事项；

(13) 批准、变更或者终止任何标的额超过 × 万元的销售合同和采购合同；

(14) 拟定公司年度分红方案；

(合同各方协商可以根据拟设公司运营管理的实际需要约定董事会的职权)

4.2.6 董事会作出的决议，必须经过全体董事的过半数同意，董事会决议的表决，应当一人一票。

4.3 公司监事设置和职权。

4.3.1 公司设立监事会，监事会成员共×人，由发起人各方共同决定产生。

监事任期三年，可连选连任。监事会主席由全体监事过半数以上选举产生。

4.3.2 公司监事行使下列职权：

（1）检查公司财务；

（2）对董事、高级管理人员执行公司职务的行为进行监督，对违反法律、行政法规、公司章程或者股东会决议的董事、高级管理人员提出解任的建议；

（3）当董事、高级管理人员的行为损害公司的利益时，要求董事、高级管理人员予以纠正；

（4）提议召开临时股东会会议，在董事不履行公司章程规定的召集和主持股东会会议职责时召集和主持股东会会议；

（5）向股东会会议提出提案；

（6）依照《公司法》的相关规定，对董事、高级管理人员提起诉讼；

（7）对董事决定的事项提出质询或者建议。

4.3.3 以下情况，由公司监事会选聘的中介机构对公司及公司投资的项目进行特别财务审计，并向股东会报告：

（1）董事提出或监事认为有必要进行审计的；

（2）任一股东提出有必要进行审计的。

4.4 经理职权。

4.4.1 公司经理由×担任，并由董事长提名，董事会决定是否聘任，负责公司日常的运营。

4.4.2 经理对董事会负责，行使下列职权：

（1）主持公司的生产经营管理工作，组织实施董事会决议；

（2）组织实施公司年度经营计划和投资方案；

(3)拟订公司内部管理机构设置方案；

(4)拟订公司的基本管理制度；

(5)提请聘任公司副经理和中层管理人员；

(6)董事会授予的其他职权。

4.5 公司财务负责人由×提出人选，董事会聘任并决定其报酬事项。

五、公司运营管理

5.1 以下情况下需重新聘任职业经理人：

5.1.1 原职业经理人不能正常执行公司生产经营工作；

5.1.2 原职业经理人违反不竞争和保密协议的约定，损害公司利益；

5.1.3 股东会认为企业的生产经营理念和机制比较落后，需要改进和创新；

5.1.4 公司营业收入和净利润连续三年低于行业平均水平。

5.2 各股东的任职和工作分工：

5.2.1 甲任经理，对董事会负责，负责公司的日常运营管理、财务和人力资源工作，制定公司的战略规划和年度计划。

5.2.2 乙任副经理，负责行政事务、办公用品和原材料的采购工作。

5.2.3 丙任副经理，负责新产品的研发、生产管理、质量管控工作。

5.2.4 丁任副经理，负责销售渠道建设、市场调研和售后服务工作。

5.3 公章的使用：公章包括公司公章、财务专用章、合同专用章，公司公章和合同专用章由公司行政部门保管，财务专用章由公司财务部门保管，使用公章，须经用章部门的主管副经理和经理共同签字确认。

5.4 人事管理：

5.4.1 经理、副经理、部门主管的工资由董事会决定。

5.4.2 聘任部门主管须经业务主管副经理和经理共同签字确认后提交董事会讨论决定。

5.4.3 由主管人事副经理与经理共同制定部门主管的经营目标和考核

标准。

5.5 主营业务收入：

5.5.1 由业务主管副经理和经理制定年度业务收入目标，原则上每年增长不低于×%。

5.5.2 业务主管副经理个人业务收入，不低于100万/年。

5.5.3 销售费用和业务奖励的约定：

（1）个人业务收入超过100万～500万元（包括本数）以内，销售费用控制在个人业务收入的×%以内，业务奖励为个人业务收入的×%；

（2）个人业务收入超过500万～1000万元（包括本数）以内，销售费用控制在个人业务收入的×%以内，业务奖励为个人业务收入×%；

（3）个人业务收入超过1000万元以上，销售费用控制在个人业务收入的×%以内，业务奖励为个人业务收入的×%；

（4）售后服务满意率达到100%。

5.6 产品研发和生产：

5.6.1 每月不少于×天的市场调研，了解市场需求，研发适销对路产品。

5.6.2 每年研发、改进×款产品。

5.6.3 产品的优等品率×%。

5.7 原材料采购：积极拓展办公用品和原材料的采购渠道，降低原材料采购价格，每年在前一年的基础上降低×%的采购成本。

5.8 业务费用：

5.8.1 以节约为原则，由财务部门统一支出，统一管理。

5.8.2 经理每月支出的业务费用不超过×元。

5.8.3 副经理每月支出的业务费用不超过×元。

5.8.4 业务费用支出超过×元由分管副经理和经理共同签字确认。

5.8.5 购买×元以下的物品由申购部门的主管副经理签字确认,购买×元以上的物品由申购部门的副经理和经理签字确认。

六、股权退出与继承

6.1 股权退出。

6.1.1 经代表过半数以上表决权股东一致同意,有下列情况股东的股权部分或全部退出,其余股东按比例购买该股东的全部股权:

(1)股东因故意或重大过失给公司造成重大损失的;

(2)股东因对公司的故意犯罪被判处承担刑事责任的;

(3)股东违反合作协议项下的义务,经催告后在合理期限内仍不履行的;

(4)违反合作协议或公司章程的竞业限制约定的;

(5)违反公司保守商业秘密的规定;

(6)因个人原因离职的。

有上述情况的股权退出,退出价格按股东实缴出资额确定。

6.1.2 退出股东应配合办理股权转让全部相关事项,包括但不限于签署相关的股权转让协议、配合在公司登记机关变更登记事宜等。

6.1.3 如果公司连续三年内未实现盈利,本合作协议终止,股东以下方式退出:

(1)由甲方按各方的出资额购买乙、丙、丁方股权,分三年支付;

(2)经股东会决议公司解散,进行清算。

6.2 股权继承。

各方同意:如任一股东去世,则其继承人不能继承股东的人身资格,仅继承股东财产权益;对股权财产权益,交由公司指定的评估机构进行评估(评估费用由公司承担),其余全部或部分股东可按评估价格购买,多位股东要求购买的,购买比例由各方协商,协商不一致的,按照各方持股比例购买。

6.3 离婚时股权的处理。

各方同意,任一股东离婚,若其股权被认定为夫妻共同财产,其配偶不能取得股东地位。所持有的股权交由公司指定的评估机构进行评估（评估费用由该股东承担），并由该股东按评估价格的一半对其配偶进行补偿，否则，其余全部或部分股东有权收购其配偶分配的股权，购买比例各方协商确定，协商不一致的，按照各方持股比例收购。

七、特别约定

7.1 勤勉工作。

各方承诺，自本协议签署之日起，各方尽最大努力，勤勉敬业，为公司发展贡献力量，提供资源支持。

7.2 离职、竞业限制、禁止劝诱。

7.2.1 全体股东承诺，非经全部其他股东书面同意，不得到与公司有竞争业务的其他用人公司任职，或者自己参与、经营、投资与公司有竞争关系的企业。

7.2.2 全体股东承诺，非经全部其他股东书面同意，该股东不能劝诱、聘用在本协议签署之日之后受聘于公司的员工，并促使其关联方不会从事上述行为。

7.2.3 若各股东有违反上述承诺的行为，则该行为所产生归属该股东的一切收益都归公司所有。

7.3 公司在未来进行股权融资时，各股东持股数额按等比例稀释。

7.4 各方同意，在本协议签订后，任意一方在任职期间所进行的开发、研发、创新所产生的各项技术、知识产权归公司所有，未经公司书面允许，不得以任何方式做其他用途。

八、公司利润分配和清算的约定

8.1 公司利润分配。

8.1.1 公司的上一年税后利润在弥补前一年亏损、提取法定公积金后，按约定的分红权比例进行分配，本年的第二个季度应该将上一年的分红汇入各股东的指定账户。

8.1.2 未足额缴纳当期投资的股东，按照本协议2.3条的约定，计算其分红权利。

8.2 清算特殊约定。

若出现以下情况之一的，视为公司处于困难情形，股东会可决定公司是否清算。

（1）公司连续3年亏损；

（2）因公司经营管理、国家政策影响、技术设备落后等主客观原因，公司停产或减产上一年度产量的50%以上。

九、违约责任

9.1 违约事件。

本协议各方均应严格遵守本协议的规定，以下每一件事件均构成违约事件：

（1）如果本协议任何一方未能履行其在本协议项下的实质性义务或承诺，以致其他方认为无法达到签署本协议的目的；

（2）如果本协议任何一方为签订本协议出具的任何承诺、保证及其他法律文件在任何实质性方面不真实、不准确、不完整或具有误导性的；

（3）如果本协议任何一方在本协议中所作的任何陈述或保证存在任何实质性方面不真实、不准确、不完整或具有误导性的。

9.2 违约救济。

违约方应依本协议约定和法律规定向守约方承担违约责任，即违约方应赔偿因其违约行为给守约方造成的直接或间接损失和追究其违约责任支付的诉讼费、律师费、交通费、差旅费等。如果各方均违约，各方应各自承担其违约给他方造成的损失。

十、协议的终止

10.1 协议终止：本协议各方经协商一致，以书面方式共同终止本协议。

10.2 单方终止：合同各方中任何一方发生违约事件，经其他各方均可发出书面要求其在三十日内纠正违约行为或采取充分的补救措施，否则守约方有权终止本协议。

10.3 不可抗力事件。

10.3.1 不可抗力事件是指不能预见、不能避免并不能克服的客观情况，包括国家政策法规的变化、严重的疫情、社会动乱和罢工等事件。

10.3.2 不可抗力事件发生后，任何一方均可在事件发生后的三天内通知其他各方解除本协议，并各自承担此前有关本协议项下的支出。

十一、争议解决

如果各方之间因本协议产生任何争议、纠纷或索赔，各方应尽一切努力通过友好协商解决。协商不成的，任一方可提交×××有限公司所在地人民法院起诉。

十二、其他

12.1 本协议为合同各方之间达成的完整协议，只可通过由各方签署书面文件的方式修改。本协议未尽事宜，可由各方协商一致后，签署补充协议予以约定。补充协议与本协议具有同等法律效力，法律另有规定或协议另有约定的除外。

12.2 本协议自各方签署后成立并生效。

12.3 本协议正本壹式×份，协议各方各执壹份，其余由公司成立后存档，各份具有同等法律效力。

（以下无正文）

甲方：
乙方：
丙方：
丁方：

年 月 日

（若本协议各方或某一方为自然人，其有配偶的，配偶也应在本协议上签名确认）

四、增资协议范本

协议范本 3：

增资协议

甲方（增资方）：

身份证/统一社会信用代码：

乙方（目标公司）：

统一社会信用代码：

丙方 1（目标公司现有股东 1）：

身份证/统一社会信用代码：

丙方 2（目标公司现有股东 2）：

身份证/统一社会信用代码：

（上述全部协议主体合称"本协议各方"，目标公司现有股东 1、目标公司现有股东 2 合称"丙方"或"现有股东"，目标公司现有股东 1 或"丙方 1"则专指该单个主体；其他方亦同）

本协议各方经平等自愿协商，根据《中华人民共和国民法典》《中华人民共和国公司法》及相关法律法规，就增资事宜，签订本协议以共同遵守。

第一部分 整体交易结构

1. 整体交易安排

目标公司向甲方定向新增注册资本（增资），由甲方全额认缴目标公司增资，并按本协议约定进行出资。

2. 目标公司

目标公司相关情况见《目标公司信息披露函》等文件。

3.增资方案

3.1 目标公司现有注册资本：人民币（大写）____元(¥____元)。

3.2 本次新增注册资本：人民币（大写）____元(¥____元)。

3.3 本次增资完成后注册资本：人民币（大写）____元(¥____元)。

3.4 增资前后股权结构

3.4.1 增资前

公司股权结构如下：

股东	出资比例	认缴出资	认缴出资日期
合计	100%		—

3.4.2 增资后

公司股权结构如下：

股东	出资比例	认缴出资	认缴出资日期
合计	100%		—

4.交易对价（增资价格）

4.1 根据请填写评估机构名称出具的编号为×××号的《评估报告》（见附件），截至评估基准日（同"定价基准日"），目标公司股东全部权益的评估价值为人民币（大写）_____元(¥_____元)。本次增资价格根据该评估价值确定。

4.2 按本协议约定的交易价格计算的每一元新增注册资本对应增资价

格:人民币(大写) _____ 元(¥ _____ 元)。

4.3 各方协商一致,同意增资后目标公司估值为:人民币(大写) _____ 元(¥ _____ 元)。

5.出资方案

5.1 甲方认缴出资额:

5.1.1 出资额:人民币(大写) _____ 元(¥ _____ 元)。其中:

5.1.1.1 计入目标公司注册资本金:本次新增注册资本金额。

5.1.1.2 剩余部分计入资本公积金。

5.1.2 该出资额对应持股比例为 _____ %(百分之 _____),即"标的股权"。

5.2 甲方出资方式:货币。

5.3 甲方出资时间:本协议签订后5个工作日内,甲方应完成全部出资义务。

6.基准日前未分配利润安排

各方同意,截至定价基准日(含当日)前形成的滚存未分配利润(如有)由增资后全体股东享有。

7.基准日至交割完成日损益安排

在目标公司与丙方未违反过渡期义务及其他约定的情况下,定价基准日(不含当日)至交割完成日(不含当日)期间的目标公司收益和亏损正常计入目标公司收益和亏损,由本次增资后全体股东依法享有与承担。

8.税、费用与开支

8.1 如无特别约定,本次交易所涉及的应缴税款,应依据税法及相关法律法规的规定由纳税义务人缴纳并承担。

8.2 除非本协议及其他相关文件另有约定,各方应承担各自在本协议和所有相关文件以及有关交割的编制、谈判、签订和履行过程中的开销和费用(包括法律费用)。

第二部分 交 割

9.交割时间

9.1 交割时间：乙方和丙方应于交割全部先决条件之后的 5 个工作日或 202×年×月×日前（以两者中较晚日期为准）办理完成交割的全部事项。

9.2 交割先决条件是指：

（1）甲方已经按约定支付首笔出资款；

（2）甲方已经按约定在甲方监管账户存入保证金；

（3）甲方已经完成其他根据协议约定甲方履行在先的义务。

10.交割要求

10.1 交割包括如下事项：

10.1.1 本协议项下的增资已依法向工商登记机关办理了变更登记手续，本协议约定的标的股权已经登记在甲方名下。

10.1.2《公司章程》已经按约定进行修订，并已依法向工商登记机关办理了备案。

10.1.3 目标公司已向甲方签发了《出资证明书》，同时将甲方及其出资额记载于目标公司的股东名册。

10.2 乙方、丙方根据上述约定完成全部交割事项之日，即本协议项下的"交割完成日"。

11.股权取得

11.1 各方同意，甲方自交割完成日起即成为目标公司股东，根据《公司法》、公司章程及本协议约定享有股东权利，承担股东义务。

第三部分 增资后公司治理结构

12.公司治理结构调整

12.1 目标公司应按本协议约定调整公司治理结构。

12.2 对本协议约定需要调整人选的岗位和机构，最晚应在交割完成日后的 10 个工作日完成人选的调整（包括履行相应的表决、选举手续）；如对期限特别约定的，按特别约定处理。

13. 董事会

13.1 公司董事会是股东会的执行机构，对股东会负责。

13.2 公司董事会由 3 名董事组成。董事由股东会在股东提名的人选中选举产生。其中：

13.2.1 甲方有权提名 1 名董事人选，丙方 1 有权提名 1 名董事人选、丙方 2 有权提名 1 名董事人选。

13.2.2 董事会设董事长一人，由董事会从 _____ 方提名的董事人选中选举产生。

13.2.3 董事会设副董事长一人，由董事会从 _____ 方提名的董事人选中选举产生。

13.3 董事任期三年，可连选连任。董事在任期届满前，股东会不得无故解除其职务。

13.4 任何董事死亡、丧失行为能力、被撤职或辞职，视为董事会席位出缺，应由提名该董事的一方另行提名，由股东会在提名的人选中选举，继任董事应在出缺董事的剩余任期内担任董事职务。

13.5 公司董事会按照《公司法》和公司章程的相关规定行使职权。

13.6 董事会决议方式

13.6.1 董事会决议的表决，实行董事一人一票。

13.6.2 董事会对具体事项作出决议，须经过半数董事通过。

14. 监事会

14.1 公司设监事会，由 3 名监事组成，其中职工监事 1 名。

14.2 各方应自交割日起 5 个工作日内，重新选举监事组成公司监事会。监事任期三年，可连选连任。

14.3 除职工监事外，其余监事由股东会在股东提名的人选中选举产生。其中_____有权提名1名监事人选，×××有权提名1名监事人选。

14.4 监事会主席由×××提名的监事担任。

14.5 公司监事会按照《公司法》和公司章程的相关规定行使职权。

<h2 style="text-align:center">第四部分　陈述与保证</h2>

15.陈述与保证

15.1 各方声明

15.1.1 本协议各方于本协议签订日向其他方作出如下陈述与保证，该陈述与保证在交割完成日仍然持续有效。各方确认，各方系建立在对本条项下的陈述与保证充分信赖的基础上方达成本协议。

15.1.2 每一项陈述与保证应被视为单独陈述与保证（除非本协议另有明确的相反规定），而且前述每一项陈述与保证不应因参照或援引任何其他陈述与保证条款或本协议的任何其他条款而受到限制或制约。

15.1.3 如有与下列所作陈述与保证不符的情况，作出陈述与保证的一方已于本协议签订日前以书面形式向其他方披露。

15.1.4 各方承诺，如果其知悉在本协议签订后发生任何情形，使该方作出的任何陈述与保证在任何方面变为不真实、不准确或具误导性，将立即书面通知协议其余方。

15.2 本协议各方均承诺：

15.2.1 该方系合法设立且有效存续的实体（法人或非法人组织）或具有完全民事行为能力的自然人。

15.2.2 除本协议另有约定外，该方拥有签订本协议和履行本协议全部义务所必需的所有合法权利，已取得签订本协议和履行本协议全部义务所必需的所有内部和外部的批准、授权和许可。

15.2.3 该方提交的文件、资料等均是真实、准确、全面、完整和有效的，并无任何隐瞒、遗漏、虚假或误导之处。

15.2.4 该方签订本协议和履行本协议任何义务不会：

15.2.4.1 违反该方的公司章程或任何组织性文件的规定；

15.2.4.2 违反法律、法规或其他规范性文件；

15.2.4.3 违反对该方有法律约束力的任何其他协议、协议、文件、该方对任何第三方作出的承诺或保证（无论是书面的或是口头的）、该方对任何第三方所负担的其他有法律约束力的义务。

15.3 目标公司、丙方陈述与保证

目标公司与丙方于本协议签订日向甲方共同作出如下陈述与保证，该陈述与保证在交割完成日仍然持续有效。

15.3.1 依据目标公司公司章程的合法有效规定，丙方对目标公司增资均不享有优先认缴权。丙方对此无异议。

15.3.2 目标公司的全部注册资本已按照法律规定和章程的要求全部按时缴足。

15.3.3 丙方所持目标公司股权不存在任何被冻结、质押等权利负担或权利受限制的情形，丙方所持目标公司股权不存在其他任何法律或事实上的瑕疵，不存在任何权属争议。

15.3.4 目标公司是依法设立并有效存续的合法经营企业。其自设立以来的各项变更均已依法取得有审批权限部门相应的批准、同意和许可。目标公司目前开展的各项经营业务均已依法取得政府部门的各项批准、授权、执照、许可等，该等批准、授权、执照、许可均合法有效，目标公司不存在任何违反该等批准、授权、执照、许可要求的行为或者情形。本协议的签订和履行也不会导致该等批准、授权、执照、许可被终止或撤销。

15.3.5 除已向甲方书面披露的目标公司全部资产的权利负担外，目标公司全部资产不受其他任何担保、抵押、质押、留置、所有权保留或其他权利负担的限制，目标公司对该等资产拥有完整、唯一的所有权，并实际占有、控制着目标公司的全部资产。

15.3.6 除已经书面披露的瑕疵外，目标公司是公司名称、品牌、商标和专利、商品名称、网站名称、域名、专有技术、各种经营许可证等相关权利的唯一的、合法的所有权人，不存在任何侵权行为，也未因侵权或其他原因受到任何第三方的索赔或诉讼。目标公司亦没有向任何第三方转让、许可使用或以其他方式处置前述权利。

15.3.7 目标公司自成立以来，在财务、税收、环境保护等各方面遵守中国法律法规，无违法违规行为。

15.3.8 除已经书面披露的瑕疵外，目标公司已在其他方面遵守与劳动用工相关的法律，已与所有的员工签订了劳动协议，并依法支付、缴纳养老保险、医疗保险、失业保险、工伤保险、住房公积金以及其他法律要求的社会保险基金或员工福利，不存在拖欠员工工资、津贴、奖金、加班费的情况，不存在任何未决的或潜在的劳动争议或纠纷（包括但不限于正在进行的劳动调解、劳动仲裁或劳动诉讼）。

15.3.9 目标公司作为协议一方的任何协议和法律文件均合法有效并对相关方具有法律约束力。目标公司已依照法律和协议适当履行了其作为协议一方的协议和法律文件项下的全部义务，不存在会导致重大不利影响的违约行为，并且不存在可能导致任何此类违约的情形。

15.3.10 目标公司不存在任何未向甲方书面披露的负债及或有负债，包括但不限于目标公司没有向任何实体和自然人作出任何形式的担保。

15.3.11 目标公司不存在未向甲方书面披露的、其他任何进行中的标的在100万元以上的诉讼、行政处罚、行政复议、申诉、调查或其他的法律程序、行政程序，也不存在任何可能导致该等程序发生的事实或情况。目标公司不存在未向甲方书面披露的、依照法院、仲裁机构或其他司法、行政部门作出的判决、裁决或决定应承担法律责任或义务的情形。

15.4 甲方陈述与保证

甲方于本协议签订日向目标公司与丙方作出如下陈述与保证，该陈述与保证在本交易完成日仍然持续有效。各方确认，目标公司与丙方系建立在对本条项下的陈述与保证充分信赖之基础上方达成本协议。

15.4.1 甲方确认自身符合法律法规及监管规范等规范性文件规定的目标公司股东所需满足的条件，不存在不得作为目标公司股东的情形。

15.4.2 用于增资的出资为合法自有财产。

第五部分　增资方特别权利

16.反稀释

16.1 若乙方后续增加注册资本(后轮融资)，且该等增资的每一元注册资本的单价低于本轮融资甲方按照增资协议认购乙方每一元注册资本的单价(单位认购价格)，则甲方有权要求按照广义加权平均方式确定的转换价格重新确认本轮融资的单位认购价格，并以此重新确定其应当获得的乙方股权的比例。

16.2 甲方通过上述方式重新确定后的持股比例与甲方现有持股比例之间的差额，由乙方及丙方通过股权调整予以补足。具体为：

乙方及丙方应当予以配合，以1元人民币象征性价格将丙方相应股权转让给甲方，并承担由此产生的税费成本。若届时上述调整无法以1元价格进行，则乙方及丙方采取一切必要的措施，以法律允许的方式使甲方以最低的成本完成调整。

16.3 下列情形不适用本反稀释条款：

(1)乙方执行员工股权激励计划；

(2)乙方首次公开发行股票并上市。

17.优先认缴权

17.1 本次投资后，乙方增加注册资本的，甲方享有优先于乙方其他股东认购新增注册资本的优先权。甲方认缴公司新增注册资本的价格、条款和条件应与其他潜在投资方、认缴方实质相同。前述新增注册资本不包括：

(1)因执行经董事会或股东会批准的员工股权激励而调整注册资本；

(2)乙方上市时发行的任何股份或证券。

18. 优先分红权

18.1 甲方有权优先于其他股东获得其投资额按%（百分之）年复利计算的可累计的年优先股息。向甲方支付优先股息后，如有剩余分红资金的，应在全体股东之间按各自持股比例进行分配。各方应采取甲方认可的符合中国法律法规的任何方式，以实现上述约定的分红权。

19. 优先清算权

19.1 乙方进行清算（包括惯常被视作清算的事件，如导致控制权变更的并购或重大资产转让）时，乙方的财产按下列顺序进行分配：

（1）优先向甲方支付甲方清算优先款，清算优先款为甲方投资金额的1.2倍与乙方已宣布但未分配的利润之和。

（2）在甲方清算优先款得到足额支付之后，乙方应向包括甲方在内的全体股东按照其持股比例分配剩余财产（若有）。

若法律法规对优先清算款的支付另有限制，丙方同意将其清算分配所得无偿转让给甲方，以完成优先清算款的支付，实现优先清算权。

20. 优先购买权与共同出售权

20.1 如果丙方（转让方）计划向任何主体（受让方）转让其直接或间接持有的乙方的全部或部分股权，甲方有权行使以下任一权利：

（1）在同等条件下优先于受让方购买转让方拟转让的全部或部分甲方股权。

（2）以同等条件与转让方按相对持股比例向受让方共同出售其所持有的股权。

21. 领售权

21.1 如果有第三方愿意以对甲方不低于￥_____元的整体估值的价格收购乙方（包括但不限于收购公司控制权或全部或实质上全部的股权或资产或业务）时，若甲方同意进行上述出售，则丙方应同意并采取必要行动完成该收购，包括且不限于将其所持股权出售、转让给收购方。

22.回购权

22.1 在下列情形之一发生时，如甲方仍持有乙方的股权，则甲方有权要求乙方或丙方购买甲方所持有的乙方的全部或部分股权：

（1）截至交割日起满_____年之日，乙方未能实现上市。

（2）乙方控股股东发生变化。

（3）乙方或丙方出现违反投资协议的重大违约行为。

22.2 回购价格为以下金额的总和：

（1）甲方的投资金额以及按照_____%（百分之_____）的年复利计算所得的利息（计息期间为自乙方收到甲方投资款之日起直至乙方或者丙方实际支付全部回购价款之日止）。

（2）乙方已经宣布的但尚未向甲方分配的利润。

23.信息权

23.1 甲方持有乙方股权期间，乙方应向甲方提交以下信息资料：

（1）每个财务年结束后90日内，提交经由甲方接受的审计事务所审计的乙方年度合并财务报表。

（2）每财务季度结束后45日内，提交乙方未审计的季度合并财务报表。

（3）每财务月度结束后30日内，提交乙方未审计的月度合并财务报表。

（4）于新财政年度开始前至少提前30日，提交经董事会批准（含甲方董事批准）的乙方（及所有子公司和关联公司）下一年的年度预算计划和业务年度计划书。

（5）甲方合理要求的与乙方经营和财务有关的其他信息。

（6）若乙方获悉任何可能对其业务、经营、财务或发展前景产生重大不利影响的信息，应自获悉该等信息之日起2日内提供给甲方。

23.2 甲方有权随时查阅乙方经营记录、会计记录、账簿、财务报告，包括在合理通知乙方的情况下，到乙方现场查阅上述文件及询问相关人员。

24.最优惠待遇

24.1 如果乙方的任何现有股东根据本次投资相关交易文件之前的任

何文件或与本次投资相关的交易文件享有任何优于甲方在交易文件下的优先权,或者享有任何额外的优先权,则甲方应当自动享有同样的该等优先权利。

24.2 如果乙方在后续融资中给予任何新投资方或现有股东优于甲方在本次投资相关的交易文件下的优先权,或者给予任何新投资方或现有股东任何额外的优先权,则甲方应当自动享有同样的该等优先权利。

第六部分　违约责任

25.违约责任

25.1 甲方违约责任

25.1.1 甲方不按本协议约定支付出资款的,每逾期一日,应按逾期金额的5‰(万分之五)向丙方支付违约金(由丙方自行分配)。

逾期金额超过交易对价的5%(百分之五)以上且逾期超过30日的,乙方、丙方有权解除本协议。

25.1.2 因甲方违约导致乙方或丙方解除协议,或甲方违约解除协议,则乙方或丙方有权要求甲方将乙方恢复到本协议签订前的状态,并要求甲方按全部交易对价的×%向乙方、丙方支付违约金。

25.2 乙方、丙方违约责任

25.2.1 因乙方、丙方违约导致甲方解除协议,或者乙方、丙方违约解除协议的,甲方有权要求乙方、丙方同时承担如下违约责任:

25.2.1.1 退还甲方支付的全部出资款及出资资产。

25.2.1.2 要求乙方、丙方按全部交易对价的×%向甲方支付违约金。

25.3 任何一方有其他违反本协议情形的,应赔偿守约方全部损失。

26.责任承担说明

26.1 就本协议项下交割以及交割完成日以前乙方或丙方的义务以及行为产生的责任,乙方、丙方应承担连带责任。

第七部分　其他约定

27. 保密

27.1 协议各方保证对在讨论、签订、履行本协议过程中所获悉的属于其他方的且无法自公开渠道的文件及资料(包括但不限于商业秘密、公司计划、运营活动、财务信息、技术信息、经营信息及其他商业秘密)予以保密。未经该资料和文件的原提供方同意,其他方不得向任何第三方泄露该商业秘密的全部或部分内容。

上述保密义务,在本协议终止或解除之后仍需履行。

28. 协议送达方式

28.1 为更好地履行本协议,各方提供如下通知方式:

(1)甲方接收通知方式

联系人:＿＿＿＿＿＿＿＿＿＿＿＿＿＿＿

地址:＿＿＿＿＿＿＿＿＿＿＿＿＿＿＿＿

手机:＿＿＿＿＿＿＿＿＿＿＿＿＿＿＿＿

(2)乙方接收通知方式

联系人:＿＿＿＿＿＿＿＿＿＿＿＿＿＿＿

地址:＿＿＿＿＿＿＿＿＿＿＿＿＿＿＿＿

手机:＿＿＿＿＿＿＿＿＿＿＿＿＿＿＿＿

(3)丙方 1 接收通知方式

联系人:＿＿＿＿＿＿＿＿＿＿＿＿＿＿＿

地址:＿＿＿＿＿＿＿＿＿＿＿＿＿＿＿＿

手机:＿＿＿＿＿＿＿＿＿＿＿＿＿＿＿＿

(4)丙方 2 接收通知方式

联系人:＿＿＿＿＿＿＿＿＿＿＿＿＿＿＿

地址:＿＿＿＿＿＿＿＿＿＿＿＿＿＿＿＿

手机：_____

28.2 各方应以书面快递方式向对方上述地址发送相关通知。接收通知方拒收、无人接收或未查阅的，不影响通知送达的有效性。

28.3 上述地址同时作为有效司法送达地址。

28.4 一方变更接收通知方式的，应以书面形式向对方确认变更，否则视为未变更。

29．其他约定

29.1 不可抗力

29.1.1 不可抗力定义：指在本协议签署后发生的、本协议签署时不能预见的、其发生与后果是无法避免或克服的、妨碍任何一方全部或部分履约的所有事件。上述事件包括地震、台风、水灾、火灾、战争、国际或国内运输中断、流行病、罢工，以及根据中国法律或一般国际商业惯例认作不可抗力的其他事件。一方缺少资金非不可抗力事件。

29.1.2 不可抗力的后果：

（1）如果发生不可抗力事件，影响一方履行其在本协议项下的义务，则在不可抗力造成的延误期内中止履行，而不视为违约。

（2）宣称发生不可抗力的一方应迅速书面通知其他各方，并在其后的十五（15）天内提供证明不可抗力发生及其持续时间的足够证据。

（3）如果发生不可抗力事件，各方应立即互相协商，以找到公平的解决办法，并且应尽一切合理努力将不可抗力的影响减小到最低限度。

（4）金钱债务的迟延责任不得因不可抗力而免除。

（5）迟延履行期间发生的不可抗力不具有免责效力。

29.2 协议解释

29.2.1 本协议的不同条款和分条款的标题与编号，仅供查阅方便之用，不构成本协议的一部分，不作为解释本协议任何条款或权利义务的依据。

29.2.2 本协议中，"以上""以下""以内"包含本数，"超过""不满""以外"不包含本数,某期日的"前/以前"、"后/以后"或类似表述包含该期日当日。

29.2.3 本协议中对金额或数量使用大小写时,如大小写不一致,应以大写为准。

29.2.4 如果本协议正文和附件的意思发生冲突,则应按正文或附件中以何者为准的明确约定处理。

如无明确约定,则各方应尽力将整个协议(包括正文与附件)作为一个整体来阅读理解,最为明确具体的实现协议目的的条款应优先考虑。

30.法律适用

本协议的制定、解释及其在执行过程中出现的、或与本协议有关的纠纷之解决,受中华人民共和国(不含港澳台)现行有效的法律的约束。

31.争议解决

因本协议以及本协议项下订单/附件/补充协议等(如有)引起或有关的任何争议,均提请×××有限公司所在地法院解决。

第八部分 附 则

32.本协议与相关文件

32.1 本协议包含的附件:

《目标公司信息披露函》

《××公司股东会决议》

《××公司董事会决议》

《公司章程草案》

上述附件是本协议的一部分,具有与本协议同等的法律效力。

32.2 在本协议签订的同时或之后签订的本协议附件、配套协议、专门协议、补充变更协议(如有),就本交易中的特定事项有专门约定的,如与本协议约定不一致,应以专门约定为准。

32.3 本协议与各方签署的用于工商登记或相关手续的协议(如有)与本协议不一致的,以本协议为准。

32.4 本协议及其所附文件构成各方关于这些文件所述交易之全部协议,且取代所有之前与该等交易有关的各方之间口头或书面的约定。

33. 本协议与章程

章程修订由交割后各方依法处理。

34. 本协议生效条件

本协议经各方签名或盖章后生效。

35. 附则

35.1 本协议一式×份,协议各方各执二份。各份协议文本具有同等法律效力。

35.2 本协议未尽事宜,双方应另行协商并签订补充协议。

(以下无协议正文)

签订时间:　　　　年　月　日

甲方(盖章):

法定代表人或授权代表:

乙方(盖章):

法定代表人或授权代表:

丙方1(签名或盖章):

法定代表人或授权代表:

丙方2(签名或盖章):

法定代表人或授权代表:

五、股东不竞争协议范本

协议范本 4：

股东不竞争协议

甲方（公司）：＿＿＿＿＿＿＿＿＿＿＿＿＿＿＿＿＿

统一社会信用代码：＿＿＿＿＿＿＿＿＿＿＿＿

乙方（股东）：＿＿＿＿＿＿＿＿＿＿＿＿＿＿＿＿＿

身份证号码：＿＿＿＿＿＿＿＿＿＿＿＿＿＿＿＿

鉴于乙方是公司的股东，掌握公司商业秘密，经过甲乙双方协商一致，签订以下不竞争协议。

1. 不竞争

1.1 不竞争：禁止从事竞业行为，不得从事与甲方相竞争的行业。

1.2 竞争行为包括：直接或间接地以个人名义或以一个企业的所有者、许可人、被许可人、本人、代理人、雇员、独立承包商、业主、合伙人、出租人、高管或董事或管理人员的身份或以其他任何名义，从事与甲方相竞争的行业。

1.3 甲方相竞争的行业：包括但不限于下列行业：

（1）＿＿＿＿＿＿＿＿＿＿＿＿＿＿＿＿＿＿＿＿＿

（2）＿＿＿＿＿＿＿＿＿＿＿＿＿＿＿＿＿＿＿＿＿

1.4 说明：乙方购买从事甲方相竞争行业上市公司的股票且比例不超过 5% 的，不属于竞业行为。

2. 禁止期间、地域范围

2.1 不竞争期间：乙方在持有甲方股权期间以及不再持有甲方股权之日起的 24 个月内。

2.2 不竞争地域范围：中国大陆（不含港澳台）。

3.补偿约定

3.1 因乙方是甲方股东，就乙方履行本协议约定的不竞争义务，甲方无须向乙方支付任何补偿。

4.乙方承诺

4.1 乙方承诺不在不竞争期间内从事竞业行为；

4.2 乙方承诺不得向竞争对手提供任何服务或披露任何保密信息；

4.3 乙方承诺在不竞争期间内不直接或间接地劝说、引诱、鼓励或以其他方式：

4.3.1 促使甲方公司或其关联公司的任何管理人员或雇员终止该等管理人员或雇员与公司或其关联公司的聘用关系；

4.3.2 促使甲方公司或其关联公司的任何客户、供应商、被许可人、许可人或与公司或其关联公司有实际或潜在业务关系的其他人或实体（包括任何潜在的客户、供应商或被许可人等）终止或以其他方式改变与公司或其关联公司的业务关系。

5.违约责任

5.1 乙方违反本合同约定的不竞争义务的，应同时向甲方承担如下责任：

5.1.1 如乙方在甲方工作期间违反，则：

5.1.1.1 乙方应赔偿甲方违约金人民币（大写）＿＿＿元（￥＿＿＿元）。违约金不足以赔偿甲方损失的，还应赔偿甲方损失。

甲方损失包括但不限于直接损失、可得利益损失、支付给第三方的赔偿费用／违约金／罚款、调查取证费用／公证费、诉讼费用、律师费用以及因此而支付的其他合理费用。

5.1.1.2 乙方违反本协议约定取得收益的，该收益应全部归甲方所有。

5.1.1.3 乙方违反本协议约定的，经甲方通知仍不改正，或第二次以上违反的，甲方有权以甲方或甲方指定的其他高管名义回购乙方全部股权，回购价格为乙方原出资金额，并要求乙方将股权变更到甲方指定的其他高管名下，乙

5.1.1.4 乙方行为构成严重违反劳动纪律，甲方有权解除劳动关系（如有劳动关系）。

5.1.2 如乙方从甲方离职之后违反（如有劳动关系），经甲方通知仍不改正，或第二次以上违反的，甲方有权以甲方或甲方指定的其他高管名义回购乙方全部股权，回购价格为乙方原出资金额，并要求乙方将股权变更到甲方或甲方指定的其他高管名下，乙方不得拒绝。

6. 争议解决

因本合同以及本合同项下订单/附件/补充协议等（如有）引起或有关的任何争议，由合同各方协商解决，也可由有关部门调解。协商或调解不成的，应向甲方所在地有管辖权的人民法院起诉。

7. 附则

7.1 本协议一式二份，协议各方各执一份。各份协议文本具有同等法律效力。

7.2 本协议经各方签名或盖章后生效。

（以下无合同正文）

签订时间：　　　年　　月　　日

甲方（盖章）：

法定代表人或授权代表：

乙方确认：已经详细阅读了本合同及附件的全部条款及内容，甲方已经就本合同全部内容向乙方进行详细解释说明，包括但不限于免除或限制甲方责任的条款、乙方违约责任条款。乙方完全了解且同意履行本合同全部内容，接受履行本合同所产生的全部收益及风险。

乙方（签名）：

六、保密协议范本

协议范本 5：

保密协议

甲方（公司）：_____

统一社会信用代码：_____

乙方：_____

身份证号：_____

鉴于乙方是甲方的股东/高管，掌握甲方商业秘密，经过甲、乙双方协商一致，签订以下保密协议：

第一条 保密内容及范围

1.1 乙方同意对甲方或者虽属于甲方客户（含意向客户）等第三方但甲方负有保密义务的一切保密信息在保密期内予以严格保密。

1.2 本协议中的"保密信息"是指乙方在甲方工作期间接触到的甲方、甲方客户及甲方关联客户的任何形式的秘密信息，包括但不限于：

（1）任何甲方、甲方客户及甲方关联客户不欲公开的观点、发现、发明、公式、程序、计划、图表、模型、参数、数据、标准等商业秘密、专有技术以及任何知识产权等；

（2）甲方、甲方客户及甲方关联客户制作或拥有的任何形式的报告、访谈记录、数据、信件、电子邮件、报表、模型以及其他文件的原件或副件；

（3）甲方、甲方客户及甲方关联客户的知识产权信息、技术资料或秘密、经营情况、经营策略及经营信息、客户信息、客户经营状况等；

（4）甲方内外部项目的项目建议书、项目计划、报价、合同、项目研究方法和工具、培训资料和工具以及项目成果等；

(5)甲方内部不欲公开或未经公开的公司制度、文件、决议、消息和公司运营情况等；

(6)任何甲方、甲方客户及甲方关联客户不欲公开的关于财务、成本、利润、市场、销售、合同的信息及客户和经销商名单等；

(7)其他甲方的重要保密信息。

乙方承认，上述"保密信息"均为甲方的保密信息。本协议不仅适用于乙方在本协议签订之后接触的保密信息，也适用于乙方在本协议生效日期前接触的所有保密信息。

乙方确认，如果对是否属于保密信息存在争议，则乙方应按保密信息进行处理，除非得到甲方的明确否认。

第二条 乙方的保密义务

2.1 乙方同意为甲方公司利益尽最佳努力，在甲方任职和(或)直接或间接持有甲方股权期间不组织、参加或计划组织、参加任何竞争企业，或从事任何不正当使用甲方商业秘密的行为。

2.2 乙方在甲方任职和(或)直接或间接持有甲方股权期间，应严格遵守甲方规定的任何成文或不成文的保密规章、制度，履行与其服务内容相应的保密职责；若甲方的保密规章、制度没有规定或者规定不明确之处，乙方亦应本着谨慎、诚实的态度，采取任何必要、合理的措施，维护其于任职期间知悉或者持有的保密信息。

2.3 甲方在职权范围内就保密事宜对乙方提出的合理要求，乙方应予执行，并作为本合同约定的保密义务的一部分。

2.4 乙方同意对保密信息予以严格保密，承担的保密义务包括但不限于：

(1)乙方从甲方、甲方客户或甲方关联客户处获得的保密信息，乙方承诺只在进行该项目或与该项目紧密相关的项目研究时使用，绝不为与该项目无关的目的使用该保密信息。

(2)乙方应对甲方、甲方客户或甲方关联客户交到自己手中的保密信息予以妥善保存，不得泄露或遗失，在未经甲方事先书面许可，不得私自保留或复制、记录。

（3）非经甲方事先书面许可，乙方不得直接或间接地以任何方式或向任何第三方（任何第三方，包括除甲方该项目组人员以外的任何机构和人员）披露或透露保密信息；亦不得依据保密信息，就任何问题，向任何第三方作出任何建议。

（4）当甲方、甲方客户或甲方关联客户要求乙方交回保密信息时（无论出于何种理由），乙方应立即将保密信息（及保密信息的载体、复制品等）完整交回。

（5）根据甲方的要求，如实向甲方提供保密信息的使用记录。

（6）乙方在离职时或任何时候甲方提出要求时或不再持有甲方股权后，须将一切保密信息（及保密信息的载体、复制品等）在甲方要求的时间内交还甲方。

（7）乙方在离职后或不再持有甲方股权后，应严格遵守相关法律规定，以及以上各项保密义务，不得以任何方式利用、传播、披露所掌握或知悉的保密信息，不得利用所掌握或知悉的保密信息从事损害甲方利益或可能对甲方利益造成不利影响的活动，包括向乙方之后任职单位披露或使用保密信息、为乙方自营企业利益使用保密信息等。

（8）无论在职期间或离职后或不再持有甲方股权后，乙方均不得劝诱及参与招聘甲方其他员工到甲方的竞争单位工作。

（9）在职期间，未经甲方同意，乙方不得与甲方客户有私下交易或金钱往来。

2.5 保密信息的保密期：是指乙方在职或离职后或不再持有甲方股权后，甲方、甲方客户或甲方关联客户对外公布保密信息或者保密信息为公众所知之前的任何时间。

2.6 甲方客户信息属于甲方的高度秘密信息。离职后/不再持有甲方股权后，未经甲方同意，乙方不得直接或间接与原甲方客户从事与甲方业务相竞争或相冲突的业务。如原甲方客户与乙方联系，乙方应让其与甲方联系或告知甲方。

第三条 有关确认

3.1 双方确认，就本协议的履行，甲方无须额外向乙方支付费用或报酬，除双方另有约定。

3.2 乙方确认，已经知悉并理解甲方的相关制度，包括但不限于《员工手册》《保密制度》等，并同意遵守执行。

3.3 甲方有权不定期的修改、补充、发布有关保密的制度与做法，并通过电子邮件、公司网络平台等进行发布，乙方同意定期查收相关文件，并遵照执行。

第四条 违约责任

4.1 乙方违反保密义务时，应向甲方支付违约金人民币 × 元。同时应赔偿由此给甲方、甲方客户及甲方关联客户造成的一切损失，损失范围包括但不限于甲方的名誉损失、直接损失和可得利益的损失，以及调查费用、公证费用、诉讼费用、律师费用，向第三方支付的赔偿，为应对第三方的指控而支付的一切费用等。

上述赔偿可以从乙方的服务报酬或劳动报酬或利润分红中扣除。

4.2 如果乙方侵犯甲方客户及甲方关联客户相关的保密信息或知识产权，甲方有权代表甲方客户及甲方关联客户追究乙方的法律责任。

4.3 乙方在职期间有任何违反本协议的行为时，均被视为严重违反劳动纪律与甲方规章制度，甲方可解除劳动关系并不支付经济补偿金。

4.4 乙方违反本保密协议的，甲方有权以甲方或甲方指定的其他股东名义回购乙方全部股权，回购价格按照股权激励管理办法规定，并要求乙方将股权变更到甲方指定的其他股东名下。

第五条 争议解决

因本合同引起的或与本合同有关的任何争议，由合同各方协商解决，也可由有关部门调解。协商或调解不成的，应向甲方所在地人民法院诉讼解决。

第六条　附则

本协议一式二份,甲、乙双方各执一份,自双方签署后生效。

签署时间:　　年　月　日

甲方(签章):

乙方(签名):

第三节 / 公司治理结构

公司治理结构是全体股东（公司所有者）、董事会、监事会和高级管理人员为了使公司能够高效运转，在市场上具有竞争力，内部进行权力划分，互相监督，各司其职，使公司盈利，各方受益。我国公司治理结构是采用"三权分立"制度，即决策权、经营管理权、监督权分属于股东会、董事会或董事、监事会。股东会作决策，董事会负责执行，监事会监督董事和高级管理人员，让他们合法做事，全力运营公司，保障国家、社会、股东和公司员工的利益。换句话说，公司股东委托董事会管理自己的资产，董事会有权决定聘任和解聘总经理，总经理在董事会授权范围内组建执行团队运营公司，负责经营落地，监事会像纪委一样监督董事会和总经理，看你干得好不好，合不合法，如果你犯错了就按照法律和公司章程的规定对你采取行动。

一、什么是公司治理机制的缺失

首先，我们要知道公司是谁的？公司是国家的，股权才是自己的，既然公司是国家的，公司就应按照国家法律规定去经营，就应分清哪些是公司的财产和哪些是个人的财产，公司首先要向员工发工资，如果盈利了，要先向国家缴纳25%或15%的企业所得税，然后再向股东分红，所以在一个企业里国家、股东和公司员工都有利益。

公司的事情不是老板一个人就能做主的，首先要合法经营，其次决定重大事项要召开股东会讨论。有这样一个案例：

一家煤矿公司的董事长被公司小股东举报偷税漏税和合同诈骗，因为这位董事长另外又注册了一家公司，他的出发点是好的，想与原公司配套，做公司的上游，服务于原公司的业务开展。但由于董事长未与其他股东商议，导致其他股东认为董事长在转移资产和客户，损害公司和股东的利益。所以这就是公司治理机制的缺失，没有对董事长形成有效的监督。

再来看一个案例：

某创业公司有四个合伙人，一开始规定日常经营支出只要董事长签字同意即可执行，但重大投资或战略决策需要四个人召开股东会共同决定。随着公司不断发展，大家对什么是"日常事项"、什么是"重大投资和战略决策"的认识经常出现分歧，比如一项购买资产的支出，董事长认为这是小事儿自己就可以决定了，但是其他股东认为这是大事儿，要四个人共同商量，严重影响了公司的运营效率。而且对于某项"大事情"，四个人认知又不一样，有的人支持，有的人反对，根据原来的决策机制，需要四个人共同签字才能干，但很多事情经常停留在讨论阶段到不了落地执行阶段，这个公司的治理机制严重内耗，对公司发展非常不利。

通过上述两个案例，我们可以看出在公司治理过程中：

1. 要防止公司董事长权力过大，独断专行，也要充分发挥股东会、董事会和监事会的作用，让董事长知道什么是该做的，什么是不该做的，你做了不该做的就会有人干预。

2. 也不能过于民主，如果股东过度干预公司治理，就会提高公司的决策成本，贻误发展时机，股东持股比例要适当拉开，有带头大哥，对于重大事项敢于决策,敢于承担责任,快速拍板、快速决断、快速执行,抢占先机。

3.公司的治理规则要非常清晰,明确股东权利边界,股东之间需要明确约定哪些事项属于大股东可以直接作出的决策,哪些事项属于需要集体讨论的决策。如果界定不清,则容易产生分歧。对于"全体股东一致通过"条款安排要慎重,基于决策成本的考虑,客观上会造成少数股东的意见左右股东会的意见,容易产生公司僵局,不能因为要保护小股东的利益而损害公司和大股东的利益,不符合股东风险责任承担机制,属于矫枉过正。

二、公司治理的组织机构

以有限责任公司为例说明(见图4-5),有限责任公司的公司治理机构包括股东会、董事会、监事会和经理层。

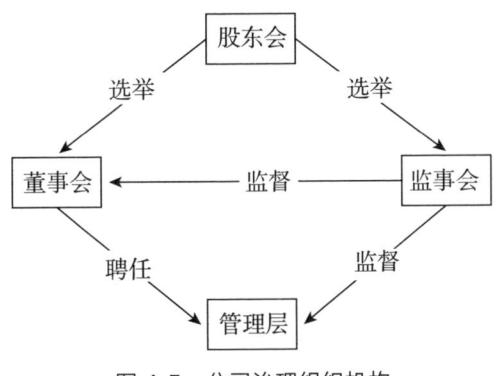

图4-5 公司治理组织机构

股东会由全体股东组成,是公司的最高权力机构,但并非公司的常设机构,只是在召开股东会会议时,股东会以会议形式存在。

有限责任公司可以按照公司章程的规定在董事会中设置由董事组

成的审计委员会，行使监事会的职权，不设监事会或者监事。

监事会由监事组成，其成员不得少于3人，监事会由股东代表和适当比例的公司职工代表组成，有限责任公司股东人数较少和规模较小的，可以设1名监事，不设监事会。负责对公司董事、高级管理人员执行公司职务的行为进行监督，以及对公司财务情况进行监督。

有限责任公司可以设经理（这里的经理指的是法定高级管理人员，一般称为总经理），由董事会决定聘任或者解聘，经理对董事会负责，对董事会的决策具体落地执行。

这么说大家很难理解，以我国的政体为例，我国是人民当家作主，人民行使权力机构叫全国人民代表大会，简称全国人大，那公司权力机构是谁呢？是股东会，股东要想行使自己的权利，是在股东会。有限公司的股东最多50名，非上市股份公司最多200名股东，公司的股东会就相当于全国人大，全国人大一年开一次会，公司股东会根据公司章程一年开会不少于一次，全国人大开会修改宪法和法律，需要经过人大代表2/3多数通过，公司修改公司章程，也需要2/3以上表决权通过。

全国人大一年只开一次，在全国人大不开会的时候，其权力由全国人大常委会行使，公司股东会根据公司章程一般一年开一次会，股东会不开会的时候，公司的重大事项交给公司的董事会决策，那么公司的董事会就相当于人大常委会，公司董事会一般由单数组成，可不可以是双数，法律并没有禁止，也是可以的。

全国人大常委会管国家大政方针和制定法律，然后交给国务院执行，如国务院具体执行的部门有外交部、财政部、工信部等部委，就相当于公司董事会是管公司的经营决策，经营执行落地交给总经理团队，总经理下面管理多个具体执行的部门，如行政部、财务部和销售部等。

国家这么多机构由国家监察委员会监督，国家监察委员会对应公司的监事会,你会发现,国家的治理结构和公司的治理结构是一模一样的,股东会相当于全国人民代表大会,董事会相当于全国人大常委,公司的经理层相当于国务院,公司的监事会相当于国家监察委员会,国家的治理机构清楚了,公司的治理结构三会一层也就清楚了。

公司在法律上被称为法人,就是法律上把它看作人,但是它又不是人,它是一个组织,这个组织它没有嘴巴,没有手,就做不了意思表示。所以法律认为公司这种盈利组织一产生,就必须一个人代表它说话和签字,因此,就有了法定代表人,就是依照法律或者公司章程的规定,代表公司从事民事活动的负责人。

法定代表人以法人名义从事的民事活动,其法律后果由法人承受。法定代表人当然地代表公司的意志,其他的人代表公司履行职务都要经过授权,授权的源头也来自法定代表人,所以公司的法定代表人不能随便找人来当,根据《公司法》的规定,法定代表人通常由代表公司执行公司事务的董事或者经理担任,依照法律和公司章程规定,对公司行使决策和管理权力。因此,法定代表人既享有权利,也应承担相应的职责。如果公司发生违法犯罪行为,首先应该追究公司的相关责任,其次追究法定代表人的刑事责任。另外,法定代表人和实际控制人是公司安全生产第一责任人,如果没有尽到监督管理职责,法定代表人也要承担民事责任和刑事责任。

三、股东会的决策机制

按照《公司法》第59条的规定,股东会有以下职权:
第一,选举和更换董事、监事,决定有关董事、监事的报酬事项;
第二,审议批准董事会的报告;
第三,审议批准监事会或者监事的报告;

第四,审议批准公司的利润分配方案和弥补亏损方案;

第五,对公司增加或者减少注册资本作出决议;

第六,对发行公司债券作出决议;

第七,对公司合并、分立、解散、清算或者变更公司形式作出决议;

第八,修改公司章程;

第九,公司章程规定的其他职权。

这里大家要注意两个问题:

第一,其中第5项、第7项和第8项这三项是股东会需要特别多数通过的,其他都是简单多数通过的,特别多数通过就是2/3以上多数通过,包括增减注册资本,公司的合并、分立、解散、清算或者变更公司形式,还有修改公司章程,其他都是1/2以上的就可以通过的。还有一件事情,就是公司营业执照登记的存续年限届满了之后,决定是继续存续还是解散清算,也需要股东会2/3以上讨论通过。

第二,第9项"公司章程规定的其他职权",《公司法》仅作了一个兜底规定,还有很多事项可以通过公司章程股东会自行规定。比如:

(1)大额固定资产的购置和处分;

(2)大额的对外借贷;

(3)员工的股权激励方案;

(4)对外担保。

《公司法》规定,公司向其他企业投资或者为他人提供担保,依照公司章程的规定,由董事会或者股东会决议。也就是说,公司章程可以规定对外担保是由股东会审批还是董事会审批。笔者建议在创业公司中,规定对外担保要由股东会审批,因为对外担保的风险是巨大的,甚至会损害公司或者股东的利益。所以应由股东会决定,可以有效减少争议和股东矛盾。另外,有些有限责任公司股东人数较少或者规模不大,不存在董事会,由股东会审批更为合适。

四、公司的独立地位和有限责任

公司有两大基石:一是公司法人独立地位,二是有限责任。关于有限责任,它的含义有两个:第一个是公司责任有限,公司以所有的资产对债权人负责。第二个是股东责任有限,股东仅以认购的出资额为限,对公司债务承担责任。

《公司法》第3条第1款规定"公司是企业法人,有独立的法人财产,享有法人财产权。公司以其全部财产对公司的债务承担责任"。也就是说,法人的独立性主要体现在人格独立、责任独立和财产独立三个方面。

所谓人格独立,即法律赋予公司独立人格,公司是独立的民事主体,能够以自己的名义对外从事市场交易活动,在法律上具有民事权利能力和民事行为能力。另外,公司法人与公司股东是相互独立的、相互分离的,公司法人的存续不受股东生命长短的影响,当自然人股东死亡时,因存在继承关系或公司章程另行规定股权的处理规则,不会导致公司法人清算,只会产生股东身份的重新确认。

所谓责任独立,是指公司法人以其拥有的全部财产,独立地对债权人承担责任。法人独立的责任,原则上必须是其自身的民事责任,因此在法人为其员工、股东或者他人提供担保,必须依法履行法律或者公司章程规定的批准程序。

所谓财产独立,是指公司有独立的财产,股东向公司履行出资义务后,对应的财产归公司所有,股东不得取回或擅自使用,公司经营取得的利润归属于公司,未经法定的利润分配程序,股东不得擅自占有和使用。但需要注意的是,现实中许多创业公司,在老板(大股东)跟公司之间，往往会造成财产上的混同，比如公司有钱就拿走，公司没钱了就放进去，用个人卡收公司的货款，这种行为造成公司财产与股东财产混同、无法区分，后果如下：

第一个，引发股东矛盾，其他股东认为大股东是侵占公司财务或挪用公司款项，损害公司和他们的利益。

第二个，涉嫌刑事犯罪，股东随意拿走公司的钱，可能就会涉嫌两项犯罪。一个是职务侵占罪，另一个是挪用资金罪，真功夫的创始人蔡达标，判了14年，就涉嫌这两个罪名。

第三个，无法运用股权工具融资、融人。什么叫股权工具？就是股权激励、股权融资。如果资金投进来是混同的，投资者权益得不到保障，谁敢投？笔者2年前在一家公司给员工股权激励的时候，发现这家公司发展态势很好，但核心员工对参与股权激励就是犹犹豫豫的，想参与又有所顾忌。后来了解到，他们对公司的前景非常有信心，老板人也不错，他们同心协力好好干的话公司肯定也能干好，股权激励他们也很愿意参加，但就是有个问题，老板经常从公司随便拿钱，虽然大家相信老板的人品，肯定会还给公司，但他们真要投钱的话，总是感觉有风险，后来经过与老板沟通，老板作出承诺，对公司重新做清产核资，在某个时间节点，将哪些是自己的钱，哪些是公司的钱分清楚，以后该属于股东分红的就分走；股东向公司借款的就打借条；属于工资的部分，该拿就拿，把所有款项都记录清楚。

五、股东会、董事会、总经理之间如何有效制衡

公司治理结构，是指由所有者（股东）、董事会和高级管理人员（总经理）三者组成的一种组织结构。完善公司治理结构，就要明确划分股东、董事会、总经理各自的权力、责任和利益，从而形成三者之间的制衡

关系。

这种三角关系是基于两个法律关系：股东会与董事会之间的信任托管关系和董事会与总经理之间的委托代理关系。委托人和受托人之间的利益诉求有明显差异，其中，股东和董事（股东提名）的核心诉求基本是一致的，站在所有者角度考虑问题，追求的是公司资本的增值和利润的增加，而总经理最终关注的也是个人社会地位、声望、收入的增加。从某种角度上来说，总经理对股东和董事会而言是一种成本支出，这是一种根本上的矛盾，如何化解？除了常规的制度安排，最重要的就是对总经理进行股权激励，让总经理成为公司的合伙人，使之同股东、董事会真正形成利益共同体。

（一）如何协调董事长与总经理的关系

在现代公司的治理结构中，董事长应该重点关注公司的长远发展，提出战略规划。其主要职责是负责召集和主持董事会、对公司重大事项进行筹划和决策、对董事会决议的执行情况进行检查监督。总经理则负责公司日常的经营管理，执行董事会决议并向董事会汇报经营情况，接受董事会监督。

公司运营中，董事长位置感不强，导致董事长过多干预公司具体事务，给总经理的工作带来困扰，甚至造成矛盾冲突，对于这种可能发生的隐患，应在公司章程中作出明确规定，理顺两者关系，避免出现相互掣肘乃至内讧的现象。

因此，董事长和总经理要明确权责、各司其职、相互信任及良好沟通，董事长要给总经理足够的经营自主权，不应过多干预日常事务，否则不仅会增加沟通成本，也会削弱总经理的执行力，影响决策的效率。另外，总经理要积极主动地向董事会汇报工作，接受监督指导，不能只顾眼前业绩，而违背公司长期发展。

（二）如何界定公司重大事项

在相关法律规定和公司实际运作中，都会涉及公司重大事项的决策，但是具体的界定都比较模糊，在具体操作中，容易出现偏差和矛盾。如何界定企业重大事项，涉及股东会、董事会及总经理的权利界定，在公司实践中，通常将以下方面的事务视为公司重大事项：第一，公司战略规划；第二，公司重大投资项目；第三，公司年度预算；第四，公司大额资金的投入；第五，公司对外担保和大额贷款；第六，公司经营形式的改变和重组改制；第七，公司核心机构调整和重大人事任免；第八，公司利益分配。

（三）公司治理结构其他应关注的问题

1. 股东会是否可以随意解除董事？

可以。我国法律规定了董事职务的无因解除制度，也就是说，公司股东会可以通过有效决议，随时、无因解除非职工董事职务，不需要任何理由，不需要证明。

2. 股东会和董事会职权的调整和安排

董事会和股东会的职权范围有法定职权和公司章程规定两类，但无论是法定还是公司章程规定，都强调的是所行使的权利的范围，在没有法律明确禁止的情况下，股东可以通过公司章程调节股东会和董事会的权力边界。但需要注意的是，对于修改公司章程、增加或者减少注册资本的决议，以及公司合并、分立、解散的决议，改变公司经营形式的决议，有且只有公司股东会才有决定权，这是股东会的法定权利。若公司章程将股东会的法定权利规定由董事会行使，则违反了《公司法》强制性规定,该类条款一般无效。

3. 股东会是否可以直接行使董事会的权利?

不可以。公司是一个独立的运营主体,股东会和董事会行使职权相互独立,如果公司章程规定将一些经营管理权利授权董事会行使,就应该由董事会行使,如果股东对董事会的工作不满意,股东唯一的办法就是通过股东会修改公司章程增加股东会的职权范围或撤换不满意的董事,股东会不能自行开会决定某些董事会的权利归它行使。

4. 董事会是否可以随意解除总经理?

董事会决议解聘总经理职务,是公司章程规定董事会的职权范围,可以自己作出决定,自己评估解聘总经理对公司经营管理的影响,最后经营风险的结果由公司承担,我国《公司法》尊重公司自治,公司内部治理关系由公司自治机制调整,司法机关原则上不介入公司内部事务。

也就是说,公司的章程中未对董事会解聘总经理作出条件限制,也未规定董事会解聘经理必须有一定原因,只要公司的董事会在召集程序、表决方式、表决内容均符合法律及公司章程规定,则可以任意解聘总经理。

那么,换个角度而言,总经理在此种情形下应当如何救济呢?笔者提供以下几种方法作为参考:

(1)在公司章程中对总经理的解聘条件进行约定。例如,为了避免总经理在任期内被随意解聘,可以在公司章程中事先规定"经理任期届满前董事会不得随意更换,除非经理严重损害公司利益或者公司连续亏损满二年的",此外董事会就不得随意解聘总经理。

(2)如果总经理同为公司股东或董事,召开股东会或董事会没有按照规定履行程序,根据《公司法》第26条的相关规定,如果股东会、董事会的会议召集程序、表决方式违反法律、行政法规或者公司章程,或者决议内容违反公司章程的，股东可以自决议作出之日起 60 日内，请求人民法院撤销。因此，如果股东会或者董事会召集程序、表决方式不符合法律或公司章程规定，作为股东或董事的总经理可以起诉撤销决议。

（3）如果总经理系公司股东会或董事会对外聘用的职业经理人，与公司签订了劳动合同，那么即便是公司董事会决议解聘总经理职位，不代表一并解除劳动合同，因为如果两者之间劳动关系成立，公司需依据劳动法相关规定解除劳动合同，否则无理由解除劳动关系的，就是违法或违约解除，有支付高额赔偿金的风险。

第四节 / 公司控制权设计

现在大家都知道,创业有风险,投资需谨慎,所以在创业路上,很多人都拉上几个合伙人一起创业,以降低创业风险,一般都选择朋友、同学或战友作为自己的合伙人,但基于同学感情、面子、关系,通常都选择平分股权,比如两个人合伙的,按照50%∶50%或者51%∶49%的股权比例分配;三个人合伙的,按照33%∶33%∶34%或者30%∶30%∶40%的股权比例分配,以上股权结构看似非常平衡,实际缺少核心控制权,会在公司发展过程中产生一系列问题。

还有一种情况,有些初创企业股权上看似有核心股东,一股独大,但公司的实际运营并不掌握在大股东手里,逻辑思维当时申音占82.35%,是绝对大股东,而罗振宇仅占17.65%,却是自媒体明星,在逻辑思维的经营过程中,罗振宇的贡献大于申音,但罗振宇的股权比例还是按公司设立初期17.65%的持股比例,其心理失衡在所难免,这就是人性,最后双方散伙。

而且对于投资机构来讲,以上这些股权结构根本不适合投资,即使项目再好,当投资机构看到公司没有核心控制人的时候,也会三思后决定不投资了。

因此，股权架构的关键问题在于，创始人的股权架构如何设计。如果创始团队长期缺乏核心控制人，搞平均股权，会出现以下两个问题：

第一，股东贡献与收益不平等。有的股东能力强、全职上班一人撑起企业的整片天，有的股东兼职上班另外还领一份工资，三天打鱼两天晒网，还有的股东不上班坐在家里到年底数钱，长此以往，会造成股东心理不平衡。

第二，控制权问题，公司缺乏统一的声音。在公司准备决定重大决策时，如果没有核心股东一锤定音，有可能会导致股东之间互相扯皮，导致决策一直不能拍板，这对初创企业而言是致命的，会贻误发展良机。因此，企业要想合伙长久，必须保证创始人有控制权。

那么，什么是公司的控制权呢？我们所说的公司控制权就是对公司战略发展、重大决策和经营管理具有的话语权，进一步说就是对公司的重大决策、经营和管理追求长久和完全的控制。任何企业对创始人来说，拥有控制权往往比持有更多的股份还重要。

那么如何让创始人拥有控制权呢？笔者为大家介绍以下几种方法。

一、股权层面的控制权设计

（一）持有股权比例超过 67%

很多初创企业在起步阶段都需要稳定的成长和发展，所以为了维持公司的稳定，作为企业的创始人对公司需要有较强的控制力。而且为了保持这种控制权，大部分创始人会选择拥有企业的绝对控股权，即持股比例超过 67%。《公司法》第 66 条规定："股东会的议事方式和表决程序，除本法有规定的外，由公司章程规定。股东会议作出决议，应当经代表半数表决权的股东通过。股东会作出修改公司章程、增加或者减少注册资本的决议,以及公司合并、分立、解散或者变更公司形式的决议,应当经代表三分之二以上表决权的股东通过。"由此可见,如果公司章程没有另外的约定,拥有67%股权的股东就能说了算。

比如一家公司的两位股东——老王和老李,持股比例分别为70%和30%,双方约定股东会按出资比例行使表决权,股东会作出决策必须经出席会议的代表半数以上表决权的股东通过。这样看好像老王对公司拥有完全的控制权,如果当初制定公司章程的时候老李在公司章程中加了一条内容:"应当由董事会提请股东会做出决策的××事项,须经全体股东表决通过",这样的约定就会导致对于公司的某些特殊事项,如果没有老李的同意,即使老王持有超过67%的股权同样无法通过,老王并没有完全掌握公司的控制权。

(二)持有股权比例超过51%

持股51%以上67%以下的股东,拥有对公司的相对控制权。需要51%以上表决权比例通过的事项包括公司分红、选举董事、聘请会计师事务所、选聘总经理以及股权激励等事项。这些事项属于股东会的普通决议。需要注意的是,51%的持股比例只是一个"相对控股"的概念,根据《公司法》的相关规定,持股50%以上的股东属于控股股东,股东会绝大多数关系公司经营发展的重大职权都可以按控股股东的意志通过,但还是有少部分关系公司生死存亡的根本性职权受到限制,比如受限制的股东会职权有修改公司章程、增加注册资本、减少注册资本、公司合并、公司分立、公司解散和变更公司形式等。

(三)持有股权比例超过34%

持有股权比例超过34%的股东在公司股东会中具有防御性控制

权,股东会的大部分职权能否通过都无法控制,但修改公司章程、增加和减少注册资本、公司合并、分立、解散,变更公司经营形式,没有该股东同意无法通过。最重要的是股东会修改公司章程的职权,该股东不同意就无法按相对大股东的意志修改,致使相对大股东对于股东会职权的行使受到极大限制。

此外,股东也可以在股东协议和章程中对于某些特定权利设置"一票否决权"的限制性条款,这种限制是各方协商一致和出于各自利益需求相互妥协的结果,符合当时股东各方的真实意思表示,在不损害利益相关方、不违反公序良俗和法律强制性规定的情况下是有效力的。

（四）30%持股比例是上市公司股东要约收购分界线

法律规定通过证券交易所的证券交易,投资者持有或者通过协议、其他安排与他人共同持有一个上市公司已发行的股份达到30%时,如果继续进行收购,应当向上市公司所有股东发出收购上市公司全部或者部分股票的要约。

（五）20%,同业竞争警示线

20%的持股比例是重大同业竞争警示线。同业竞争,是指上市公司从事的业务与其控股股东控制的其他公司的业务相同或近似,双方可能构成直接或间接的竞争关系。在我国,一般认为如果一家股份有限公司持有其他公司20%以上股权,或可以对其他公司的经营决策施加重大影响,就会出现20%这个重大同业竞争警示线。

（六）10%,具有提出质询、调查、起诉、清算或解散的权利

如果股东拥有10%的股份,根据《公司法》的规定,代表公司1/10

以上表决权的股东可以提议召开临时会议。如果董事会或者监事会不允许,这些股东可自行召集。同时,该线又称解散公司线,合计10%以上享有表决权的股东,可以向法院提起诉讼,要求解散公司。因此,为了保障控股股东的控制权,员工股权激励最好做表决权与分红权分离的设计。

公司的实际管理依靠股东会、董事会等公司治理机构的有效运作。所以,当股东会、董事会出现矛盾时,就可能导致公司运营出现严重困难。为了打破股东僵局,维护股东的合法权益,《公司法》赋予股东自救的手段:只要股东单独或合计持有公司10%以上的股权,就可以向法院申请解散公司,防止公司和股东的损失进一步扩大。所以,如果是不参与公司运营的投资人,持股比例最好不要低于10%,否则很可能无法保障自己的投资权益。

(七)5%,重大股权变动警示线

重大股权变动警示线主要针对上市公司,不涉及初创企业,意思是说持股比例达到5%及以上,需向公司和证券交易所披露权益变动。这主要是《证券法》中针对上市公司收购的规定,投资者持有或者共同持有一个上市公司已发行的股份达到5%时,应当在该事实发生之日起3日内,向国务院证券监督管理机构、证券交易所作出书面报告,并通知该上市公司,并予公告;在上述期限内,不得再行买卖该上市公司的股票。投资者持有或者……共同持有一个上市公司已发行的股份达到5%后,其所持……股份比例每增加或者减少5%,应当依照前款规定进行报告和公告。在报告期限内和作出报告、公告后2日内,不得再行买卖该上市公司的股票。对上市公司而言,持股5%及以上的股东被视为公司关联方,其持股变化情况应及时公告、披露。同理,这种公告的效果对其继续收购上市公司股票将形成阻击,因为公告后股价通常上涨,继续增持的成本越来越高。

（八）1%，临时提案权

临时提案权，是指企业单独或者合计持有1%以上股权的股东，可以在股东会召开前10日提出临时提案，并提交董事会，目的是维护中小股东的利益。

根据《公司法》第115条的规定，股份有限公司单独或合计持股1%以上的股东，具有股东会临时提案权。具体如下：单独或者合计持有公司1%以上股份的股东，可以在股东会召开10日前提出临时提案并书面提交董事会……临时提案的内容应当属于股东会职权范围，并有明确议题和具体决议事项。临时提案权提高了股份有限公司小股东参与公司经营和监督的权利，小股东可以通过临时提案表达对公司管理的意见和建议，包括提名董事人选等，尽管相关提案未必能够通过审议和表决，但对保护小股东的利益有重要作用。

（九）1%，股东代位诉讼

当董事、监事、高级管理人员违法或违反公司章程规定给公司造成损失，公司利益受到他人侵害时，有限责任公司的股东、股份有限公司连续180日以上单独或者合计持有公司1%以上股份的股东有权向法院提起诉讼。因为很多公司存在大股东进行"明修栈道，暗度陈仓"的行为，侵占了公司的资源，所以赋予小股东这样的权利。

另外，需要注意的是，《公司法》设置代位诉讼权的初衷是保护公司和股东的利益，防止大股东作为公司的董监高损害公司利益或大股东知道董监高损害公司利益但出于自身考虑不去追究，所以赋予小股东的代位诉讼权。反过来，从大股东的角度来看，亦存在被个别小股东恶意利用的可能,如何界定公司利益受损？站在小股东的角度,他可能会认为公司的融资方案稀释了自己的股权,并给公司造成损失。但对于公司整体而言,融资方案是有助于公司快速发展的,如果该小股东行使自己的代位诉讼权将会干扰公司的正常经营。因此,公司在实施内部股权激励时,建议单一激励对象的持股比例不要超过公司总股本的1%,综合考虑各方利益,以限制其某些权利。

二、公司董事会层面的控制权设计

《公司法》第 73 条规定,"董事会的议事方式和表决程序,除本法有规定的外,由公司章程规定。董事会会议应当有过半数的董事出席方可举行。董事会作出决议,应当经全体董事的过半数通过。董事会决议的表决,应当一人一票。董事会应当对所议事项的决定作成会议记录,出席会议的董事应当在会议记录上签名"。

也就是说,要想在公司董事会层面增强话语权,控制较多的董事席位是非常重要的,因此需要慎重使用董事提名的权利。而且对于有限责任公司来说,法律法规对选任董事的规定是比较少的,可以根据公司实际情况,在不违反法律强制性规定的前提下设计规则。

公司董事会层面的控制权,是指对公司经营管理具有直接决定权的董事会的控制,具体包括对董事会组成人员的结构、董事的提名、选举和罢免、董事长的一票否决权、董事长和董事任职条件的设置、决定聘任和解聘总经理、法定代表人人选等一系列安排。

根据《公司法》规定,"董事会会议应有过半数的董事出席方可举行。董事会作出决议,必须经全体董事的过半数通过。董事会决议的表决,应当一人一票",因此,建议创始人及其团队在公司初创时期董事会的席位应超过 2/3,而随着后期不断融资董事的席位也不能低于 1/2,以保证创始人及其团队在董事会的决策权。

董事会层面的控制权,在股权相对分散或持股比例相对平均的公司中尤其重要,对公司的控制往往体现于对公司董事会的控制,如果公司召开股东会的次数很少,一年可能就一两次的定期会议,公司的重大经营决策基本通过董事会会议形成决议,所以,控制了董事会,也就控制了公司的重大经营管理权。在公司融资过程中,投资人的投资条件之一往往要求向公司提名董事,此时董事会的构成会发生变化,需要创始人格外关注公司章程规定董事会组成人员的条件设置。

（一）公司董事提名权、选举权和罢免权设计

选举董事是股东的一项重要权利,也是获得公司控制权的关键所在。选出代表自己利益的董事的前提是先有权提名董事,因为选举董事是决定这个人能否当选,而提名是决定谁来当董事。对于中小股东来说,借助董事提名权能够突破大股东控制董事会封锁线,选举代表自己利益的董事,因此公司章程设计中规定降低中小股东提名董事的难度,例如直接规定中小股东可以提名的人数,限制大股东提名、更换董事人数。对于控股股东来说,利用公司章程中的董事提名条款,能够有效提高投资方进入董事会的门槛,防止公司被恶意收购,因此,可以适当增加股东提名董事难度,使外来投资方即使拥有更多的股份,也难以在董事会中获得一席之地。

董事包括独立董事和非独立董事,要选举产生公司董事,首先需要提名候选人。《公司法》第 115 条第 2 款中规定,"单独或者合计持有公司百分之一以上股份的股东,可以在股东会议召开十日前提出临时提案并书面提交董事会;董事会应当在收到提案后二日内通知其他股东,并将该临时提案提交股东大会审议",本条规定间接赋予了股东对董事的

提名权,以临时提案的形式向股东大会行使提名或更换董事的权利。而对于独立董事提名也有专门的规范文件,《上市公司独立董事管理办法》第9条规定,"上市公司董事会、监事会、单独或者合计持有上市公司已发行股份百分之一以上的股东可以提出独立董事候选人,并经股东大会选举决定"。

在实务中,如果股东协议或公司章程中约定小股东拥有提名或指派董事和高级管理人员的权利,大股东企图通过公司决议的方式,剥夺小股东的该项权利,是一种滥用股东权利损害其他股东利益的行为。这种公司决议哪怕是以资本多数决的规则作出,但因为该决议内容违反法律法规或公司章程强制性规定而无效。

公司重大经营事项的决策通常由公司董事会进行决议,也就是说,控制董事的选举和罢免就是控制公司的经营决策,所以公司控制权之争也体现在董事的提名、选举和罢免上,为了保障创始人对在董事会层面的控制权,可以在章程中预设,对创始人股东以外股东的董事提名权进行限制,比如新股东在3年之内没有董事的提名权,新股东在一定时期内就很难插手公司的日常经营决策,很大程度减少恶意并购发生的概率。

(二)设置董事长的一票否决权

《公司法》规定董事会行使职权,应该召开董事会,"董事会会议应当有过半数的董事出席方可举行。董事会作出决议,应当经全体董事的过半数通过"。另外,还可以设定董事会某些经营事项董事长有一票否决权或某些经营事项由董事长单独作出决定。

(三)董事长和董事任职条件的设置

有限公司设立之初,公司的董事长和董事通常由公司创始人或其团队成员担任，为了保持公司经营管理的决策控制权不变，公司章程可以对董事长和董事的产生办法和任职条件作出规定，比如，可以规定必须由创始股东或某个股东提名的人员担任董事长；创始股东可以提名多名董事；董事的选举采取等额选举的方式。还可以规定董事长和董事的任职条件，如工作履历条件、学历条件、职称条件、是否拥有知识产权条件等，甚至可以在公司章程里直接写明董事和董事长的人选，来保持公司控制权的稳定。

（四）总经理的提名权和决定聘任和解聘

《公司法》第74条第1款规定，"有限责任公司可以设经理，由董事会决定聘任或者解聘"，经理对董事会负责，落实董事会的各项经营决议和对公司的日常经营管理，也是体现创始人对公司拥有控制权的重要方式之一，因此，公司章程可以规定董事长有提名经理的权利，以保证创始人对公司日常经营管理的控制。

（五）法定代表人的人选的确定

公司法定代表人，是指在法律和公司章程规定的职权范围内，代表公司行使职权的负责人。对外直接代表公司，其职务行为就是公司的行为，形成的法律后果也是由公司承担。很多公司初创时觉得股东之间的关系很好，公司法定代表人谁来当都可以，其实不然。因为公司法定代表人在商务合同或者相关法律文件上签字，就相当于授权人加盖公司公章的行为，就是公司行为，公司应当承担相应的法律后果。《公司法》规定，公司的法定代表人按照公司章程的规定，由代表公司执行公司事务的董事或者经理担任。公司变更法定代表人的，变更登记申请书由变更后的法定代表人签署。

如果法定代表人是执行公司事务的董事兼任的,由于执行公司事务的董事由股东会选举产生,需要召开股东会决定法定代表人人选。如果公司章程规定法定代表人由公司总经理担任,设立董事会的有限公司和股份公司的总经理则由董事会任免,此时,公司法定代表人人选则由公司董事会决定。所以,法定代表人的人选非常重要,建议一般情况下不要选择小股东提名的董事担任,要创始股东或者其指定的、信任的董事做法定代表人。这是一个涉及公司控制权的问题。

案例:公司法定代表人以虚假公章签订合同的,对公司有效。

现实情况中,有些公司会有意刻制两套甚至多套公章,或者有的法定代表人或者代理人私刻公章,在订立合同时恶意加盖非备案的公章或者假公章。后续发生纠纷后,公司以加盖的是假公章为由,否定合同效力。但在实践中,合同是否有效,取决于签约人在盖章的时候有没有代表权或者代理权。

如果是公司的法定代表人或其经授权的代理人在合同上盖上公司公章,这表明合同是以公司的名义签署的,如果公司事后以法定代表人失去代表权、使用伪造的印章,或者使用与备案印章不一致的印章为由来否定合同效力,公司主张不成立。如果法定代表人的职务行为造成他人损害的,还是先由公司承担责任,公司承担责任后,依照法律或者公司章程的规定,可以向有过错的法定代表人追偿。

另外,代理人在取得合法授权后,可以代表被代理人(公司)签署合同。在这种情况下,合同的法律责任通常由被代理人(公司)承担。如果被代理人(公司)后来以代理人失去代理权、使用伪造的印章,或者使用与备案印章不一致的印章为由来否定合同效力,被代理人(公司)的主张也是无效的。

综上所述,即使公司的印章是伪造的,只要签署合同的行为人具有代表权或代理权，如法定代表人在合同上签字的、代理人以代理人身份签字的、代理人尽管未签字，但能证明其以代表人身份参与对方进行磋商，且签订的合同能够体现公司的意思，公司应该承担合同履行责任。既然法定代表人或代理人能够代表公司并且都认可的合同，公司原本应该通过盖章来确认合同，但公司为了逃避未来可能面临的责任，故意加盖假章或不盖章。因此，即便是假章，也不影响公司承担责任。

三、公司经营管理层面的控制权设计

公司经营管理层面的控制权是指能够对公司实际运营和业务发展产生实质和重大影响的某些环节的实际控制，如对公司各类印章和证照的保管、对公司财务账册和资金的控制、对公司业务核心资源的控制、对知识产权使用权的控制等。

（一）对各类印章、营业执照的保管

一个公司的证照、印章非常重要，它不但涉及内部的权利分配，还涉及整个公司的法律风险，所以要加强管控。对于营业执照和印章的管控应该由公司章程作原则性的规定，然后由具体的规章制度管理，由哪个岗位来管控，岗位之间要有制约，谁决定用，谁具体操作，如何登记，如何监督，如何跟踪使用结果。

公司印章代表着公司的意志，即公司应对其出具加盖公司印章的各种文件、协议和通知予以遵守，并以公司法人自有财产为限承担民事责任。因此公司各类印章对公司来说至关重要。在制作印章时，通常需要提交公司的营业执照复印件和法定代表人的身份证复印件，并且必须选择经过公安机关许可的合法刻制企业，所以公司应该制定严格的各类印章和营业执照的管理制度，确保公章、财务专用章、合同专用

章以及营业执照等都在创始人的严格控制之下。

比如将财务专用章和公章、网络银行密码等按照管理权限不同,分人管理,避免出现一个人就能完成公司资金的划拨和支付情形,这种控制措施有助于确保公司的各种经营活动能够顺利进行,同时保护公司不受不必要的风险和损失。

以下这些情形对公司经营危害极大:

情形一:公司的法定代表人和公章的实际控制人非同一人。

以前是老板亲自当法定代表人,后来公司发生了偷税或重大安全责任事故的违法犯罪活动,法定代表人被抓去坐牢,尤其最近由于公司欠债不还,又发生了很多法定代表人被限制高消费,不能坐飞机和高铁又不能住星级酒店,所以现在有一些老板会让自己的司机或者自己身边比较亲密的亲戚朋友甚至保安来担任公司法定代表人,有些老板认为这样就万事大吉了,但是如果你的法定代表人不听话或法定代表人对外恶意签字损害公司利益了,怎么办?

一般而言,公司的法定代表人才是公司法定的诉讼代表人。一个人仅持有公章就能代表公司吗?不是的,有的人错误地认为只要加盖公章,公司就要认,其实还需要证明其代表公司意志的公司授权,公章是公司对外作出交易决定的重要外在表现形式,但法律并没有直接规定公章本身能够直接代表公司意志,持有公章是一种客观表现形式,某人持有公章的事实,只是反映公章持有人可能有权代表公司意志的一种表象,至于是否有授权能够真正代表公司,仍需进一步证明,最重要的是要看法定代表人是否有授权。如果说公司法定代表人明确反对,而且也告诉交易对方说公章持有人盖章的行为不代表我公司,那么这个时候这种盖章行为就不代表公司的行为,从这个角度来讲,你找个司机当公司的法定代表人,你是老板否定盖章行为,你的司机不否定,你的否定对外是无效的。

而法定代表人对外代表公司意志，其以公司名义作出的行为，在没有相反证据的情况下，一般应认为是公司的行为。

情形二：公司工商备案的公章与未备案公章发生冲突，或均未工商备案的公章之间发生冲突。

以公司法定代表人认可和确认的公章为准。因为公司法定代表人如前所述，即使没有公章，其本身就可以代表公司的行为。

当年真功夫"内乱"时，潘某一方就将公司的公章、财务专用章和付款密码由自己把控，而蔡某作为当时的公司董事长和法定代表人，以公司公章、财务章遗失为由通知四家银行冻结公司及下属公司账户并停止公司对外资金支付。

2020年4月26日，当当网的创始人李某进入"当当"办公区拿走47枚公章、财务章，并发布《告当当全体员工书》，宣布接管"当当"。事发后，当当网随即报警并声明称公司将不予承认相关公章、财务专用章在失控期间签订的任何书面文件的法律效力，相关印章即日作废。

"公章争夺战"屡见不鲜，那么公司创始人应该如何保障自身和公司的合法权益呢？

如果公司法定代表人不是"自己人"，那么必须召开股东会或董事会，把原来的法定代表人解除，任命新的法定代表人并办理变更登记，让原法定代表人交出公司公章和营业执照等印照，如果原法定代表人不返还，则以起诉的方式，新法定代表人在诉状中签字的形式代表公司作为原告，以原法定代表人为被告，提起证照印章返还诉讼，要求其返还公司的营业执照和印章，或者直接宣告原证照印章遗失重新办理和刻制证照和印章。

（二）对公司财务和资金的控制

对企业的财务和资金的控制是公司运营管理的核心要素，是对经营计划、产品研发、资产配置、生产流程、销售收入等方面的整体协调。公司财务不仅关系运营的方向和落地实施，更牵涉产品创新的资金支持，以及保障公司资产的有效运用，进而影响销售收入和利润的增长。因此，公司的创始人必须深刻理解和把握公司的财务状况，科学合理地管理公司的财务和资金流向，实现公司经营目标，增强公司的经济效益。

对于公司基本存款账户的管理，存在多个维度确保对资金的控制，其中包括支票、密码以及两种印鉴，一种是财务专用章，另一种是法定代表人印章，共同构成了对一个账户的至少四重管控措施。如果是网上银行，根据不同的银行还有不同的管控措施，有U盾和密码器管理，经办人、授权人的确认。总体来说，公司的资金管理需要分工明确，不应将所有元素的控制权集中在一个岗位，追求简单粗暴而忽略经营风险。

（三）控制公司的客户资源

公司业务的核心资源是经销商、供应商和重大客户等，这些资源能够使公司产品迅速占领市场和持续增加市场占有率，为企业带来源源不断的销售收入和利润收入。经销商和供应商是否稳定在一定程度上决定企业的存亡，因此公司创始人如果能够代表公司与供应商、经销商建立紧密的联系，相当于把上游与下游资源掌握在自己手中，就控制了公司经营管理的业务资源。

（四）对公司知识产权的控制

科技企业的关键资源就是知识产权资产，包括专利、商标、独特技术、经营数据、源代码、域名和在线账户等。这些要素构成了公司成功的基石，决定了公司的运营和未来发展。创始人通过有效地管理和维护这些核心资产，能够确保公司的可持续发展和持久繁荣。

四、一致行动协议设计

根据证监会《上市公司收购管理办法》的规定，一致行动是指投资者通过协议、其他安排，与其他投资者共同扩大其所能够支配的一个上市公司表决权数量的行为或者事实。在上市公司的收购及相关股份权益变动活动中有一致行动情形的投资者，互为一致行动人。

由此可见，公司股东签署一致行动人协议，相当于建立了一个超脱于股东会的小股东会，特别是在中国的A股市场，一致行动对于维护公司的控制权起着十分重要的作用。上市公司的股东因为各种各样的情况可能被认定为一致行动人，如投资者之间有股权控制关系、受同一主体控制、存在合伙、合作、联营或者其他经济利益关系、亲属关系、关联关系等。比如德邦物流的实际控制人崔维星与他的妻子薛霞以及弟弟崔维刚，基于亲属关系，被自动认定为一致行动人。

签订一致行动协议，能够打破公司治理僵局。因为在公司运营的过程中，有些平均股权结构会导致公司重大决策陷入僵局，导致公司丧失市场机会，此时需要一个声音来进行决策。比如初创企业引入财务投资人或者战略投资人，导致创始人的股权被稀释，低于相对控制权比例，为了进一步掌握控制权，原创始人签订一致行动协议，或要求新的投资人签署一致行动协议，从而让表决权不被稀释。

一致行动协议的核心条款就是各方在股东会、董事会或公司日常经营管理上应当有相同的意思表示，如果各方意思表示不能一致，就以某一方的决定作为共同决定。一致行动人也可以约定部分行动一致，因为有些股东在平时各怀鬼胎、明争暗斗，想让他们完全统一意志根本不可能，那就在公司面临重大决策之际，团结大多数，在某些重大事项上意思一致，比如在引入投资人的时候，原创始人面临控制权的失去危机，原股东意思一致，一致对抗财务投资人，还可以约定由能力强的小股东主导，因为一致行动的目的在于增加控制权保护股东利益，所以无论是大股东还是小股东只要为了大家好并且能力强，都可以成为公司一锤定音的人。

对于有限责任公司来说，签订一致行动协议的股东，只需要不违反法律、法规强制性规定，只要是大家的真实想法即可。签署这个协议的股东不用告诉其他股东。但对于上市公司，无论是主板上市还是新三板企业挂牌，均需要详细披露公司的实际控制人，并明确控制权的稳定性，所以一致行动协议必须披露。

签订一致行动协议的股东应约定清晰的一致行动事项，一致行动事项一般包括股东会投票权、召集权、提案权，董事会、监事会候选人提名权等，约定的越细致，后续产生纠纷的概率就越小。不仅可以约定积极事项，还可以约定消极事项，如不得向其他方转让股权、不得进行股权代持、不得进行投票权委托等。

一致行动的缺点：

1.一致行动人协议是有期限的。

一致行动协议一般都是有期限的，在期限届满后，协议将会失效。例如，万达信息发布的公告称，2018年5月8日，陈杰先生、陈耀远女士、王淑玉女士签署一致行动人协议，约定签署日后各方成为万达信息一致行动人，有效期为1年，截至2019年5月8日，有效期届满，各方经协商不再签一致行动人协议，正式解除了一致行动关系。

2. 一致行动人协议可能会被解除或者撤销。

既然是股东之间自由约定的协议，就会有解除条款，或被股东违约解除，缺乏稳定性。例如，千山机药发布的公告称，公司的股东刘祥华、钟波等人，于 2019 年 4 月 15 日签署了解除一致行动人协议，确定解除一致行动关系，本次一致行动关系解除后，公司将处于无实际控制人的状态。

3. 一致行动协议效力不及于第三方。

一致行动人协议的效力仅对签约的双方或者多方有效，对第三方没有任何的法律效力，除非第三方进行了追认。举个小例子，签署一致行动的小股东甲意外去世了，此时股权被甲的儿子继承，其他签署人想要维持一致行动，必须与股东甲的儿子重新签署一致行动人协议，否则无效。还有一种情况，上市后，小股东的股份解禁后自由买卖，一致行动协议将无法对购买股票的一方具有约束力。

以下为一份一致行动人协议范本，供各位企业家参考：

协议范本 6：

一致行动人协议

甲方：

身份证 / 统一社会信用代码：

乙方：

身份证 / 统一社会信用代码：

本协议各方经平等自愿协商，根据《中华人民共和国民法典》《中华人民共和国公司法》及相关法律法规，就一致行动事宜，签订本协议以共同遵守。

1. 一致行动事项

1.1 本协议签署之日，×××有限公司（统一社会信用代码：×××）（以下简称目标公司）的股权结构如下：

公司股权结构如下：

股东	出资比例	认缴出资	认缴出资日期
合计			

1.2 各方均认可自目标公司成立至今所形成的事实上的一致行动关系的真实性、有效性，均认为该事实上的一致行动关系保障了目标公司控制权的稳定性，且该行为未影响目标公司治理的规范性和有效性。鉴于此，各方同意根据《中华人民共和国公司法》等有关法律、法规、规范性文件及目标公司的公司章程（包括对其的不时修订，以下简称《公司章程》）的规定，对目标公司的决策及经营管理的重大事项采取一致行动，该等事项包括但不限于：

（1）决定公司的经营方针和投资计划；

（2）选举和更换非由职工代表担任的董事、监事，决定有关董事、监事的报酬事项；

（3）审议董事会的报告；

（4）审议监事会的报告；

（5）审议公司年度财务预算方案、决算方案；

（6）审议公司利润分配方案和弥补亏损方案；

（7）增加或者减少注册资本；

（8）发行公司债券；

（9）合并、分立、解散、清算或者变更公司形式；

（10）修改公司章程及主要公司治理制度；

（11）聘用、解聘会计师事务所；

（12）有关法律或《公司章程》规定需由公司股东会审议的提供担保、购买、出售重大资产、关联交易等重大交易事项；

（13）变更募集资金用途；

（14）实施股权激励计划；

（15）召集临时股东会；

（16）共同提案；

（17）法律、行政法规、部门规章及《公司章程》规定应当由股东会决定的其他事项。

1.3 经各方合计拥有的目标公司表决权的过半数表决权同意的，可通过签订书面补充协议方式另行增加一致行动事项；反对或弃权的表决权持有或控制方应配合书面补充协议的签订，不予配合的，其余各方签订书面补充协议后向其发送通知，自通知发出之日起补充协议内容对其具有同等法律约束力；但非经各方一致同意，不得删减、废止一致行动事项。

2．一致行动期限

2.1 一致行动期限为：本协议签订之日起 × 年。

2.2 各方在上述期限内应按本协议约定采取一致行动。

2.3 各方应于本协议期满前 1 个月内协商确定是否继续签订一致行动协议。

3．一致行动的实现

3.1 一般规定

在对目标公司进行决策及经营管理过程中，凡涉及一致行动事项时，各方应与甲方意见一致，以保证各方在股东会的表决过程中作出相同的意思表示。

3.2 关于召集权的行使

任何一方拟提议召开临时股东会的，应当事先就召集情况特别是拟审议的事项与其他各方进行充分沟通和交流,在不违反法律法规、《公司章程》规定的前提下,经各方合计拥有或控制的目标公司表决权中的半数以上表决权同意的,方可实施。如果各方未能达成一致表决意见,应当按照甲方表决意见为准。

3.3 关于提案权的行使

任何一方拟向目标公司股东会提出应当由股东会审议的议案的,应当事先就该事项与其他各方进行充分沟通和交流,在不违反法律法规、《公司章程》规定的前提下,经各方合计拥有或控制的目标公司表决权中的半数以上表决权同意的,方可将该议案提交股东会审议。如果各方未能达成一致表决意见,应当按照甲方表决意见为准。

3.4 关于表决权的行使

目标公司发出股东会会议通知后,各方应当及时就拟审议的议案进行充分沟通和交流,并最晚于股东会召开前1日形成共同的表决意见;如果各方未能达成一致表决意见,应当按照甲方表决意见为准。

3.5 关于亲自出席与委托出席

在本协议有效期内,任何一方不能亲自出席股东会的,应当书面委托甲方代为出席股东会并行使表决权;若协议各方均不能亲自出席股东会的,应当在形成一致表决意见后,共同书面委托甲方指定的第三方代为出席会议并行使表决权。委托书应当明确以各方达成的一致表决意见作为委托表决意见。如果各方未能达成一致表决意见,应当按照甲方表决意见为准。

4. 一致行动的保证

4.1 各方承诺,在其拥有或控制目标公司表决权期间(无论表决权数量多少),将确保其(包括其代理人)全面履行本协议的各项义务。

4.2 在本协议有效期内,任何一方拟进行股权转让、股权质押或其他可能导致其直接或间接持有的目标公司股权或者表决权发生变动的,应当至少提前30日书面通知其他各方;进行股权转让的,同等条件下,其他各方有优先购买权;两个以上其他各方主张行使优先购买权的,按照持股比例确定各自受让股权数量。

4.3 在本协议有效期内，未经各方书面一致同意，任何一方均不得通过协议、授权或其他方式委托任何第三方代为持有所直接或间接拥有的目标公司的股权，或者将该等股权的表决权委托给第三方行使。

4.4 各方承诺，任何一方均不得与第三方签订与本协议内容相同、近似的协议或合同。

4.5 协议任何一方均不得单方解除或撤销本协议。

5.保密

5.1 合同各方保证对在讨论、签订、履行本合同过程中所获悉的属于其他方的且无法自公开渠道获得的文件及资料(包括但不限于商业秘密、公司计划、运营活动、财务信息、技术信息、经营信息及其他商业秘密)予以保密。未经该资料和文件的原提供方同意，其他方不得向任何第三方泄露该商业秘密的全部或部分内容。

上述保密义务，在本合同终止或解除之后仍需履行。

5.2 本合同关于对保密信息的保护不适用于以下情形：

(1)保密信息在披露给接收方之前，已经公开或能从公开领域获得。

(2)在本合同约定的保密义务未被违反的前提下，保密信息已经公开或能从公开领域获得。

(3)接收方应法院或其它法律、行政管理部门要求披露保密信息(通过询问、要求资料或文件、传唤、民事或刑事调查或其他程序)。当出现此种情况时，接收方应及时通知提供方并作出必要说明，同时给予提供方合理的机会对披露内容和范围进行审阅，并允许提供方就该程序提出异议或寻求必要的救济。

(4)由于法定不可抗力因素，导致不能履行或不能完全履行本合同确定的保密义务时，甲乙双方相互不承担违约责任；在不可抗力影响消除后的合理时间内，一方或双方应当继续履行本协议。在上述情况发生时，接收方应在合理时间内向提供方发出通知，同时应当提供有效证据予以说明。

6.违约责任

6.1 本协议约定的一致行动期限内,各方均应当严格遵守本协议项下的义务,按照本协议的约定行事。任何一方作出违背本协议约定的行为,或者单方退出一致行动,应当分别向其他方各支付人民币(大写)×××元(¥×××元)的违约金,同时赔偿因此给其他方造成的损失。

6.2 各方应承担的违约责任不因本协议的终止或解除而免除。

7.合同送达方式

7.1 为更好地履行本协议,各方提供如下通知方式:

(1)甲方接收通知方式

联系人:_____

地址:_____

手机:_____

(2)乙方接收通知方式

联系人:_____

地址:_____

手机:_____

7.2 各方应以书面快递方式向其他方上述地址发送相关通知。接收通知方拒收、无人接收或未查阅的,不影响通知送达的有效性。

7.3 上述地址同时作为有效司法送达地址。

7.4 一方变更接收通知方式的,应以书面形式向对方确认变更,否则视为未变更。

8.争议解决

因本协议引起或有关的任何争议,由合同各方协商解决,也可由有关部门调解。协商或调解不成的,应向目标公司住所地有管辖权的人民法院起诉。

9.附则

9.1 本合同一式二份,合同双方各执一份。各份合同文本具有同等法律效力。

9.2 本合同未尽事宜，双方应另行协商并签订补充协议。

9.3 本合同经各方签名或盖章后生效。

（以下无合同正文）

签订时间：　　　年　　　月　　　日

甲方（签章）：

乙方（签章）：

五、有限合伙企业持股平台设计

持股平台，顾名思义是一个专门用于持股的主体，不对外进行经营，唯一的目的就是持股。持股平台可以是有限责任公司、有限合伙企业，不同类型持股平台的结果也是不同的，下面就进行对比：

有限公司作为持股平台，它最多可以装 50 名合伙人，但是有限公司有个缺点就是它要建立公司治理机制，要有公司章程，依法成立股东会、董事会、监事会，进行控制权设计，有限合伙企业作为持股平台，最多也容 50 名合伙人，但是它最大的特点就是非常灵活，没有公司治理机制，没有公司章程，不用成立股东会、董事会和监事会，有限合伙企业的管理由有限合伙企业的普通合伙人担任，有限合伙企业的经营决策都要由他一个人作出决定，所以大部分企业都选择有限合伙企业作为持股平台。

有限合伙企业从结构上讲分为普通合伙人，也就是我们俗称的 GP，以及有限合伙人也就是我们俗称的 LP。根据《合伙企业法》的规定，普通合伙人 GP 执行合伙事务，承担有限合伙企业的管理职责；而有限合伙人 LP 只是财务出资人，不能参与企业的运营。只要我们把公司的创始人设置为普通合伙人GP,把其他财务投资人设置为有限合伙人LP,就能保证创始人对企业的控制权。比如马云就是用这种方式进行控制蚂蚁金服万亿资产的,但要注意一点,GP与LP在合伙企业中承担的责任是完全不一样的,有限合伙企业中的普通合伙人GP承担的是无限连带责任,而有限合伙人LP是以出资为限承担的有限责任。

那么有的人就会问,无限连带责任会把家底赔得一干二净,我既想控制合伙企业,又不想承担无限连带责任,可不可以？这是可以做到的,《合伙企业法》中并没有规定普通合伙人必须是自然人来担任,那么我们可以成立一家有限公司作为法人合伙人担任这个普通合伙人GP。如果合伙企业出现债务危机,要求普通合伙人GP承担无限连带责任,但这个普通合伙人GP仅仅是一家有限责任公司,以自有资产承担有限责任,股东以出资额为限对公司承担责任。所以,通过设置有限责任公司作为普通合伙人GP的方式,可以建立起一道风险隔离的防火墙,规避普通合伙人的无限责任,把无限责任有限化,而对于有限合伙人LP,因为它是以出资额为限对有限合伙企业承担有限责任,没有必要进行风险隔离设置了。

接下来我们来看有限合伙企业的经典股权架构——蚂蚁金服。蚂蚁金服全称是蚂蚁科技集团股份有限公司,名下的品牌非常多,如支付宝、余额宝、蚂蚁花呗、蚂蚁借呗、蚂蚁森林等。凡是与钱有关的问题,蚂蚁金服几乎都能解决。而蚂蚁金服堪称有限合伙持股平台控制权设计的经典范例,马云通过设置一系列有限合伙企业,实现了对蚂蚁金服的绝对控制,接下来我就一步一步剖析蚂蚁金服的股权架构。

首先,蚂蚁金服有23个股东。这里面既有高管的持股平台,也有国有资本,还有私募基金,你仔细一看,里面好像没有马云的身影。但我们发现,蚂蚁金服的大股东叫作杭州君瀚合伙,这里面有马云的身影,他出资 2000 万元,成为杭州君瀚合伙的有限合伙人 LP,出资比例为 1.88%。但上面讲了,有限合伙人只出钱并不参与企业运营,他不能控制公司。到目前这个层面,我们仍未能清楚马云是如何掌控蚂蚁金服的,因此我们继续向上穿透可以看到,杭州君瀚合伙唯一的普通合伙人叫作云铂公司,再向上穿透,该公司控股股东就是马云,注册资本为 1010 万元,实缴了 10 万元。另外,我们发现蚂蚁金服的另一股东杭州君澳合伙的 GP 也是云铂公司。杭州君翰合伙和杭州君澳合伙合计持股比例超过 50%,这两个有限合伙企业的实际控制人都是云铂公司,而云铂公司实际控制人都是马云。至此,蚂蚁金服的控制权设计就是马云通过控制云铂公司,云铂公司控制杭州君瀚、杭州君澳两个合伙企业,杭州君瀚、杭州君澳合伙企业控制了蚂蚁金服。最后,马云用了不到 1100 万元的资金就控制了一个价值万亿市值的金融公司,不得不说这种设置非常巧妙(见图 4-6)。

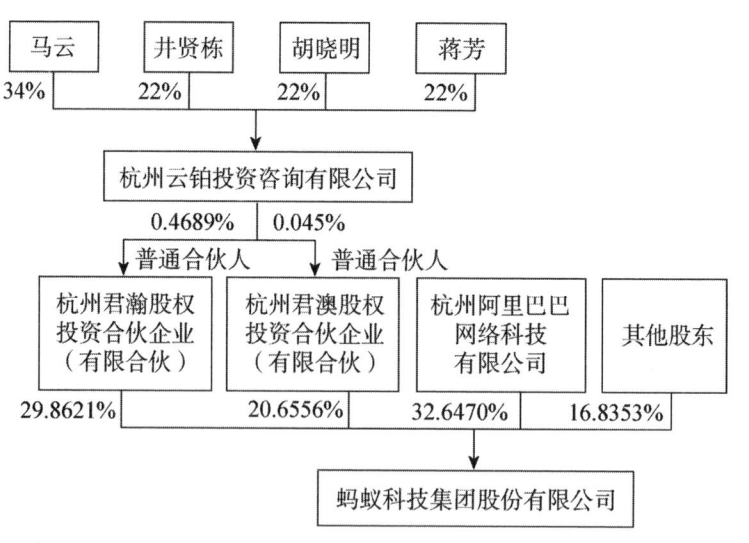

图 4-6　蚂蚁集团上市前股权结构(源自招股说明书)

为什么马云不直接控制杭州君瀚、杭州君澳两个合伙企业,而是先注册了一个叫云铂的有限责任公司,然后让云铂公司成为普通合伙人GP进行控制?原因有以下三点:

第一,设置风险防火墙。这是我们上面讲到的,普通合伙人要对合伙企业的债务承担无限连带责任,马云设置云铂公司作为普通合伙人GP,仅需承担云铂公司的有限责任,而无须承担杭州君瀚、杭州君澳合伙企业的无限连带责任,这样就隔离了马云对杭州君瀚、杭州君澳合伙企业的连带责任。

第二,灵活调整。因为我国法律规定,有限合伙企业一个人不能既为普通合伙人,又为有限合伙人。但马云通过设置云铂公司做普通合伙人,自己仍可以继续做合伙企业的有限合伙人。

第三,方便蚂蚁金服更换实际控制人。如果未来更换蚂蚁金服的实际控制人,不必修改和重新签订合伙企业的合伙协议,仅需更换云铂公司的股东即可。

六、同股不同权设计

《公司法》第65条规定,"股东会会议由股东按照出资比例行使表决权;但是,公司章程另有规定的除外"。同股不同权,简单来说,就是通过公司章程、股东合作协议约定拥有同一份额股权的股东拥有不同份额的表决权。这种设计可以让出资比例相对小的但能力强、德高望重的股东能够实现对公司的控制权,这种安排实际就是其他股东让渡表决权给能力强、德高望重的创始人股东来控制公司,保证公司在经营管理中快速形成决策,占领市场,保障公司利润最大化,股东收益最大化。

另外，同股不同权设计就是资本市场的 AB 股制度，在股票发行的时候，将股权分为 A 股和 B 股两种不同的类型，对外部投资者发行 A 股，企业管理层则持有 B 股。在投票权方面，A 序列普通股每股只有 1 票的投票权，而 B 序列普通股则每股享有多票的投票权（通常为 10 票）。

2020 年 1 月 20 日，优刻得科技股份有限公司在上交所科创板正式挂牌上市（证券代码：688158），成为国内第一家 AB 股上市公司。

目前《上海证券交易所科创板股票上市规则（2023 年 8 月修订）》（上证发〔2023〕128 号）第四章"内部治理"之第五节"表决权差异安排"对"AB 股"公司在科创板上市的审核要求作出了具体规定，规定发行人首次公开发行并上市前设置表决权差异安排的，应当经出席股东大会的股东所持 2/3 以上的表决权通过。持有特别表决权股份的股东应当为对上市公司发展或者业务增长作出重大贡献，并且在公司上市前及上市后持续担任公司董事的人员或者该等人员实际控制的持股主体。持有特别表决权股份的股东在上市公司中拥有权益的股份合计应当达到公司全部已发行有表决权股份 10% 以上，上市公司章程应当规定每份特别表决权股份的表决权数量，每份特别表决权股份的表决权数量应当相同，且不得超过每份普通股份的表决权数量的 10 倍。除公司章程规定的表决权差异外，普通股份与特别表决权股份具有的其他股东权利应当完全相同。

总体而言，上市规则规定的科创板上市公司表决权差异化安排就是为了使市值高并且营业收入比较好的成长型企业，实现上市融资，并且保持创始人团队公司控制权而设计的，我国原来对于股份有限公司的设计是不承认这种表决权的差异化安排，一直是同股同权，但这次科创板上市规则做了大胆探索，是为了让一些优质的技术领先的科技创新型企业在国内落地生根,因此,借鉴了国外成熟资本市场的经验,给达到一定规模的拟在科创板上市企业开了一个口子,可以做表决权差异安排,但是有条件的:要求市值及财务指标应当至少符合下列标准中的一项:预计市值不低于人民币100亿元;预计市值不低于人民币50亿元,且最近一年营业收入不低于人民币5亿元。

科创板上市规则还规定发行人在首次公开发行并上市前不具有表决权差异安排条件的,在上市后亦不得以任何方式设置此类安排,意思是刚上市时不够条件做表决权差异安排的,上市以后达到条件也不可以进行这样的安排。

因为各位股东的需求目标是不一样的。有的股东是财务投资人,纯粹就是为了获利,有没有表决权或者投票权跟自己的利害关系不大,而有的股东是为了产业的布局或者公司的发展,对公司的控制权也有较高的需求。比如公司的创始人一点一点努力把三五人的小公司做到了上市公司,希望自己一直保持着公司的话语权。

AB股制度就是利用同股不同权的方式,让持股较少的股东拥有较多的投票权,从而控制整个公司。因为伴随企业的发展,有越来越多投资人的加入,公司管理层的股份虽然被不断稀释,但控制权并没有过多减弱,管理层依然可以牢牢掌握公司的控制权。

[案例]

根据美国证监会的披露,京东2019年提交的20-F文件显示,截至2019年2月28日,京东的第一大股东是腾讯公司,持股比例为17.8%。刘强东作为京东的CEO,仅持股15.4%,为第二大股东。第三大股东是沃尔玛,持股比例为9.9%。但京东股东的股权比例和投票权比例相差非常大,虽然刘强东只有15.4%的股份,但他持有京东78.4%的投票权,这是一个非常高的比例。再看一下,腾讯虽然是京东的第一大股东,但它的投票权仅为4.5%。而第三大股东沃尔玛就更少了,投票权只有2.5%。为什么刘强东的股权比例仅排第二,却拥有这么多投票权呢?我们可以通过这份公开的20-F文件看到,京东公司的股票分为A类普通股和B类普通股。A类普通股每股享有一个投票权,而B类普通股每股享有20个投票权,1∶20的关系。京东公司向投资人发行的都是A类普通股,而刘强东持有的却是B类普通股。我们可以简单计算一下,15.4×20就是刘强东享有的投票权比例,而剩下的100-15.4就是其他投资人享有的持股比例,通过计算可以得知,刘强东的投票权比例为 $\frac{15.4\times20}{15.4\times20+100-15.4}$ =78.4%。虽然刘强东的股份仅有15.4%,但他拥有京东78.4%的投票权就可以完全掌握京东公司。刘强东也有一句非常著名的话:如果不能控制这家企业,我宁愿把它卖掉。这也显示了公司的创始人是多么看重公司的控制权,试想如果没有AB股制度保障公司的控制权,刘强东或许难以力排众议发展京东的物流,没有京东物流也就不可能会有现在京东的辉煌,而京东正是有现在这样的优势,才能与天猫、淘宝抗衡。

七、投票权委托

投票权委托,是指公司的股东通过协议的约定,在股东会召开之前,将其投票权委托给出席股东会的其他人来行使。股东委托投票制度本质上是针对上市公司的小股东专门设计的一条制度,也是一项非常有效的外部治理制度,这项制度适用的假设前提是股权的高度分散。通过委托投票,可以将小股东的投票权集中起来,从而有效地影响公司决策,对大股东、董事会、监事会和经理人进行制约。

投票权委托的公司法理论基础是股权中的表决权可以分离行使。从控制权角度来看,对任何公司的控制均必须最终捆绑到表决权的控制上,否则所谓的股权控制并不具有真正的价值,或并非真正意义上的股权控制。我们在进行投票权委托时，应当注意以下问题：第一，关于投票权委托的约定要明确具体，比如我们可以这样约定：不可撤销的、不设限制的及无偿的将 x% 股份的全部投票权授予某公司或某人行使，并确认某公司或某人可随其意愿自由行使该投票权。这样就给受托人未来行使这部分表决权留下了很好的操作空间。

第二，要对委托人转让股权进行限制。委托人将投票权委托行使的前提是合法且无任何权利限制拥有全部股权对应的投票权，如果委托人将股权全部转让给他人，基于合同的相对性，如果新股东没有义务遵守委托人和被委托人的约定，从而会导致受托人的初始目的落空。因此，在投票权委托协议中也要对委托人的转让股权行为进行符合法律的约定限制，如转让数量限制、优先购买权限制等。

第三，为了进一步保证委托投票的效果，可以将双方的约定比例写入章程。由于章程是公司内效力最高的法律文件，所有股东都要遵守，这样也会进一步保证被委托人对投票权的牢牢控制。

八、金字塔结构设计

多层级股权架构，俗称金字塔架构。金字塔架构是一种形象的比喻，是指整个相互关联的公司的股权结构像金字塔层层叠加，公司实际控制人控制第一层公司，第一层公司控制第二层公司，以此类推，最终通过多个层次的公司控制链条，实现对目标公司的控制权。在实务中，这是一种非常高效的融资工具。因为可以使用最少的钱，控制最多的公司，但对于中小股东而言，这也是大股东黑小股东常见的手段。

那金字塔股权架构是如何搭建的呢？举个小例子：

张三想成立一家甲公司，注册资金1000万元，而他想占有公司51%的股份。问题来了，他需要出资多少呢？正常情况下，他需要出资510万元,但如果采用金字塔架构,张三仅需出资132.7万元,便可取得该公司的控制权。我们来看一下他是怎么做到的。甲公司注册资金1000万元,B公司注册资金510万元,占有甲公司51%的股权,A公司注册资金260.1万元,占有B公司51%的股权,而张三出资132.7万元,占有A公司51%的股权。就是这样,通过金字塔股权架构张三出资132.7万元,便拥有了目标公司即甲公司51%的控制权(见图4-7)。这里就要引入另一个概念,就是现金流权。现金流权是指按照股权比例拥有该公司的财产分红权。比如上面的案例,张三的现金流权为13.27%,意思是说,张三出资132.7万元实际能取得甲公司13.27%的分红权。我们反过来看,张三出资132.7万元,却能控制甲公司51%的股权是不是两者有差额。而两者的差额就是实际控制人获取的利益,差额越大,实际控制人利益越多。因此,这种金字塔股权架构的核心在于,保证现金流权的前提下,最大化地获取公司的控制权。反过来说,保证公司控制权的前提下,越多的层级,越小的现金流权,实际控制人利益越多。试想,注册金额1亿元的企业,架设10层需要出资多少钱呢?答案是12万元。

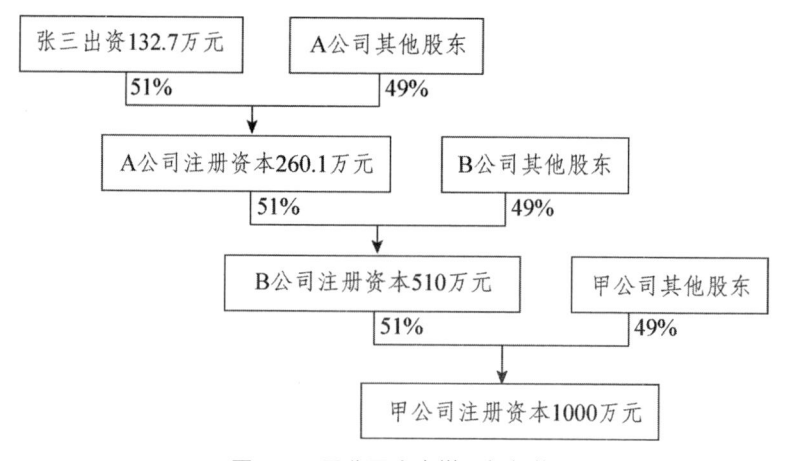

```
    ┌──────────────────┐      ┌──────────────────┐
    │ 张三出资132.7万元 │      │   A公司其他股东   │
    └────────┬─────────┘      └────────┬─────────┘
           51%                       49%
             └──────────┬──────────────┘
                        ▼
    ┌──────────────────────────┐      ┌──────────────────┐
    │ A公司注册资本260.1万元     │      │   B公司其他股东   │
    └────────────┬─────────────┘      └────────┬─────────┘
               51%                            49%
                 └──────────────┬──────────────┘
                                ▼
    ┌──────────────────────────┐      ┌──────────────────┐
    │  B公司注册资本510万元      │      │   甲公司其他股东  │
    └────────────┬─────────────┘      └────────┬─────────┘
               51%                            49%
                 └──────────────┬──────────────┘
                                ▼
                ┌──────────────────────────┐
                │  甲公司注册资本1000万元    │
                └──────────────────────────┘
```

图4-7 甲公司金字塔股权架构

我们再来看实务中的一个案例:

天士力集团的金字塔架构。我们可以看到,阎家父子二人最终控制权为 45.57%,控制了天士力医药集团股份有限公司,这也是一家上市公司。其现金流权为 12.78%,仅用了 12.78% 的现金流权便能控制天士力上市公司 45.57% 的股权(见图 4-8)。

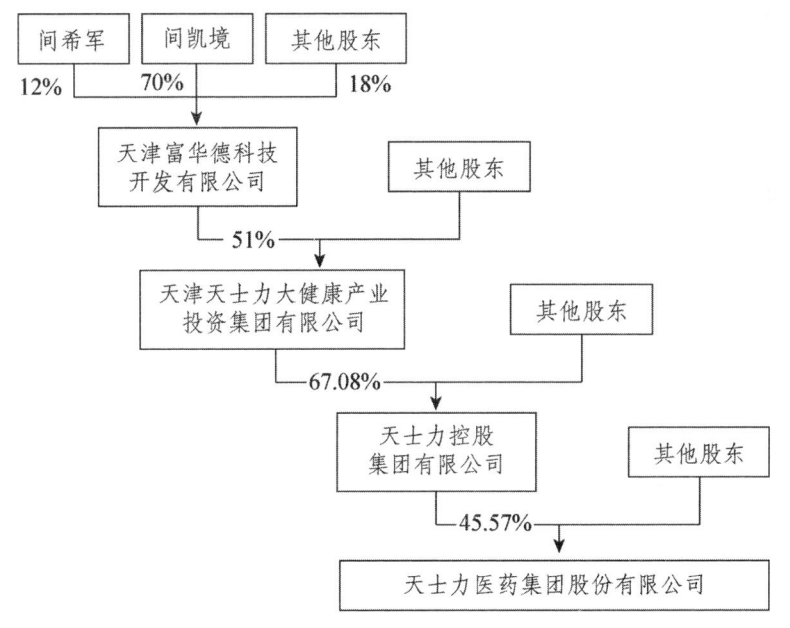

```
  阎希军      阎凯境      其他股东
    12%        70%         18%
         ↓
   天津富华德科技       其他股东
    开发有限公司
         └── 51% ──┐
                   ↓
   天津天士力大健康产业      其他股东
      投资集团有限公司
         └── 67.08% ──┐
                      ↓
        天士力控股            其他股东
        集团有限公司
         └── 45.57% ──┐
                      ↓
        天士力医药集团股份有限公司
```

图 4-8 天士力公司金字塔股权架构

金字塔架构有什么好处呢?

第一,便于融资。就像上述案例天士力上市公司一样,上一层是集团控股的公司,如果这时天士力上市公司想要融资,完全可以用集团控股公司进行担保。因为有的时候,集团控股公司实力比下属上市公司还要强大。这样可以大大提高融资的效率,降低融资的成本。

第二,增加杠杆。金字塔股权架构的最大好处在于,拥有放大资金的效应。处于金字塔顶端的控股股东,可以利用少量的资金控制大量的外部资源。金字塔的链条越长，层级越多，控股股东用同样的资金，控制的资产规模就会越大，从而起到了四两拨千斤的作用。

第三，方便纳税筹划。自然人成立的控股公司控制实体公司的架构中，控股公司如同一个蓄水池，可以把旗下实体公司的分红收上来，方便进行再投资，而无须承担任何的赋税。比如，实体公司上一年税后利润1亿元，控股公司占股60%，那么控股公司分红6000万元。如果控股公司把6000万元再投资，根据我国税法的规定，企业取得的股息红利免征企业所得税，所以再投资是免税的。另外，除了分红，实体公司转增注册资本，控股公司也可以享受免税的待遇。但是，如果利用自然人持有实体公司的股权设计，这6000万元只要分配给个人，就要缴纳20%，也就是1200万元的个人所得税。如果你再进行投资，那么只剩下4800万元，显然不划算。

九、交叉持股

交叉持股的定义比较好理解，相当于两个公司，你持有我的股权，我持有你的股权。在我国，证券公司以及上市公司均禁止交叉持股。主要是监管层考虑到，交叉持股可能会引起股权结构不清晰，这样做的目的是保护中小股东的利益。但对于非上市公司，我国法律并没有此类限制。因此，这为很多非上市公司留下了操作空间。在投入同样资金的情况下，通过交叉持股，可以实现对控制权的放大，同时削弱财务投资人的控制权。

先让我们看一个小案例：

甲公司和财务投资人准备共同成立乙公司，注册资金3000万元。下面有两种选择方案，先让我们看第一种选择方案。第一种选择方案是不使用交叉持股结构，甲公司直接向乙公司投资1000万元，财务投资人向乙公司投资2000万元,这样,甲公司的持股比例为33.33%。第二种是使用交叉持股结构,甲公司向乙公司投资3000万元,财务投资人向乙公司投资2000万元,然后乙再从甲投入的3000万元中,反过来拿出2000万元投入甲公司,这样甲公司对乙实际投资也是1000万元。但在投资完成后,乙公司注册资本金为5000万元,甲公司占股比例为60%。这两种方案,甲公司同样都是"出资"1000万元,但持股比例一个为33.33%,另一个为60%。对于甲公司而言,肯定是第二个方案更好一些。

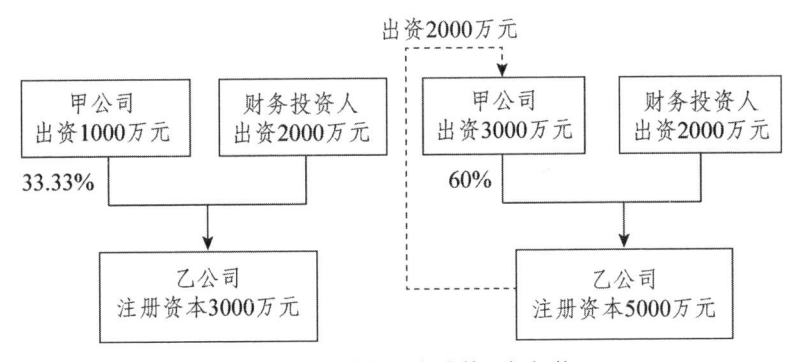

图 4-9 两种持股方式的股权架构

交叉持股有什么优势呢?

第一,有利于对抗恶意收购。对抗恶意收购是交叉持股最明显的优势,两个互相持股的公司,可以在一定程度上结成命运共同体,从而防止股权的自由流动。因此,当交叉持股的公司遇到他人恶意收购时,两个公司的股东都可以发出要约邀请,与恶意收购方同台竞争,或者不配合恶意收购方购买行动,从而使整个收购的成本与风险增加,让恶意收购方放下屠刀,从而不敢轻易采取并购目标公司的行动。

第二,有利于提升公司的竞争力。公司之间相互持股,可以树立企业长期发展的经营理念。正是由于公司之间有了共同的发展目标,所以公司会把大量的资金用于技术研发产品推广,而不是年年分红。这种把利润先来充实公司的行为，可以大大提高产品的竞争力。

第三，有利于降低企业风险。大家都知道，鸡蛋不能放在同一个篮子里，这是为了降低风险，而公司也是一样的。公司之间相互持股，当发展到一定程度时，就会在参股公司之间，形成以股权为纽带的利益集团，可以放大成功机会并分散风险。

第四，有利于集团公司产业布局。通过交叉持股，可以在企业之间形成技术、人事、销售、创新等方面的策略联盟，形成联合协作优势。这种情况可以发生在上下游之间，以达到资金、供货、销售网络的合作，可以达到提升企业规模、效率、企业竞争力方面的作用。借助交叉持股，可以有效地实现公司之间的业务协作和整合，实现你中有我、我中有你的格局。特别是上下游之间的交叉持股，有利于保证原材料的供应稳定、销售渠道的稳定、合作技术研发的稳定，从而可以形成规模经济效应，交易成本随之降低，保证了公司的市场竞争力。

第五，便于公司的融资。相互持股的公司因其具备关联关系，所以在资金筹备和内部融资方面有着更多的便利性，尤其是集团母子公司之间，在资金拆借、相互担保等方面，可以有效降低成本，当然，也要注意合法合规。

但另一方面而言，我们也要注意交叉持股的负面问题：

第一，虚增公司的注册资本。《公司法》规定的基本原则是资金真实，如果公司之间出现了相互持股的现象，很有可能导致公司资本虚增。比如甲、乙两家公司注册资本均为 1000 万元，现在甲、乙两家公司分别出资 500 万元，向对方公司增资，此时每家公司的账面上，都多了 500 万元的注册资本。但实际上两家公司的实收资本并无任何增加，其新增资本纯属左手倒右手。显然，公司之间的这种相互投资行为与《公司法》规定的资本真实原则是相冲突的。

第二，成为大股东黑小股东的工具。无论是哪种形式的交叉持股，实际控制人都是以较少的资金取得了较大的控制权，在实际上分离了控制权和现金流权。真正出资的股东虽然付出了很多成本，但有可能得不到公司的控制权。这对于其他股东，特别是小股东而言，是不公平的。

第三，诱发内幕交易和关联交易。在相互持股的结构中，各公司有着外人所不能及的信息优势，这也很容易诱发证券市场上的内幕交易。另外，公司之间一旦形成了相互持股关系，一般不会轻易转让股权。这样，将影响资本市场的流动性，在相互持股的状态下，资本市场所具有的转移公司控制权的功能将难以发挥，从而不利于完善公司的治理结构。

因此，如果公司准备上市，要通过股权转让以及定向减资的方式，一步一步厘清交叉持股的现象，保证股权结构的清晰。这点和股权代持有点类似，如果公司想要上市，不允许存在股权代持现象，目的也是保持股权结构的清晰。而对于非上市公司，主要是中小股东要注意交叉持股的现象，以免大股东黑小股东。

十、股权代持设计（详见第七章）

第五节 / 公司章程

关于公司章程，笔者与企业家交流时，经常问公司老板两个问题：第一，公司章程在公司的地位是怎样的？第二，你们公司的章程和工商局提供的版本有什么不同？你们具体研究过自家的公司章程吗？

关于第一个问题，大部分人能回答我，公司章程很重要，是注册公司的时候必须要有的。没错，公司章程就是"公司宪法"，是公司和股东间合作的最高行为准则，在不违反法律法规强制性规定下，在公司股东内部具有最高法律地位。

但是关于第二个问题，95%以上的答案都是否定的，很少有公司真正重视过公司章程的拟定，尤其是初创公司。很多创业者直接把市场监督管理局的公司章程范本拿来就用，觉得操作简单，孰不知为后续出现股东矛盾埋下祸根。

据笔者检索，近几年有不少公司控制权争夺战，例如，国美电器控制权争夺案、宝万之争、真功夫、雷士照明等控制权争夺战以及宁波杉杉股份有限公司控制权争夺、宝能的姚振华与中山国资旗下的火炬集团对于中炬高新长达8年的控制权之争。这些控制权争夺战有的是管理层与资本方的较量,有的是大股东与中小股东的较量,有的是创始人与战略投资人的较量,可谓精彩纷呈,每个故事都是一部经典的商战大片。如果说控股权争夺战的缘起是公司股权价值的涨跌和公司运营管理控制权的较量,那么"公司章程"则是每一场战役决胜的关键因素。

公司章程到底有何玄机?

我们知道,市场监督管理局标准版本的公司章程有两个最大的特点:一是以资本多数决为原则,意味着出资最多的股东自然获得控制权;二是容易获得工商登记,股东之间一开始好像也不会有意见。但是标准版本公司章程的弊端也是显而易见的,所以我经常告诉创业者从公司登记机关拿回来的章程一定记得修改以下六个事项:

第一,是否按出资比例计算持股比例;

第二,是否修改分红的分配方式和约定分红时间;

第三,是否修改股东进入和退出条件;

第四,是否修改股东的控制权比例;

第五,是否修改董事长和董事会的选举方式;

第六,是否增加股东会、董事会以及总经理的职责权限。

我建议这六项一定要修改,否则公司等于没有公司章程,如果修改之后工商部门不给你登记,那就用标准版本先进行备案,然后在修改版本上写明原公司章程与本章程不一致的,以本章程为准,修改的章程不用再去备案,股东变更和持股比例调整除外。

在《公司法》中,授权股东会自主设计公司章程的条款非常多,包括股东会开会提前通知的时间可以自主约定;股东分红的自主约定;股东持有的表决权比例可以不等于出资比例,章程可以自主规定;开会的议事方式可以自主约定;表决权行使方式可以自行设计;经理的职权范围;董事长和副董事长的产生办法;董事会的职权可以补充规定等;还有股权转让的限制和股权继承的限制都可以自主设计。这些条款如果没有根据股东具体情况进行约定，会导致股东之间出现问题无依据可循，产生股东矛盾，出现公司僵局。另外，通过个性化设计公司章程，企业家或创业者对公司法人治理和经营管理的自主权大大提升，可以成为维护股东权益、掌握公司控制权的重要抓手。

[案例]

甲公司于2007年5月10日成立，公司注册资本2000万元，共有两名股东，其中A公司出资1800万元，占股90%（大股东），B公司出资200万元，占股10%（小股东）。在2012年6月13日，A公司与B公司共同制定甲公司章程。

甲公司发展过程中，两股东合作多年后摩擦不断。2013～2014年，甲公司召开的多次临时股东会，B公司（小股东）拒绝参加，每次作出的决议B公司都向法院起诉，申请撤销决议。

后来，A公司又一次根据公司章程规定通知B公司，将于2014年5月20日召开股东会临时会议。B公司未出席该会议。在2014年5月20日，甲公司临时股东会会议由A公司法定代表人朱某主持，作出股东会决议，其中决议内容有：(1)修改公司章程；(2)公司注册资本为1.5亿元，A公司出资1.35亿元，占注册资本90%，B公司出资1500万元，占注册资本10%。

此后，甲公司向B公司发出《关于再次增加注册资本的函》，告知B公司上述股东会决议内容，B公司已经签收该函，但持有异议。B公司在2014年6月5日起诉至法院，请求撤销上述股东会决议。

上述案例中，A公司占90%股权，已经超过了我们所熟知的67%的股权线，可是，B公司（小股东）没有参加股东会也没有表决，持股90%的大股东是不是可以决定公司增资呢？持股67%就能绝对控制公司的说法是否靠谱？

终审法院支持了B公司诉请撤销股东会决议的请求，理由：甲公司

2012年6月13日公司章程第3条规定，增加或减少注册资本，须由全体股东表决通过。同时，该公司章程第8条又规定，增加或减少注册资本，由代表2/3以上表决权的股东表决通过。由此可见，该公司章程第3条与第8条的规定存在冲突。从内容来看，该公司章程第3条为有关公司注册资本的特别约定，第8条为公司股东会议事规则的一般约定。在同一个公司章程中，特别约定应优先于一般约定，所以甲公司股东会对增加或减少注册资本的决议，须由全体股东表决通过。B公司未出席2014年5月20日股东会亦未行使表决权，仅由A公司单方表决通过的批准公司注册资本1.5亿元的股东会临时会议决议，违反了甲公司公司章程的规定，B公司可依据《公司法》和公司章程的相关规定请求予以撤销。

通过上面案例我们可以看出，公司章程自主设计对公司控制权至关重要，甲公司的公司章程有两个条款存在矛盾，是双方股东都无法说服对方，当时是某一方有意为之，还是双方疏忽大意了，我们不得而知，但收获的经验就是股东在签署公司章程、股东协议、股东会决议等重要文件前，一定请专业人士认真研究仔细审阅。

A公司虽然持股90%，远远超过67%，却不能拥有绝对控制权，无法决定公司增资事宜。因为公司章程规定需要全体股东表决通过才可增加或减少注册资本。

所以，并非持股67%就能绝对控制公司，在公司控制权设计方面，公司章程大有可为。如果小股东不想被大股东控制，稍微用点心，就能把以为持股67%就能控制公司的大股东埋在坑里。所以公司控制权设计，还需请专业人士，土豪出大钱占大股最终掌握不了控制权就悲催了，另外小股东也能用公司章程的设计突破大股东的股权控制线，就看双方在博弈中谁占先机。

一、关于公司章程的设计

公司章程被视为公司的"宪法",对公司的设立和运营具有重要意义。章程体现了公司治理中的意思自治原则,充分反映了公司股东的实际需求和经营需要。其中,有一些公司运营的重大事项应当在公司章程中规定。

在制定公司章程时,公司股东和创始人应当充分考虑各种情况,通过明确详细的章程条款来为公司经营制定个性化的规则和安排。当股东之间发生分歧,或者公司经营出现问题时,很难在《公司法》中找到相应的解决办法。但是,提前预设的个性化公司章程中往往可以找到解决方案。因此,在确保符合法律规定的前提下,制定个性化的公司章程至关重要,它是维护公司稳定运行的重要工具,能够为公司内部决策和纠纷解决提供有力支持。

在此,对《公司法》规定的股东可以通过公司章程自主设计的部分条款,笔者提供设计思路供大家参考。

(一)法定代表人产生条款

《公司法》第10条第1款规定,"公司的法定代表人按照公司章程的规定,由代表公司权行公司事务的董事或者经理担任"。

法定代表人在公司运营中的重要性不言而喻,在其职权范围内以个人名义从事的所有行为都被直接视为公司行为,公司应当遵守。在一份购买重大资产合同上,法定代表人的个人签名,公司应当承担相应的民事责任,即使超出其职权范围,也不能对抗善意相对人,另外,法定代表人还涉及对公司控制权问题。

依据规定,公司的法定代表人只能在两个职位中产生:一是代表公司执行事务的董事；二是代表公司执行事务的经理，实际上哪位股东提名的董事担任法定代表人，该股东就对公司的运营管理就有一定的控制权，如果股东持股比例一家独大，一般由持股比例最多的股东提名的董事担任法定代表人，如果股东持股比例比较接近，一方担任董事长，另一方担任经理，法定代表人由双方协商担任。

若董事长担任法定代表人，本来董事长的权力就很大，又掌握具体运营的决策权，就会对总经理的日常经营产生干预；如果总经理担任法定代表人，公司的具体运营管理本来就由总经理组织实施，对外又能代表公司，可能把董事长架空。

但如果董事长在股东中产生，总经理为招聘的职业经理人，建议由董事长担任法定代表人。

另外，股东会可以按照有利于公司发展、股东互相监督等因素综合考量，直接在有限责任公司章程中写明法定代表人的具体人选。

（二）对外投资和担保

《公司法》第 15 条规定："公司向其他企业投资或者为他人提供担保，按照公司章程的规定，由董事会或者股东会决议；公司章程对投资或者担保的总额及单项投资或者担保的数额有限额规定的，不得超过规定的限额。

公司为公司股东或者实际控制人提供担保的，应当经股东会决议。

前款规定的股东或者受前款规定的实际控制人支配的股东，不得参加前款规定事项的表决。该项表决由出席会议的其他股东所持表决权的过半数通过。"

企业对外投资和担保一般数额巨大，具有一定的风险，是企业经营活动中的非常重大议题，涉及公司的重大利益，一般由股东会决议，也可以规定由董事会进行决议,但应该具有一定数额的限制,还应在股东会和董事会的职权中规定清楚。

为了降低公司经营风险,保证公司运营有充足的现金流,投资和担保数额在公司章程中应作出一定的限制,比如规定对外投资数额不能超过公司银行存款的30%,对外担保数额不能超过公司资产总额的40%。

为公司股东提供担保时,必须经股东会决议,并且被担保的股东要回避表决,由出席会议的其他股东所持表决权的超过半数通过。

（三）必须载明的事项

《公司法》第46条第1款第8项规定,"有限责任公司章程应当载明下列事项:……（八）股东会会议认为需要规定的其他事项"。

《公司法》规定的公司法人治理只是一般性规定,不具有特殊性,但现实中,每个公司的创立和运营都是独一无二的,具有不可复制性。《公司法》不可能细致规定到任何公司在公司章程中需要列明的所有事项,所以本条采用列举法列明必须载明的事项之后,用兜底条款授权公司股东会会议根据公司实际需求列明其他事项,既然授权给股东会会议决定,那么只要不违反法律法规强制性规定,不违反公序良俗,不损害公司、股东、债权人和国家利益,为公司实际运营需要而设计的事项都可以列明,包括股东合作协议中约定的公司经营管理事项;规定有权提出修改公司章程的股东;设计对股东进行罚款（但不能超过出资额）等。

（四）股东知情权

《公司法》第57条第1款、第2款规定,"股东有权查阅、复制公司章程、股东名册、股东会会议记录、董事会会议决议、监事会会议决议和财务会计报告。股东可以要求查阅公司会计账簿、会计凭证。股东要求查阅公司会计账簿、会计凭证的,应当向公司提出书面请求,说明目的。公司有合理根据认为股东查阅会计账簿、会计凭证有不正当目的,可能损害公司合法利益的,可以拒绝提供查阅,并应当自股东提出书面请求之日起十五日内书面答复股东并说明理由。公司拒绝提供查阅的,股东可以向人民法院提起诉讼"。

有限公司在经营过程中,董事长、总经理和财务负责人一般都是控股股东或持股比例相对多的股东委派,多数中小股东处于弱势地位,不能充分了解公司的经营状况,所以本条是为保护中小股东的知情权而设立,但只规定股东有查阅复制公司章程、股东名册、股东会、董事会、监事会会议记录、会计报告的权利。笔者认为,对于未参与公司经营管理的股东来讲,规定这样的知情权内容显然是不够充分的,对于一些公司的小股东来说,该笔投资可能是其大部分家庭资产或个人资产,如果控股股东利用优势地位侵犯小股东的利益,会给小股东造成重大损失,所以笔者认为从切实保护中小股东利益出发,有限公司章程可以进一步细致规定股东有权要求查阅公司商务合同、报销凭证、记账单、现金流等资料,但应向公司提出申请,说明理由,理由不充分或有泄露公司商业秘密可能性的,公司可以拒绝,但应该规定在一定时间内予以答复并说明理由,如果公司拒绝,股东可以请求人民法院要求公司提供查阅。

股权案例:"股东要求查阅公司会计账簿必须存在合理理由。"

其鲁起诉中信国安盟固利电源技术有限公司(以下简称电源公司)股东知情权纠纷,法院这样判决,会计账簿记载公司经营管理活动,为了平衡股东与公司之间的利益,避免股东知情权滥用,股东在查阅公司会计账簿时,应当以正当目的为限制,亦应当遵循诚实信用原则,合理地行使查阅权。在公司有合理理由相信股东查阅公司会计账簿会对公司利益造成损害时，公司可以拒绝其进行查阅。本案中，电源公司举证证明其鲁的妻子、儿子等利害关系人参与经营的多家公司与电源公司之间存在竞争关系或者关联关系，电源公司的会计账簿及其与湖南盟力新材料有限公司的合同账册等所记载的客户信息、技术信息、产品价格、成本、生产数量等如被竞争者或者关联者知悉，则可能损害电源公司的合法权益。因此，电源公司在本案中确有合理理由认为股东其鲁行使知情权可能损害公司合法利益，电源公司拒绝其鲁查阅公司会计账簿等存在合理根据，就是说这个判决认可电源公司拒绝查阅公司会计账簿。

（五）股东分红权

《公司法》第210条第4款规定，"公司弥补亏损和提取公积金后所余税后利润，有限责任公司按照股东实缴的出资比例分配利润，全体股东约定不按照出资比例分配利润的除外；股份有限公司按照股东所持有的股份比例分配利润，公司章程另有规定的除外"。

股东出资创立企业就是为了取得利益，其中分红是最重要的利益，如果股东之间没有特殊规定，只有实缴出资才能分取红利，这符合《民法典》关于物权取得法定孳息的规定，法定孳息是原物所生的物，只有出资以后才有原物，才能获得分红的法定孳息，这要引起公司创始人充分注意，有的公司章程对于分取红利的规定完全照搬《公司法》的规定，没有除外约定，最终分红很可能不符合创始合伙人的本意，容易产生股东纠纷。

这一条也是公司章程设计的要点，如果投资人诉求侧重点不同，有的投资人只是为了收取红利，并不想参与公司的经营管理，不看重对公司的控制权,有的则想实现人生梦想,把公司当儿子养,要做大做强,对公司控制权有强烈需求,因此,对于分红权有需求、对控制权没有需求的股东可以让出一定比例的表决权出来和对公司控制权有需求的股东交换一部分分红权,这样对于不同的股东,各取所需,达到各自目的。

另外,有限公司急需资金周转,吸引投资者,新的投资者对投资安全要求很高,可将全部或部分分红在一定时间内优先分配给新的投资者,来吸引财务投资人持续投入解决公司现金流问题,这可以看作有限公司优先股的设计。

（六）股东会职权

《公司法》第59条第1款第11项对于股东会职权的规定,"股东会行使下列职权：……（九）公司章程规定的其他职权"。

公司法列举九项股东会的职权,其中第9项是兜底的规定"公司章程规定的其他职权",这就意味着,股东会可以根据对公司实际运营管理的控制程度增加股东会的职权,特别是一些重大的经营管理事项的审批权由股东会来行使,主要取决于股东对公司经营管理风险的谨慎程度。

（七）股东表决权

《公司法》第65条规定,"股东会会议由股东按照出资比例行使表决权；但是,公司章程另有规定的除外"。

股东的表决权体现股东对公司的实际控制程度,一般认为出资越多承担的风险越大,理应更在乎公司的运营和发展,所以股东会会议按照股东的出资比例行使表决权,但是,如果公司运营的项目预计有比较好的发展前景,创始人是意志坚定的创业者,具备运营企业的能力并能够全身心地投入公司工作,但因本身资金不足,需要财务投资者,财务投资者出资比例高于创始人的出资比例,但财务投资者更想得到更多的分红权,而创始人更需要取得更多的表决权,因此,在股权设计时,公司章程可以规定股东可以不按出资比例取得表决权比例,创始人的表决权比例高于出资比例,而财务投资者分红权比例高于出资比例,这个规定的目的在于公司控制权的设计,让各股东生产资源要素价值体现在股东之间的表决权和分红权的合理分配,让擅长公司运营发展的股东成为实际控制人。

但如何保护出资最多股东的投资风险呢?对于财务投资者,可以要求给予在某些特定决议事项上具有否决权,比如在公司对外投资和对外担保的决策上设置否决权,来有效降低自己的投资风险,其他经营事项上由实际控制人来决策,保证公司决策效率。

(八)董事长产生办法

《公司法》第68条第2款规定,"董事会设董事长一人,可以设副董事长。董事长、副董事长的产生办法由公司章程规定"。

本条规定的是董事长和副董事长的产生方式,体现股东对公司的实际控制,这是公司私权力,法律赋予公司股东协商决定,在实操中,如果股东一方推选担任董事长、其他方股东只能推选担任副董事长,一般认为公司战略规划和重大决策的提出只能董事长说了算,副董事长或其他董事说了也白说,但可以通过章程具体条款的设计,在某些事项的决策上副董事长或董事对董事长具有建议权或否决权,增强决策的合理性。

为了保持公司控制权不变,可以对董事长任职条件和产生办法进行规定,比如,可以规定董事长必须由持股比例最大股东或某个股东提名的人员担任,还可以规定董事长任职的条件,如具体的工作履历、学历和职称等条件。

(九) 董事会职权

《公司法》第 67 条第 2 款规定,"董事会行使下列职权:……(九) 公司章程规定或股东会授予的其他职权"。

本条说明股东可以根据公司运营需要扩充董事会的职权,比如董事会可以行使其他一些特定的经营管理职权。这主要取决于股东会对董事会的信任和董事会的决策水平。

(十) 股权转让

《公司法》第 84 条规定,"有限责任公司的股东之间可以相互转让其全部或者部分股权。股东向股东以外的人转让股权,应当将股权转让的数量、价格、支付方式和期限等事项书面通知其他股东,其他股东在同等条件下有优先购买权。股东自接到书面通知之日起三十日内未答复的,视为放弃优先购买权。两个以上股东行使优先购买权的,协商确定各自的购买比例;协商不成的,按照转让时各自的出资比例行使优先购买权。公司章程对股权转让另有规定的,从其规定"。

首先,这条规定体现有限公司具有人合性特征,股东之间彼此熟悉、相互了解和相互信任是合作的基础,是共同创立有限公司的前提条件。该条规定有限公司原股东之间股权转让,可以自由转让全部或部分股权,无须征得其他股东同意。当股东对外转让股权时,意味着要引入新股东,新股东提供的生产要素资源是不是公司需要的?是否能对公司发展提供帮助?其他原股东并不知道,能否与新股东合作顺利还是未知数,所以赋予其他原股东优先购买权,但为防止转让人的正当权益受到损害,又规定"同等条件下"的原股东有优先购买权。

但本条最后一款,又规定公司章程对股权转让另有规定的,从其规定,这说明可以在公司章程中自主设计:向股东以外的交易对象转让股权所具备的条件;向股东以外的交易对象转让股权是否通知其他股东;可以设置更加复杂或更加简单的股权转让程序和股权转让价格的计算方法等。

章程可以设计,为了保持公司实际控制人和股东的稳定,公司运营管理的持续性,公司章程可以限制不能转让股权的期限,比如可以规定3年内不能转让股权,同时作为公司董事、监事、高级管理人员的股东可以规定更长的时间内不能转让股权。

(十一)股东的股权继承

《公司法》第90条规定,"自然人股东死亡后,其合法继承人可以继承股东资格;但是,公司章程另有规定的除外"。

自然人持有公司股权,其死亡后股权属于股东个人遗产,其合法继承人可以依法继承股东资格和股权的财产权益。但有限公司具有"人合性"特征,由继承人继承股东资格,不一定有利于公司发展,因为股权继承人与公司股东并不一定熟悉,其可能也无法为公司发展提供如同被继承股东所有的生产要素资源,合作基础不存在,所以应当允许公司利用被继承人的股权再引入能为公司发展提供特定生产要素资源的股东加入,所以,《公司法》规定可以通过公司章程自主设计方式排除股东资格的继承,公司章程可以直接规定自然人股东死亡后,其股权由其他股东收购,收购价款直接支付给死亡股东的合法继承人。

(十二)公司解散条款

《公司法》第299条规定,公司因下列原因解散:(1)公司章程规定的营业期限届满或者公司章程规定的其他解散事由出现;(2)股东会决议解散;(3)因公司合并或者分立需要解散;(4)依法被吊销营业执照、责令关闭或者被撤销;(5)人民法院依照本法第231条的规定予以解散。公司出现前述规定的解散事由,应当在10日内将解散事由通过国家企业信息公示系统予以公示。

本条列举五项公司解散原因,其中第1项是选择性公司解散事由,其中一种选择是公司营业期限届满,另一种选择是公司经营期限没有届满,但笔者认为全体股东一致可以预设公司解散事由,所以,通过章程自主设计还可以规定如下公司解散事由:股东之间产生矛盾后无正当理由不参加股东会达到一定次数;认缴出资没有按照规定时间缴足;公司连续若干年不能盈利等作为公司解散事由。

《公司法》规定的对公司章程自主设计的条款,就是以法律形式固定了企业家或创业者对公司法人治理和经营管理的自主权,股东在制定公司章程时不要放弃这个权力,要个性化完善公司治理,解决公司长远发展问题。

二、公司章程范本

现将公司章程的具体内容总结如下,仅供各位企业家参考:

协议范本7:

××××× 有限公司章程

第一章 总 则

第一条 为规范公司的组织和行为,根据《中华人民共和国公司法》

(以下简称《公司法》)和有关法律、行政法规以及规范性文件的规定,制定本章程。

第二条 公司类型:有限责任公司。

第三条 本章程为本公司行为准则,公司、股东、董事、监事和高级管理人员应当严格遵守。

第二章 公司的名称、住所、经营范围、营业期限及注册资本

第四条 公司名称为×××有限公司。

(注:公司名称应当经公司登记机关预先核准)

第五条 公司住所:×××;

邮政编码:×××。

(注:住所应当是公司主要办事机构所在地,公司住所只能有一个)

第六条 公司经营范围:×××(依法须经批准的项目,经相关部门批准后方可开展经营活动)。

(注:公司经营范围以公司登记机关登记为准)

第七条 公司的营业期限为长期,自公司营业执照签发之日起计。

(注:营业期限也可以是"×年"或者"至20××年×月×日")

第八条 公司注册资本为人民币×万元。

第九条 公司可以增加注册资本和减少注册资本。公司增加注册资本时,股东有权优先按照实缴的出资比例认缴新增资本的出资。全体股东另有约定的除外。

(注:可以约定按照其他比例认缴新增注册资本,并修改本条)

第三章 公司的股东

第十条 公司股东共×个,分别是:

1.姓名(名称):_____,证件名称:_____,证件号码:_____,住所:_____;

2.姓名(名称):_____,证件名称:_____,证件号码:_____,住所:_____。

若股东较多,建议可采取表格方式列明。

股东姓名	身份证号码	住所

(注:股东的姓名或者名称应当与公司股东名册的记载一致)

第十一条 公司应当按照《公司法》的规定置备股东名册。股东名册记载信息发生变化的,公司应当及时更新。

记载于股东名册的股东,可以依股东名册主张行使股东权利。

第十二条 公司成立后,应当向已缴纳出资的股东签发出资证明书,出资证明书的记载事项应当符合《公司法》的规定。

第十三条 股东享有下列权利:

1.依法享有资产收益、参与重大决策和选择管理者等权利。

2.要求公司为其签发出资证明书。

3.按照本章程规定的方式分取红利。

4.有依法律和本章程的规定转让股权、优先购买其他股东转让的股权以及优先认缴公司新增注册资本的权利。

5.按有关规定质押所持有的股权。

6.对公司的业务、经营和财务管理工作进行监督,提出建议或质询。有权查阅、复制公司章程、股东名册、股东会会议记录、董事会会议记录和财务会计报告。有权要求查阅公司会计账簿、会计凭证,公司拒绝提供查阅的，股东可以请求人民法院要求公司提供查阅。

7.在公司清算完毕并清偿公司债务后，按照本章程规定的方式分配剩余财产。

8.参加股东会，并按本章程规定的方式行使表决权。

9.有选举和被选举为董事或者监事的权利。

10.股东会的决议内容或会议召集程序、表决方式违反法律、行政法规或者公司章程的，股东可以依法请求人民法院撤销。

（注：可以根据需要依法约定股东的其他权利，并记载于本条）

第十四条 股东履行下列义务：

1.以其认缴的出资额为限对公司承担责任。

2.应当按期足额缴纳本章程载明的各自所认缴的出资额；以货币出资的，应当将货币出资足额存入公司在银行开设的账户；以非货币财产出资的，应当依法办理其财产权转移到公司名下的手续。

3.应当使公司财产独立于股东自己的财产。

4.遵守公司章程，保守公司秘密。

5.支持公司的经营管理，促进公司业务发展。

6.不得抽逃出资。

7.不得滥用股东权利损害公司或者其他股东的利益。

8.不得滥用公司法人独立地位和股东有限责任损害公司债权人的利益。

第十五条 股东不能证明公司财产独立于股东自己的财产的，应当对公司债务承担连带责任。

第四章　股东的出资额、出资时间和出资方式

第十六条 股东的出资额、出资时间和出资方式：

1.股东姓名（名称）：_____，认缴出资_____万元，在____年

___月___日前缴足,其中,以货币出资_____万元,以_____(其他出资方式)作价出资_____万元。

2.股东姓名(名称):_____,认缴出资_____万元,在___年___月___日前缴足,其中,以货币出资_____万元,以_____(其他出资方式)作价出资_____万元。

若股东较多,建议可采取表格方式列明。

姓名	出资额(万元)	出资方式	出资时间

(注:①其他出资方式包括实物、知识产权、土地使用权、股权、债权转股权等可以用货币估价并可以依法转让的非货币财产。②实行注册资本认缴登记制的公司,在股东缴纳出资后应当依法公示;可以将缴纳情况记载于本条,并依法向公司登记机关备案本章程。③注册资本分期缴付的,可以将全体股东约定的出资期限内各股东分期出资的期数和每一期的出资额、出资时间、出资方式记载于本条)

第十七条 股东以非货币财产出资的,对出资的非货币财产须评估作价,核实财产,不得高估或者低估作价。法律、行政法规对评估作价有具体规定的,从其规定。

(注:股东不得以劳务、信用、自然人姓名、商誉、特许经营权或者设定担保的财产等作价出资)

第十八条 股东应当以自己的名义出资。

第十九条 股东的出资期限不得超过本章程规定的公司营业期限。

（注：股东约定的出资期限应当具有合理性及可行性。公司章程规定了明确的营业期限的，出资期限应当在营业期限内；股东为法人或者其他组织且其主体资格证明载明存续期限的，其出资期限应当在该存续期限内；股东为自然人的，其出资期限应当在人类寿命的合理范围内）

第二十条 股东不按照本章程规定缴纳出资的，除应当向公司足额缴纳外，还应当向已按期足额缴纳出资的股东承担违约责任。给公司造成损失的，应当承担赔偿责任。

公司成立后，董事会应当对股东的出资情况进行核查，发现股东未按期足额缴纳公司章程规定的出资的，应当向该股东发出书面催缴书，催缴出资。董事会未履行前款规定的义务，给公司造成损失的，负有责任的董事应当承担赔偿责任。

前述书面催缴书催缴出资，可以载明缴纳出资的宽限期；宽限期自公司发出催缴书之日起，不得少于60日。宽限期届满，股东仍未履行出资义务的，公司可以向该股东发出失权通知，通知应当以书面形式发出，自通知发出之日起，该股东丧失其未缴纳出资的股权。依照前款规定丧失的股权应当依法转让，或者相应减少注册资本并注销该股权；6个月内未转让或者注销的，由公司其他股东按照其出资比例足额缴纳相应出资。

（注：股东承担违约责任的具体方式可记载于本条）

第二十一条 公司成立后，发现作为设立公司出资的非货币财产的实际价额显著低于所认缴出资额的，应当由交付该出资的股东补足其差额；公司设立时的其他股东承担连带责任。

第二十二条 公司不能清偿到期债务的，公司或者持有已到期债权的债权人有权要求已认缴出资但未届缴资期限的股东提前缴纳出资。

第五章 公司的股权转让

第二十三条 股东可以自由转让其全部或者部分股权而不受任何限

制（包括其他股东可能享有的同意权、优先购买权）。尽管有前述规定,未经××同意,公司其他股东不得以任何方式直接或间接转让、处置、质押或出售其持有的公司股权。××同意其他股东转让公司股权的,在同等条件下,××对于该等股东转让的公司股权享有优先购买权。

转让股权后,公司应当注销原股东的出资证明书,向新股东签发出资证明书,并相应修改本章程和股东名册中有关股东及其出资的记载。

（注："××"为股东之一;对股权转让另有约定的,应按约定修改本条内容）

第二十四条 股东未履行或者未全面履行出资义务即转让股权的,受让人应当承继转让人的出资义务。

第二十五条 自然人股东死亡后,其合法继承人可以继承股东资格。股东未履行或者未全面履行出资义务的,继承人应当承继股东的出资义务。

（注:对股权继承另有约定的,应按约定修改本条内容）

第六章 公司的法定代表人

第二十六条 公司法定代表人由×××担任（由代表公司执行公司事务的董事或者经理担任）。

第二十七条 法定代表人的职权:

（一）法定代表人是法定代表公司行使职权的签字人。

（二）法定代表人在法律、行政法规以及本章程规定的职权范围内行使职权,代表公司参加民事活动,对企业的生产经营和管理全面负责。

（三）公司法定代表人可以委托他人代行职权,委托他人代行职权时,应当出具《授权委托书》。法律、行政法规规定必须由法定代表人行使的职权,不得委托他人代行。

第二十八条 法定代表人应当遵守法律、行政法规以及本章程的规定,不得滥用职权,不得作出违背公司股东会、董事会决议的行为,不得违反对公司的忠实义务和勤勉义务。

法定代表人违反上述规定，损害公司或者股东利益的，应当承担相应的责任。

第二十九条 法定代表人出现下列情形的，应当解除其职务，重新任命符合法律、行政法规和本章程规定的任职资格的法定代表人：

（一）法定代表人有法律、行政法规或者部门规章规定不得担任法定代表人的情形的；

（二）法定代表人由董事或者经理担任，但其丧失董事或者经理资格的；

（三）正在被执行刑罚或者正在被执行刑事强制措施，无法履行法定代表人职责的；

（四）正在被公安机关或者国家安全机关通缉的；

（五）其他导致法定代表人无法履行职责的法定情形。

第七章　公司的组织机构及其产生办法、职权、议事规则

第三十条 公司设股东会，股东会由全体股东组成，是公司的最高权力机构。股东会行使下列职权：

（一）选举和更换非由职工代表担任的董事、监事，决定有关董事、监事的报酬事项；

（二）审议批准董事会的报告；

（三）审议批准监事会的报告；

（四）审议批准公司的利润分配方案和弥补亏损方案；

（五）对公司增加或者减少注册资本作出决议；

（六）对发行公司债券作出决议；

（七）对公司合并、分立、解散、清算或者变更公司形式作出决议；

（八）修改公司章程；

(九)不再从事公司目前的业务,改变公司业务,或进行新的业务线;

(十)设置和修改公司利润分享计划和员工股权激励计划;

(十一)对以任何形式进行利润分配作出决议;

(十二)出售或以任何形式处置(包括商誉、知识产权授权)公司全部或大部分业务、商誉、资产或知识产权;

(十三)对公司收购、重组、控制权变更作出决议;

(十四)其他应由股东会决议的事项(包括但不限于根据法律法规规定应由股东会决议的事项)。

(注:可以依法规定股东会的其他职权,并记载于本条)

上述事项股东以书面形式一致表示同意的,可以不召开股东会会议,直接作出决定,并由全体股东在决定文件上签名、盖章。

第三十一条 股东会会议分为定期会议和临时会议。代表十分之一以上表决权的股东,三分之一以上的董事,监事会提议召开有限责任公司股东会临时会议的,应当召开临时会议。

(注:可以自行约定股东会定期会议召开的频次及时间,并相应修改本条)

第三十二条 股东会会议由董事会召集并主持;董事会不能履行或者不履行召集股东会会议职责的,由监事会召集并主持;监事会不召集的,代表十分之一以上表决权的股东可以自行召集并主持。

第三十三条 召开股东会会议,应当于会议召开十五日前以书面方式通知全体股东,通知内容包括会议的时间、地点和议程,全体股东另有约定的除外。如果全体股东参加,股东会会议可以通过电视、电话会议、电子邮件或由全体股东同意的其他会议方式举行(但前提是每一名与会人能清楚地听到彼此发言),由电视、电话会议或电子邮件通过的股东会决议在会后经符合决议要求比例的表决权股东签署即为有效。股东因故不能出席时,可委托代表参加。

股东会应当对股东会会议通知情况、出席情况、表决情况及所议事项的决议形成书面会议记录，出席会议的股东应当在会议记录上签名。

（注：股东可以约定15日以上的期限，并修改本条）

第三十四条 股东按照认缴出资比例行使表决权。

（注：可以约定按实缴出资比例或者其他比例行使表决权，并相应修改本条。约定按实缴出资比例行使表决权的，本章程第十五条应当载明股东实缴信息）

第三十五条 股东会会议作出修改公司章程、增加或者减少注册资本的决议，以及公司合并、分立、解散或者变更公司形式的决议，必须经代表三分之二以上表决权的股东通过。

股东会会议作出的其他决议，应当经代表超过半数表决权的股东通过。

（注：可以另行约定股东会会议通过其他决议的表决权比例，并根据约定修改本条第二款）

股东会会议作出公司合并、分立以及减少注册资本决议的，公司应当自作出决议之日起十日内通知债权人，并于三十日内在报纸上或者统一企业信息公示系统公告。

第三十六条 公司设董事会，对公司股东会负责，董事会由 ＿＿＿ 名董事组成，董事长由担任，副董事长由 ＿＿＿ 担任。

第三十七条 董事长每届任期3年。董事长任期届满，连选可以连任。

（注：①董事会成员为三人以上，董事长每届任期不得超过三年。

②公司可以在董事会中设置由董事组成的审计委员会，行使本法规定的监事会的职权，不设监事会或者监事。

③职工人数三百人以上的有限责任公司，除依法设监事会并有公司职工代表的外，其董事会成员中应当有公司职工代表）

董事任期届满未及时改选，或者董事在任期内辞职导致董事会成员低于法定人数的，在改选出的董事就任前，原董事仍应当依照法律、行政法规和公司章程的规定，履行董事职务。

第三十八条 董事会对股东会负责，行使下列职权：

（一）负责召集和主持股东会会议，并向股东会报告工作。

（二）执行股东会的决议。

（三）制订公司的利润分配方案和弥补亏损方案。

（四）制订公司的增加或减少注册资本的方案。

（五）制订公司合并、分立、变更公司形式、解散的方案。

（六）决定公司内部管理机构的设置。

（七）决定聘任或者解聘公司经理及其报酬事项，并根据经理的提名决定聘任公司副经理及其报酬事项。

（八）聘任或解聘公司中层管理人员，决定（包括变更）其职责、权利、任期和报酬等相关事项。

（九）在经公司有权机关批准的预算方案外，进行任何下列交易（以单一交易或一系列交易的形式进行）：

（1）在公司日常经营相关的运营车辆购置、场地租赁之外，购买、承租或转让、出售或以其他方式获得或处置任何超过人民币××万元的资产或业务；

（2）公司进行任何借贷或取得任何金融贷款工具，且金额超过人民币××万元。

（十）公司以其资产、业务、权利进行任何抵押、质押；出售、转让、授权、抵押或以其他方式处置公司知识产权，但日常经营过程中的授权除外。

（十一）与公司员工、董事、监事、顾问进行任何交易（包括但不限于提供任何借款、预付款或对外担保）。

（十二）向任何实体（除非为公司全资拥有）或个人等提供任何对外借款、预付款或对外担保。

（十三）设立子公司或进行对外投资，直接或间接处置、稀释公司在子公司中的权益。

（十四）提起或和解任何重大诉讼、仲裁，或金额超过人民币××万元的诉讼、仲裁。

（十五）批准或修改亏损金额大于人民币××万元的年度预算、决算方案、年度业务计划。

（十六）更换审计师，或者审计财务政策的重大变化。

（十七）其他应由董事会决定的重大事项或非日常经营过程中的行为或交易。

第三十九条 董事会每年定时召开 _____ 次董事会，并不定期召开临时董事会例会，董事会决定的相关事项应形成董事会决议，交由相关执行者执行和备案；董事会成员不得以个人名义干预公司日常的正常经营，须按董事会决议管理公司的日常经营运作。

董事会应当对所议事项的决定作成会议记录，出席会议的董事应当在会议记录上签名。

董事会会议应当有过半数的董事出席方可举行。董事会作出的决议，应当经全体董事的过半数通过。董事会决议的表决，实行一人一票。

第四十条 公司经理由董事长提名，董事会决定聘任或者解聘。经理对董事会负责，行使下列职权：

（一）主持公司的生产经营管理工作，组织实施董事会的决定。

（二）组织实施公司年度经营计划和投资方案。

（三）拟订公司内部管理机构设置方案。

（四）拟订公司的基本管理制度。

（五）制定公司的具体规章。

（六）提请聘任或者解聘公司副经理。

（七）决定聘任或者解聘除应由董事会决定聘任或者解聘以外的管理人员。

（八）制订公司的年度财务预算草案，并于每年的2月28日之前将年度预算草案提交公司董事会审议。

(九)审批决定公司发生的如下交易:

(1)购买、承租或转让、出售或以其他方式获得或处置人民币××万元以下的资产或业务;

(2)公司进行任何借贷或取得任何金融贷款工具,且金额在人民币××万元以下的交易;

(3)提起或和解任何金额在人民币××万元以下的诉讼、仲裁。

(十)董事会授予的其他职权。

第四十一条 公司设立监事会,监事会成员共 ____ 人。监事会主席由全体监事超过半数选举产生。

(注:①监事会成员为三人以上。监事会应当包括股东代表和适当比例的公司职工代表,监事为职工代表的,可由职工代表大会、职工大会或其他形式民主选举产生,并修改本条。

②公司可以在董事会中设置由董事组成的审计委员会,行使本法规定的监事会的职权,不设监事会或者监事)

第四十二条 监事每届任期三年。监事任期届满,连选可以连任。

第四十三条 董事、高级管理人员以及财务负责人不得兼任监事。

第四十四条 监事行使下列职权:

(一)检查公司财务;

(二)对董事、高级管理人员执行公司职务的行为进行监督,对违反法律、行政法规、公司章程或者股东会决议的董事、高级管理人员提出解任的建议;

(三)当董事、高级管理人员的行为损害公司的利益时,要求董事、高级管理人员予以纠正;

(四)提议召开临时股东会会议,在董事会不履行本章程规定的召集和主持股东会会议职责时召集和主持股东会会议;

(五)向股东会会议提出提案;

(六)依照《公司法》相关规定,对董事、高级管理人员提起诉讼;

（七）对董事会决定的事项提出质询或者建议；

（八）可以要求公司董事、高级管理人员提交执行事务的报告。

（注：可以约定监事的其他职权，并修改本条）

第四十五条 有下列情形之一的，不得担任公司的董事、监事、高级管理人员：

（一）无民事行为能力或者限制民事行为能力；

（二）因贪污、贿赂、侵占财产、挪用财产或者破坏社会主义市场经济秩序，被判处刑罚，或者因犯罪被剥夺政治权利，执行期满未逾五年，被宣告缓刑的，自缓刑考验期满之日起未逾二年；

（三）担任破产清算的公司、企业的董事或者厂长、经理，对该公司、企业的破产负有个人责任的，自该公司、企业破产清算完结之日起未逾三年；

（四）担任因违法被吊销营业执照、责令关闭的公司、企业的法定代表人，并负有个人责任的，自该公司、企业被吊销营业执照之日起未逾三年；

（五）个人因所负数额较大债务到期未清偿被人民法院列为失信被执行人。

公司违反前款规定选举、委派董事、监事或者聘任高级管理人员的，该选举、委派或者聘任无效。

董事、监事、高级管理人员在任职期间出现本条第一款所列情形的，公司应当解除其职务。

第四十六条 公司董事、监事、高级管理人员应当遵守法律、行政法规和公司章程的规定，对公司负有忠实义务和勤勉义务：

（一）谨慎、认真、勤勉地行使股东会、公司赋予的权利，以保证公司的商业行为符合国家法律、行政法规以及国家各项政策的要求，商业活动符合公司章程规定的业务范围；

（二）公平对待所有股东；

（三）及时了解公司业务经营管理状况；

（四）对公司定期报告签署书面确认意见；

（五）如实向监事提供有关情况和资料，不得妨碍监事行使职权；

（六）保证公司所披露的信息真实、准确、完整；

（七）法律、行政法规和公司章程规定的其他义务。

第四十七条 董事、监事、高级管理人员不得有下列行为：

（一）侵占公司财产、挪用公司资金；

（二）将公司资金以其个人名义或者以其他个人名义开立账户存储；

（三）违反公司章程的规定，未经股东会同意，将公司资金借贷给他人或者以公司财产为他人提供担保；

（四）违反公司章程的规定或者未经股东会同意，与本公司订立合同或者进行交易；

（五）未经股东会同意，利用职务便利为自己或者他人谋取属于公司的商业机会，自营或者为他人经营与所任职公司同类的业务；

（六）接受他人与公司交易的佣金归为己有；

（七）擅自披露公司秘密；

（八）利用职权贿赂或者收受其他非法收入；

（九）违反对公司忠实义务的其他行为。

董事、高级管理人员违反前款规定所得的收入应当归公司所有。

第四十八条 董事、监事、高级管理人员执行公司职务时违反法律、行政法规或者公司章程的规定，给公司造成损失的，应当承担赔偿责任；董事、高级管理人员存在故意或者重大过失的，给他人造成损害的，应当承担赔偿责任。

第四十九条 公司依照法律、行政法规和国家财政主管部门的规定建立财务、会计制度。公司应当在每一个会计年度终了时制作财务会计报告，并依法经会计师事务所审计。

公司聘用、解聘承办公司审计业务的会计师事务所，应当由股东会决定。

公司依照法律规定在分配当年税后利润时，提取利润的百分之十列入公司法定公积金，法定公积金累计额为公司注册资本的百分之五十以上的，可不再提取。

公司弥补亏损和提取公积金后所余税后利润，按照股东的实缴出资比例分配。不按实缴的出资比例分取红利的，应经全体股东同意。

（注：可以约定按其他比例分取红利，并修改本款）

公司的公积金用于弥补亏损，扩大公司生产经营或者转为增加公司资本。

公司除法定的会计账册外，不得另立会计账册。

对公司的资产，不得以任何个人名义开立账户存储。

任何个人不得挪用公司资金或者将公司资金借贷给他人，不得侵占公司的财产。

第五十条 公司应当在下一会计年度开始之后第 ＿＿＿ 个月前将公司财务会计报告送交各股东。

第五十一条 公司的 ＿＿＿ 部门负责保管公司的公章、财务专用章、合同专用章和营业执照。

第八章 公司的解散、清算

第五十二条 公司因下列原因解散：

（一）公司章程规定的营业期限届满；

（二）股东会决议解散；

（三）因公司合并或者分立需要解散；

（四）依法被吊销营业执照、责令关闭或者停业整顿；

（五）人民法院依《公司法》第二百三十一条的规定予以解散。

（注：可以规定公司的其他解散事由）

第五十三条 公司出现除上一条第（三）项以外的解散事由时，应当在解散事由出现之日起十五日内成立清算组，开始清算。清算组由董事组成。

(注：可以在章程中规定由股东或者股东会决议另选他人)

第五十四条 清算组在清算期间行使下列职权：

(一)清理公司财产，分别编制资产负债表和财产清单；

(二)通知、公告债权人；

(三)处理与清算有关的公司未了结的业务；

(四)清缴所欠税款以及清算过程中产生的税款；

(五)清理债权、债务；

(六)分配公司清偿债务后的剩余财产；

(七)代表公司参与民事诉讼活动。

第五十五条 清算组应当自成立之日起十日内通知债权人，并于六十日内在报纸上或者统一的企业信息公示系统公告。

第五十六条 清算组在清算公司财产、编制资产负债表和财产清单后，应当制定清算方案，并报股东会或者人民法院确认。

公司财产在分别支付清算费用、职工工资、社会保险费用和法定补偿金，缴纳所欠税款，清偿公司债务后的剩余财产，按照股东的实缴出资比例分配。

清算期间，公司存续，但不得开展与清算无关的经营活动。公司财产在未依照前款规定清偿前，不得分配给股东。

第五十七条 公司清算结束后，清算组应当制作清算报告，报股东会或者人民法院确认，并向公司登记机关申请注销公司登记，公告公司终止。

第九章 公司的其他规定

第五十八条 股东、董事、监事应当把联系方式(包括通信地址、电话、电子邮箱、微信号等)报公司置备，发生变动的，应及时报公司予以更新。

第五十九条 本章程涉及的股东会会议，应采取电子邮件、书面、微信号等方式通知。

第六十条 公司可以向其他企业投资或者为他人提供担保,并由股东会决议。

(注:①可以约定由董事会决定公司对外投资和担保事项,并修改本款内容。

②可以约定对投资或者担保的总额及单项投资或者担保的数额的限额规定,并记载于本条)

公司向其他企业投资的,除法律另有规定外,不得成为对所投资企业的债务承担连带责任的出资人。

公司为公司股东或者实际控制人提供担保的,必须经股东会决议。

前款规定的股东或者受前款规定的实际控制人支配的股东,不得参加前款规定事项的表决。该项表决由出席会议的其他股东所持表决权的超过半数通过。

第六十一条 公司的控股股东、实际控制人、董事、监事、高级管理人员不得利用关联关系损害公司利益。违反前款规定,给公司造成损失的,应当承担赔偿责任。

公司股东滥用公司法人独立地位和股东有限责任,逃避债务,严重损害公司债权人利益的,应当对公司债务承担连带责任。

股东利用其控制的两个以上公司实施前款规定行为的,各公司应当对任一公司的债务承担连带责任。

第六十二条 公司应当通过企业信用信息公示系统向社会公示章程、年度报告、股东缴纳出资情况等信息,具体公示内容按国家相关规定执行。

第六十三条 本章程于 ____ 年 ___ 月 ___ 日订立。

股东签名、盖章:

法定代表人签名:

第六节 / 合伙人退出机制

俗话说合伙容易散伙难,说的就是合伙人要离开公司,如何退出?如果没有退出机制,给公司正常经营带来非常多的不确定性,在企业发展过程中,员工的流动是很正常的,但是作为合伙人,人可能走了,股权仍留在公司,这种人股分离的现象会影响企业的融资、股权转让和重大事项的决策。

为什么会影响企业呢?笔者通过一个小案例告诉大家:张三、李四、王五三个人合伙创业,公司注册的时候直接使用了市场监督管理局的标准章程范本,也没有考虑合伙人退出的问题。张三担任公司重要的技术岗位。企业运营了不到一年,张三便提出要辞职,理由是有一家各方面条件更好的公司向他抛出"橄榄枝",而张三占有公司30%的股权。那么问题来了,另外两个股东能不能要求张三强制退股呢?张三不想退股,理由很简单,他说我是企业的创始人,当初企业成立,我既出了钱也出了力,而且《公司法》没有任何一条规定,股东离职必须退股。其余两个股东也犯了难,都觉得张三离职之后应该退股,但是没有什么站住脚的理由,因为三个合伙人没有签订任何股东协议,也没有对退出机制有特殊的约定。最后另外两个股东，只能无奈之下，花高价把张三股东的股权买过来。

如何避免这种情况发生？我们应当签署股东协议，通过前期协商，做出适合股东的退出机制，让人人都有退路，人人都不吃亏。一套好的退出机制，既能保证股东退出时公司稳定，又能保障所有股东的利益。这种退出机制是每个初创企业都应当设置的，只有提前把路铺好，才能防患于未然。

那么具体如何操作呢？就是合伙人应当提前约定好退出机制。

退出机制，说白了就是股权回购。股权回购分为两类：一类是股权法定回购，即《公司法》明文规定在何种情形下，股东可以要求公司回购股权。另一类是股东约定的退出规则，即公司在章程或股东协议中约定什么情形下股权可以退出。

一、公司股权回购的法定理由

（一）有限责任公司

《公司法》第 89 条规定有下列情形之一的，对股东会该项决议投反对票的股东可以请求公司按照合理的价格收购其股权：

1.公司连续 5 年不向股东分配利润，而公司该 5 年连续盈利，并且符合本法规定的分配利润条件的；

2.公司合并、分立、转让主要财产的；

3.公司章程规定的营业期限届满或者章程规定的其他解散事由出现，股东会通过决议修改章程使公司存续的。

自股东会决议之日起 60 日内，股东与公司不能达成股权收购协议的，股东可以自股东会决议通过之日起 90 日内向人民法院提起诉讼。

公司的控股股东滥用股东权利，严重损害公司或者其他股东利益的,其他股东有权请求公司按照合理的价格收购其股权。

公司依照本条第 1 款、第 3 款规定的情形收购的本公司股权,应当在 6 个月内依法转让或者注销。

(二)股份有限公司

《公司法》第 162 条规定公司不得收购本公司股份。但是,有下列情形之一的除外:

1.减少公司注册资本;

2.与持有本公司股份的其他公司合并;

3.将股份用于员工持股计划或者股权激励;

4.股东因对股东大会作出的公司合并、分立决议持异议,要求公司收购其股份;

5.将股份用于转换公司发行的可转换为股票的公司债券;

6.上市公司为维护公司价值及股东权益所必需。

二、合伙人约定退出规则

事先约定在什么情况下,股东可以退股,一般有以下几种情况:

1.根据法律规定公司发生僵局。

2.公司章程规定退股的情形,因为《公司法》除了上述规定的法定事由,没有关于退股的其他规定。所以公司章程要对退股的适用条件、退股的价格等做好设计,当出现纠纷,有依据可以遵循。

3.股东会作出决议,大家一致同意某股东退股,并且确定好了接收退出股权的主体。股东会是公司的权力机构,如果股东要求退出,公司内部能够达成一致意见并形成股东会决议。

那么,我们在公司章程中如何规定退股条款呢?对于约定退出情形的设计,大体可以分为主动退出和被动退出。

(一)主动退出

股东的主动退出是指股东主动要求退出,放弃股权,对内或对外转让股权,或要求公司回购然后定向减资。这种情况,对于初创期或发展期公司来说,由于发展态势还不够稳定,股东的退出对公司会是一个不小的打击。针对这种情况,建议设定一个退出期限,也就是我们所说的股权锁定期,在锁定期内禁止股东主动退出。比如约定股东在初创期内(如3年内)不能退出,或者说某些关键节点不能退出。还可以约定技术型合伙人退出时,人走股必走。因为公司创立的时候,有人出钱、有人出力。那么对于技术型合伙人来说,他提供的技术资源通过股权来体现他的价值。但当他退出时,股权是要收回的,不能让他带走。

当然我们可以具体约定,股东发生如下情形之一的,公司或控股股东有权以原始投入和净资产价值孰高者回购股权,继续发放其当年度的分红:

1.股东丧失劳动能力的;

2.股东死亡、被宣告死亡或被宣告失踪的;

3.股东达到法定退休年龄(可以部分收购);

4.作为股东的法人或者其他组织依法被吊销营业执照、责令关闭、撤销,或者宣告破产;

5.由于不可抗力或突发事件,致使劳动合同在法律或事实上已经无法继续履行,或合同的根本目的已无法实现;

6.其他非因股东过错而终止劳动合同的。

（二）被动退出

股东的被动退出是指出现约定的情况时，股东被强制性的要求转让股权，剥夺其股东的身份。通常是股东有过错或重大过失的行为，因此也称为过错退出、除名退出。具体而言有以下情形：

1.未满约定的工作年限主动离职，导致公司业务受到严重影响的；

2.未经公司董事会（或股东会）批准，擅自转让、质押、信托或以其他任何方式处分其持有的股权；

3.未经公司董事会（或股东会）批准，自营、与他人合营或为他人经营与公司业务相同或相似的业务的；

4.根据《绩效考核管理规定》的考核，考核年度内累计 × 次月度考核为岗位不合格或者连续 × 个月度考核为岗位不合格；

5.股东严重违反保密或不竞争协议的约定、严重违反劳动合同的约定或者公司规章制度导致公司解除劳动合同的，存在其他严重损害公司利益和名誉的行为；

6.严重失职，营私舞弊，给公司造成重大损害的；

7.股东不能胜任所聘工作岗位或拒绝服从公司工作安排，经公司股东会决议取消其股东资格的；

8.被依法追究刑事责任的等。

公司章程规定出现上述情形时，公司有权解除其股东身份，无偿收回其股权，并不再发放当年分红，如给公司造成损失的，须另行向公司进行赔偿。

（三）股权退出的特殊约定

第一，股东之间约定 3 年不能退出，如果退出按其出资时的原价回购,或者更低的价格回购。但需要注意的是,如果约定的价格明显过低,比如1元回购,一旦引发诉讼纠纷,就可能因为显失公平被法院撤销,这就会造成适得其反。

第二,不遵守职业道德退出,比如你在公司任职期间,违反保密协议和不竞争协议的规定,约定你的股权全部无条件归创始人所有,而且你还向公司支付100万元的赔偿金。

第三,如果协商分期退出的价格,股权要转让给创始人,比如按照三三四退出,第一期退30%,第二期退30%,第三期退40%,现实中有可能公司在成立后经营不善、一直在亏损,这种情况如果再按照股东的出资原价回购股权,那公司就亏大了。可以从公司净资产、原价、公司现估值这三个方面来考虑,哪一个价格低,就按哪一个价格回购。根据实际情况的不同,既可以折价回购,也可以溢价回购。溢价回购就是公司经营情况比较好,有良好的收益且持续盈利,或者为了回报股东的历史贡献,如果这个股东在公司的时间比较长,他对公司的历史贡献比较显著的,那么在正常情况下退股的时候,可以溢价回购。一般来说,回购的价格通常由三种方法进行确定:(1)在原始出资额的基础上,进行折价或者溢价回购。(2)以企业的净资产对应的股权比例数额确定。(3)以最近一轮融资估值对应的股权比例数额确定。

第五章
CHAPTER FIVE

公司股权激励设计

第一节 / 为什么要进行股权激励

一、什么是股权激励

随着现在年轻人跳槽频率越来越高,一个企业要想留住人,就要给他发展空间,充分激发一个人的潜能,如海底捞的 CEO 叫杨丽娟,现在身价数十亿,被称为"打工女皇"。2022 年 3 月 1 日,海底捞官宣人事大变动。海底捞创始人张勇卸任 CEO 职务,副首席执行官兼首席运营官杨丽娟出任 CEO,负责海底捞集团管理及战略发展,被称为史上最牛服务员,一个贫苦家庭出身,只有小学文化的女子,撑起一个市值近千亿的餐饮帝国,非常厉害。然而 27 年前,她只是一位在海底捞端盘子的服务员。杨丽娟出生于 1978 年,老家在四川农村,父母都是普普通通的农民。杨丽娟有两个哥哥,在她还读书的时候,两个哥哥做蜂窝煤生意,如果生意顺利,就可以继续在学校学习,但两个哥哥生意失败了,欠了一屁股的债,为了帮家里还债,1994 年,初中还没读完,杨丽娟就来到四川简阳县城的一家小餐厅打工,每天要负责点单、端盘子的工作,后来认识了影响她一生的人——张勇,杨丽娟勤奋工作给张勇留下了深刻的印象,这一年海底捞的第一家店在四川简阳开业,杨丽娟被张勇挖来海底捞工作，那么海底捞是如何激发出她的潜能的呢？如何让她从一个默默无闻的打工者，成为打工皇帝的呢？一方面是她自己的人生信条——"无论你处于什么行业，确定好自己喜欢的领域之后，扎根深耕。更换工作的时间成本很高，需要适应新的环境、业务、人事关系。有的人频繁更换领域，10年时间就这样悄悄溜走了，但这10年时间如果在某一领域沉淀下去，把每一件看似简单的事情都做好，一定会干出成绩的"。还有，更重要的是海底捞的股权激励机制让她迸发无穷力量，成为打工者的天花板。

我给大家讲一个故事，把这个故事看懂了就明白了什么是股权激励，秦朝统一六国是谁做到的？对于这段丰功伟绩，历史书把它全部记到了秦始皇的头上，但是秦始皇完成的只是一个结果，统一国家影响着中国的发展史，肯定不是一朝一夕就能完成的，是经过几代秦王一棒接一棒努力的结果。从谁开始的呢？实际是从秦孝公开始的，秦孝公慧眼识珠，重用了一个叫商鞅的人，于是就有了商鞅变法，商鞅变法有一条核心法令，就是奖励军功，商鞅实行二十等爵制，商鞅变法规定：秦国的士兵只要斩获敌人的"甲士"（披甲勇士，一般为军中精锐前锋）的一个首级，就可获得一级爵位，奖励田一顷、宅一处和仆人一个。斩杀的首级越多获得的爵位就越高，证据是敌人的人头，也就是说把敌人的甲士杀死后，要把他的人头砍下来带回军营，作为证据。如果老百姓参军了，在战场上杀了一个敌人（披甲勇士），必须割下他的人头带回军营进行登记造册，作为立功的证据，你就获得一级爵位，奖励一顷田地、一处住宅和一个仆人，你杀的敌人越多，获得的爵位越高，奖励你的田地、住宅和仆人越多，本来这些奖励品都属于国家的，现在归个人了，这就是奖励军功！这样秦国士兵只要在战场上杀了敌人，就有名（爵位）有实（田地、住宅和仆人），这像不像国家给战场立功者做"股权"激励呢！这个法令颁布以后,秦国士兵的心理状态是我杀了一个敌人,就获得一级爵位,奖励一顷田地、一处住宅和一个仆人,那么我杀更多的敌人岂不有享不尽的荣华富贵。我们看一下,秦国的士兵在战场上是为谁而战?为秦王吗?为国家吗?都不是,是为自己而战,顺便实现了秦王的愿望,他当然要拼命,其他六国的士兵为谁而战?是为国王,这就是做股权激励和不做股权激励的区别,那么你们公司的员工是为谁而战呢?如果为老板而战!员工的主观能动性就差很多。

　　据历史记载,秦国士兵在战场上非常勇猛,他们通常在腰上悬挂着血淋淋的人头,拿着武器冲向敌方的士兵,对方一看这是什么阵式,没见过这样的场景,没等打仗气势已经没了一半了,于是比画几下,看情况不对,立即逃跑,秦国的士兵是跟你玩儿命的,敌方肯定拼不过不要命的。把激励的底层逻辑搞清楚了,就容易建立机制,推行落地,企业就容易成功,所有干大事的人都掌握了做事的底层逻辑。如果秦王和士兵说我要统一六国,跟这些士兵有什么关系呢?士兵肯定说那是你的理想,和我没有半毛钱关系,不关我事为什么我要为你拼命!但是秦王不与士兵讲这些,他和士兵讲你杀一个敌人,你有什么好处,杀多少个敌人有多少好处,因为有好处,才与士兵的切身利益相关,所以士兵拼命杀敌人,取人头,士兵得了好处,秦王顺便攻陷了城池,顺便把六国也统一了。这就是商鞅变法"股权激励"的底层逻辑,那么用到企业里也是这个道理,老板有梦想,要上市,要做行业老大,但这与员工有关系吗?公司要赚两个亿,跟员工有关系吗?本来没有关系,那么我们就建立关系,比如公司赚一千万,员工可以分一万,公司赚两个亿,员工可以换一辆车,公司上市,员工可以换套房,这样员工就会加油干了,老板制定目标,分解到每个员工,员工执行,公司目标实现了,员工的收益也就实现了,这就是企业实行股权激励的第一个底层逻辑。

第二个底层逻辑,士兵怎么替你杀敌人?就是要解决目标分解问题。你可以杀1个敌人取1个人头,也可以杀10个敌人取10个人头,也可以杀100个敌人取100个人头,因为杀1个敌人,有杀1个敌人的好处,就想要杀10个敌人的好处,杀10个敌人的时候想要杀100个敌人的好处!这实际是在为士兵分解任务,能者多劳,多劳多得。

第三个底层逻辑,目标分解完了,士兵也杀了敌人,你兑现不兑现,一定要兑现,而且立马兑现,不要等,达到了要求就给,不要拖,要及时。

这个就是股权激励的底层逻辑,老板是一个游戏规则的制定者。有些企业发展的很一般,我经常问企业老板的公司产品质量有没有问题?老板说我们公司产品质量没有问题,那么为什么没有做起来呢?哪里出现问题了?其实就是公司的游戏规则出现了问题,不是人不行,很多老板总说是人不行,那么,为什么杨丽娟能做上市公司的 CEO?只有小学文化,你说她不行吗?不是的,其实就是你们公司的游戏规则没有制定好,所以员工干活就没有积极性。

通过商鞅的故事,明白了做股权激励就是要为企业和员工制定目标,明确员工到什么目标有什么好处,然后分解目标,执行目标,达到目标立刻兑现承诺,这是层层递进的关系。

再讲个故事,70年代出生的人都是看西游记长大的,有没有发现孙悟空的问题,在孙悟空加入唐僧团队之前,他大闹天宫,遇神杀神、遇仙玩仙、遇鬼杀鬼,所有的神仙鬼圣是他的手下败将,只有如来佛能制住他,非常厉害,那么,为什么神仙打不过孙悟空?一种解读是说因为神仙是给玉皇大帝打工的,跟孙悟空打架比画两下子立马就跑,但孙悟空为了扬名立万,在天庭站稳脚跟就要跟他们玩儿命。但孙悟空加入唐僧团队之后去西天取经,历经九九八十一难,一路上遇到各种妖魔鬼怪,你发现孙悟空怎么打不过那些妖魔鬼怪了?因为他自己又成打工的了,能不打就不打,打不过就找救兵,反正有那么多帮手能用为什么不用呢?而妖魔鬼怪是各个山头的大股东,你经过这里就把他干掉了,他肯定要跟你玩儿命!所以老板和打工的想法不一样,做事的态度也不一样。

所以说这个年代为什么老板这么厉害,因为老板是玩命的,干不好就要跳楼,为什么员工不行?员工是打工的,干不好可以跳槽。所以要想让公司做大,1个人厉害不如10个人厉害,老板一个人能做3000万元的营业收入,如果所有的员工都像老板一样厉害,公司能干3亿元的营业收入,这就是股权激励最核心的价值,就是让企业成平台,员工变成老板,身份上的转变,达到心理上和实际行动的转变,这就叫激励人才。

通过以上几个故事,我们可以给股权激励下个定义。股权激励,就是将公司股份或股份的特定权益,以某种方式授予公司部分岗位的员工,并期望完成特定的目标,在促进公司快速成长的同时,员工也能分享公司成长带来的收益。下面分解一下。第一,股权激励就是给员工股权或者股份的特定权益如表决权、分红权;第二,以某种方式,比如以期权加分红权方式授予并签订股权激励协议,但要注意授予你的股权,不是赠与你的,你要出钱的,现在不出未来某个时间也要出;第三,要设定什么时间完成什么目标,要在股权激励里约定清楚,这是关键中的关键;第四,给部分岗位的员工,哪些岗位哪些人给,不要都给,有先来后到,普惠制大家都不珍惜;第五,分哪些权益要说清楚,比如有分红权,但有没有表决权要说清楚。另外,做股权激励,要大张旗鼓,全公司公告激励优秀者,所以股权激励说白一点还是那句话,"把公司变成平台,把员工变成创业者,创业者才与老板一样是玩命的"。

二、股权激励的目的

股权激励是企业为了留住人才、吸引人才或者引导员工为公司目标的实现努力奋斗，而对员工来说实行的一种长期激励机制，即公司以股权/股票、期权等作为对价，对其董事、监事（上市公司除外）、高级管理人员和核心员工实施长期激励的一种做法。

相对于以"工资＋奖金＋福利"为基本特征的传统薪酬激励体系而言，股权激励使公司与员工之间建立起了一种更为牢固、更加紧密的战略合作关系。股权激励让激励对象成为企业的所有者，分享企业的分红收益和增值收益。

对公司：

有利于缓解公司面临的资金压力，适当地降低经营成本，减少现金流出。与此同时，也可以提高公司经营业绩，留住绩效高、能力强的核心人才，增强公司的市场竞争力和持续营利能力。解决雇佣制导致的企业难题，是企业快速成长、利润倍增、做大做强、基业长青，实现股东价值最大化（终极目标）的重要手段。

对合伙人（股东）：

合伙人更看重在公司里的长期利益，分红收益和股权增值收益。实行股权激励有利于降低经理人团队的"职业道德风险"，将经理人变成合伙人，将股东利益与经理人团队利益捆绑在一起，能够避免其短视行为，更忠实、勤勉于公司和股东长期利益。

对员工：

让员工获得传统的工资、奖金、福利等薪酬激励的同时，用股权激励作为留住人才、吸引人才或培养人才的方法，引导员工为实现公司和个人的目标共同努力，从而激发员工的积极性和创造性，实现自身价值。实践证明，实施股权激励企业，员工对公司的忠诚度、归属感也会有所增强，通过榜样力量引导员工实现共同进步。

做股权激励的目的是什么，有人说做股权激励不就是为了捆绑人才，大家都能赚到钱吗？也对也不对，对的是确实是这个目的，不对的是这个想法太泛，没有针对性，实施过程中容易跑偏，效果不好。另外，对于企业来讲，股权资源太稀缺了，可能你的全部家当都在你们公司的股权里了，你的每一份心血和汗水，无论是无形资产还是有形资产，全部都体现在你们公司的股权上了。如果你想做股权激励，我来告诉你做股权激励的目的：

1.提高公司业绩。有老板向我咨询，"用股权激励提高公司业绩，总觉得有点麻烦，可不可以考虑不用股权激励？用另外一个方法来提高公司的业绩"，我说你打算用什么方法，这个老板说用提高产品的提成比例的方法，比如这个产品1万元，只要员工帮我卖出去了，把提成比例提高到90%，这个提成比例已经很极端了，但是最后老板发现，提成比例提高了，员工收入提高了，公司利润却降低了，典型的富了和尚穷了庙，更重要的是员工收入提高但从来不感谢老板，如果员工想要达到这么高的提成，最大的前提是你必须把这个产品先卖出去，所以这个提成收入是员工的主动性收入，是有主动付出劳动，才会获得的提成收入，员工通常叫它"血汗钱"，员工在公司赚的血汗钱再多，他都不会感谢老板。其实员工在公司赚再多的钱，不用感谢任何人，是自己努力的结果，也是大家共同努力的结果，销售提成强调的是单兵作战，培养最没有忠诚度的员工，股权激励强调你在什么岗位激励的方式也不同，不同岗位的员工拿不同的钱，大家协同作战让公司业绩最大化。

2.留住核心人才。要想留住人才，强调现在的利益和已经到手的利益没有任何作用，因为它能够被带走，要想让公司的人才不流失、不跳槽，要明确给他未来利益和没到手的利益，但是要员工相信未来利益一定可以到手，这才是留住人才的关键核心，那么股权就是给员工未来的利益，而且是现在又能看得见摸得着的利益，未来又能分红又能享受股权的增值收益。

3.吸引优秀人才。中国有句古话：没有梧桐树，哪有金凤凰？如果我要想让人才来公司上班，得先有梧桐树，梧桐树上还要能结果实，告诉优秀人才，如果你能来公司上班，哪些花是你的，将来可能结出的果实也属于你，但是你要在没开花的时候就要来，经过我们共同努力，才能享有未来的果实，花苞就是股权，将来的果实就是分红或股权增值，这部分收益是在工资和奖金之外的收益。

4.为企业降低人力成本压力。现在企业人力资源成本还是比较高的，特别是一些互联网科技公司或咨询类公司，很多企业如果把员工的工资和奖金翻一翻，几乎就没有利润了。当年华为实行全员持股，目的也是延迟发放员工奖金，增加企业的现金流，为什么用股权激励可以解决企业人力资源成本的压力呢？非常简单，其一，授予股权激励，现金支付工资和奖金的比例大大降低；其二，实行股权激励还能向员工融资；其三，授予员工股权激励，员工对未来分红收益的期望会客观上增加公司的利润，也意味着增加公司的现金流。

5.股权释兵权，宋朝，宋太祖赵匡胤，为了加强中央集权，同时避免有功将领也有当皇帝的想法，赵匡胤通过一次酒宴，以威胁利诱的方式，要求带兵将领交出兵权。这就是中国历史上著名的杯酒释兵权。股权释兵权主要是解决什么问题呢？公司功臣过去对公司发展做出过贡献，但现在没有能力跟上企业发展的步伐，拖企业发展的后腿，所以授予他股权，让他们拿分红收益和股权增值收益，就是让他们在增加收益的情况下退休，安享晚年。

6. 减少员工经营企业的短视行为。我们都希望每位员工始终能站在公司高度，站在老板的高度，为企业考虑发展问题。如果提升他的企业所得税税后收入比例，他的高度就会自动拉升，有些企业家整天想着搞公司文化，其实对于员工最好的文化就是赚钱文化，当一个人的利益与企业的税后利益挂钩的时候，那么他的利益和企业的利益才息息相关，他才会像老板一样重视控制公司成本和费用，才会重视公司未来长远的发展和利益，而股权就是股东基于未来利益的体现，所以当一个员工的股权利益被确定之后，他才能真正地站在老板的高度、公司的高度去考虑问题。

7. 安抚能够继续工作的老员工，实际这不是做给老员工看的，主要是做给新员工看的，如果对老员工卸磨杀驴，那么新员工会怎么想，几年之后他也许就是下一头驴，随着企业的发展，在对待能力不够的老员工、跟不上企业发展步伐的老员工方面，如果没有一套完美的退出方案，也会影响新员工工作热情，授予股权就是让他们退而不休，继续为企业发展贡献余热。

8. 为融资、上市做准备，如果你的企业是科技类公司，不做股权激励，不绑定科技人才和管理人才，没有人会给你投资，上市审核也是减分项。

三、如何判断你的企业是否适合做股权激励

在启动股权激励之前，一定要对企业做体检，避免股权分出去了，员工还和以前一样，甚至不如以前，拿不到分红还整天埋怨老板，不努力工作，再想将股权收回来难上加难，造成股权激励的严重消极后果。

如何判断你的公司是否适合做股权激励呢？有四个维度可以考虑：一是公司的现状，就是公司目前的现状是否适合导入股权激励；二是老板有没有彻底想明白要不要干？三是你的员工有没有做好接受

股权激励的准备；四是你的股权架构是否搭好？现在，我们一个一个来讲：

首先，看一个公司目前适不适合导入股权激励，考虑以下问题：

1.公司发展阶段是什么？

比如公司刚刚成立，在初创阶段，基本不适合做股权激励，因为这个时候你需要持续投入资金和人力，而且公司的商业模式还没有成型，未来能不能生存下来不知道，能不能盈利也不知道，公司员工基本上都是公司股东，你说你给其他员工股权激励，股权对于初创企业太珍贵，不能随便给，再者说这个时候没有一个员工会相信公司会做好，股权会值钱，所以这个时候实施股权激励太早了，公司初创期不适合。

公司初创期过了之后就到了生存期，这个时候公司的商业模式基本固定了，产品已经上市了，营业收入也有所增长，但是公司目前还没有办法实现盈利或者盈利很微薄，这时候应该给予公司的核心技术人员一定的股权，只是在模式和支付期限上更加灵活，而对于大部分员工而言，考虑的永远是风险而不是收益，他们只看公司现在能不能赚钱，这是人的本性。

当员工和当老板最大的区别是什么？员工上班一天不管做的有多差，照样可以领工资，无论公司是赚还是亏，他都旱涝保收，但是对于老板，公司成立前几年其可能都领不到钱，甚至自己还得往公司里填钱，什么时候开始赚钱，其实很多老板内心也没有把握，但是作为老板照样往前跑，照样全力以赴，所以老板和员工最大的区别是是否愿意担风险，你公司处在生存期，盈利能力又不强，随时都可能死亡，所以你这个时候让员工入股，他们肯定不同意。

然后我们再来看，过了生存期进入快速增长期的时候最适合做股权激励了，因为员工是否愿意入股，其实他就考虑两个因素：一是投资是否安全,二是投资回报如何?如果公司进入快速增长期,未来一片大好,预计未来几年增长非常快,他们肯定入股,所以记住这句话,入股就是买的预期,只要预期好,他们一定愿意入股。

如果公司进入快速增长期之后,完全步入正轨,而且公司的营业收入和利润不停地增长,公司经营团队的人数也在增加,公司蒸蒸日上、欣欣向荣,这个时候给谁股权激励谁都会要,不要等到了成熟期的时候,股权激励的门槛也提高了,投资的成本高了,回报率变低了,所以这个时候最适合做股权激励了。

快速增长期过了之后进入成熟期,成熟期可以做股权激励,这个时候就要保存量、求增量,同时公司寻求第二增长曲线,所以股权激励模式可能会选用一些另类的,如独立核算模式、内部创业等。

公司成熟期进入衰退期的时候,如果做股权激励,没人愿意要了。

2. 公司发展是否存在风险?

如果你公司是不赚钱的,打死员工也不愿意入股,因为员工最担心的就是风险,不要认为员工出的钱很少,亏了也没关系,其实人对钱多少的评判标准是不一样的,100万元对你来说可能是九牛一毛,但是对普通员工而言,可能是倾家荡产,10万元对他来说可能也是天文数字,而且对于普通人来说,钱更值钱,同样10万元,他觉得那是100万元,而你觉得可能是1万元,这就是现实。

而且他把自己全部的钱拿出来投给公司,他的期望值肯定高,他要亏了你怎么交代?所以有时候老板让员工入股,并不是说自己更轻松了,而是身上担子更重了,因为员工不入股,反正赚钱亏钱,都是老板自己的,现在员工一入股,如果亏钱,心里永远是负担。

我给大家讲一个很极端的例子,无锡有一家公司,一个小股东拿出全部积蓄投入公司,几年没拿到分红,由于急用钱,想让老板退钱,老板不同意，两人就大吵一架，他竟然把老板打伤了，所以在一般人眼里，钱可能无比珍惜，所以有的钱不是随便用的。

3.做股权激励的时机如何？

有的老板做股权激励，是一种融资的心态，就是在公司发展前景欠佳、市场急剧萎缩的时候，公司缺少现金流做股权激励，目的是向员工融资，增加公司的流动性，这时候做股权激励是没人愿意出钱的，所以做股权激励一定是在公司发展蒸蒸日上、欣欣向荣的时候。

其次，就是老板有没有彻底想明白要不要干？

因为很多老板喜欢学习别人，人家做股权激励，他也做股权激励，人家给员工分股权，他也给员工分股权，人家能成功，他就相信自己也能成功，可能是自己的产品都是仿制人家的，所以喜欢学习别人，但人家成功不代表你能成功。

做股权激励，首先你的这家公司不再是你一人或几个人的公司了，又增加多位股东，不再是自己的独立王国了，股东多了，意味着很多事你不能盲目拍板，事先必须和兄弟们商量一下，让兄弟们有参与感，别人有知情权了，然后你再拍板作决定，这样大家会支持你的决定。

企业老板的传统思维即所有事都是一个人说了算，对也是这么干，错也是这么干，而且员工越说老板有错，老板越是这么干，越想证明自己是对的，撞了墙了，十头牛都拉不回，这就很极端。做股权激励就是要利用现在核心人才，把自己往后推，在某种程度上让人家说了算，如果你的员工成为你的合伙人了，也出钱买了公司的股权了，别人也有投资，你就得让别人说话，如果你根本不允许别人说话，人家会觉得自己拿到这个股份很不情愿。

所以记住，股权激励一定要以老板愿意将企业利润和成长与员工分享的心态为基础，但是事实上很多老板做股权激励的时候，没有这样的心理指导，他的想法只是为了留住人才，把对企业长远发展有用的人才进行捆绑，防止核心人才离开以后进入对手的企业或者另立山头与自己竞争。如果老板是这样的心态，他是不会真正把员工当作股东，不是让利和分享的心态。而股权激励的对象是员工，企业的业绩与员工的努力程度息息相关，员工的努力程度取决于员工的心理状态，状态好，工作积极性就高，所以股权激励包括物质和精神两方面的激励。如果老板的心态基础不对，股权激励最终是不会成功的。

再次，员工有没有做好接受股权激励的准备？

公司目前发展阶段挺好，老板也想通了也要给员工股权，但是目前员工有没有做好接受股权激励的准备？

1. 价值观是否一致？价值观一致就给，价值观不一致绝对不能给，如果这个员工什么事都和你唱反调就不能给，就要一票否决。

2. 入职年限有要求，你想把员工发展为重要的合伙人，至少需要3年，为什么是3年？很简单，3年才看出价值观是否一致，平时在你面前陈总长陈总短的，你说什么他都听，什么都看不出来，不经历风雨哪里见到彩虹，不经历冲突，尤其是在共患难的时候，哪能看出价值观是否一致？日久见人心，相处必须3年以上。

3. 家庭是否稳定，收入是不是比较高？比如现在他家里全部收入一个月就几千元，甚至连房子也买不起，然后孩子还要上学，不让公司资助就不错了，你让这类员工入股，他心里想的是老板你还不如每个月多发500元来得更现实，所以如果员工家庭收入太低，也不适合给他股权激励。

最后你再看看他是不是你的核心层？股权激励永远不能全员持股，永远是给不可或缺的人、不可替代的人、未来给我公司创造更大价值的人。你不能说既然股权激励好用，我就全员持股，全员持股等于全员福利，这个时候你就失去了激励的意义。太年轻也不能给股权激励，你说有一个年轻人能力特别强，将来能堪大用，那暂时也不能给，年轻人永远是短视的，最关注的是眼前的利益，关注这个月发多少钱，甚至是你年底能不能发钱，他都会在担心，你说给他股份，没有意义。什么年龄段的人最好，我认为到了一定年龄，比如三四十岁给最好，这个时候基本家庭生活已经解决了，他们需要稳定，渴望成功，因为股权激励就是长期激励，而不是短期激励，给这样的人效果就好。

最后，公司的股权架构是否搭好？

做股权激励就是为了让员工持股，那么员工在哪里持股？是不能直接持有主体公司股权的，应该做一层的风险隔离，就是应该建立一个有限责任公司或者有限合伙企业作为主体运营公司的股东之一，让员工在新成立的有限公司或有限合伙企业里持有股权，所以做股权激励要提前做好股权架构的布局。

四、如果公司存在以下问题，要先调整，再考虑做股权激励

1.财务管理有问题，公司两套账，哪套账也不能准确反映企业的净资产和利润。从老板的角度，做股权激励的目的是稳定队伍、吸引人才、解放自己、增长业绩、实现企业战略发展。员工对股权激励的期待，是拥有企业的分红权甚至股权的增值权，而员工能够取得分红收益的基础是公司盈利，如果财务报表无法准确反映公司盈利情况，员工的行权条件都无法确定，老板认为日子到了不符合行权条件，员工认为自己符合条件，产生争议。实操中，很多老板进行财务核算不是按权责发生制，而是按收付实现制进行财务核算。简单来说，就是企业有多少钱进来，多少钱支出，收入减去支出就是利润，企业设备折旧都不计算在内，员工对企业是否交税也不知情，这种情况下，员工认为老板挣了很

多钱却不分红,就会对老板失去信任。所以如果财务管理混乱,需要先理顺财务账。

2.没有健全的绩效考核体系,绩效考核在股权激励中是获得股权数额、行权或计算分红权的基础。简单来说,就是根据员工的表现来授予股权,首先,公司会根据员工的表现来决定谁能得到股权,以及每个人可以得到多少额度的股权,这都是基于考核的结果。同时,员工要想真正获得股权,还需要满足一些业绩条件,这些条件既包括公司的整体目标,也包括员工的个人目标。

3.现金流紧张,大多数中小企业做股权激励会选择虚拟股权的模式,员工取得公司的利润分红权。员工行权的时候,企业要支付现金,如果企业现金流紧张,员工的分红权将无法及时兑现。一旦老板兑现不了分红权,员工马上士气低落,对企业和老板丧失信心,一旦丧失信心,员工就可能走了。所以这种情况下企业也是不适合做股权激励的。

4.老板个人财产与企业财产混同,老板个人财产与企业财产混同,不仅企业的财务管理混乱,对员工的股权授予条件、行权条件、分红的数额等均无法计算,而且企业的财产也很有可能被老板侵占或挪用,员工对老板和企业也不会建立信任,不能做股权激励。

总体来说,要让公司的股权激励发挥最佳效果,首先,公司需有健全的财务制度,以及科学绩效考核标准;其次,老板应该主动与员工分享利润,展现大局胸怀;最后,有效实施股权激励,按贡献分配股权。这些因素共同作用,才能稳定内部团队、吸引人才、提升业绩,最终实现企业战略目标,实现公司和员工的共赢。

第二节 / 股权激励关键要素

一、对哪些人进行股权激励

(一)企业内部人员

"千军易得,良将难求",选准对象,才能使股权激励发挥应有的效果,才能起到榜样的作用,选人的原则就是公平、公正、公开,把公司的花名册拿来,对照这张表(见表5-1),一对照你就知道把股权分给谁了,就这么简单。第一层是核心层,也就是决策层,什么是核心层?就是公司的总裁、副总裁,事业部总经理或子公司的总经理,从战略上把握公司方向的,执行公司整体战略的,对公司整体负责的,带领管理层和核心技术人员执行公司战略规划落地和公司日常经营,是公司发展的执行团队。第二层是管理层和核心技术团队,对公司事务具体落地执行的,是维持公司正常运转的关键人员。第三层是骨干层,就是年度考核为A的优秀员工,难以替代,培养周期较长,市场上难以招聘的人,能够协助管理层具体落地、直接出成绩的。股权激励不能一上来就给所有员工,要有一个循序渐进的过程。

表 5-1　股权激励对象

人员类型		人员细分	激励理由	拟激励批次
第一层面	核心层	董事长、总裁、副总裁、子公司总经理	从战略上把握公司/子公司经营管理的方向，对公司/子公司经营业绩的达成起主导作用	第一批
第二层面	管理层/核心技术	经理、部长、主管	战略执行落地，维系整个公司系统协调稳定运转的核心人物	第二批
第三层面	骨干层	• 年度综合考核成绩为 A 等； • 对公司有特殊贡献； • 掌握特殊技能，培养周期较长或培训投入较大； • 属于市场稀缺人才，招聘难度较大	难以取代	第三批

我们遵循的原则是公平、公正、公开，公平就是先定好规则，按照对照表，某一层面给就全给，不能给一部分，不给一部分，给多少要有区别；公正就是要公正地对待所有员工，不能按性别、出生地域、长相、家庭背景及与老板私人感情的好恶来区别对待。如果确定了入围层级，就要严格按照入围门槛的要求来确定激励对象，没有例外情形。

公开要求整个股权激励计划公开进行，要公示，比如哪些人属于管理层，哪些人属于决策层，激励的标准是什么，激励的数额是多少，都要统一公开，向全公司公示，让激励对象起到表率作用。

比如先给决策层，一般决策层对股权激励是最渴望的，在决策层落地之后，年底领到分红了，别人一看还真有好处，第二年做第二期管理层的股权激励，管理层每个人都愿意购买股权了，这就是股权激励真正的效果，如果你没有循序渐进，一下子全员持股，难以落实是一方面，另一方面等于发福利，没有激励的作用。对于如何选定股权激励的对象，大家一定要记住，股权激励是着眼未来的，激励对象必须是未来对公司发展起核心和关键作用的人。

另外，也要注意股权激励的授予人数与授予频率要控制，建议第一次不要超过公司总人数的8%，意思就是说如果企业的员工有100人左右，那么进入股权激励范围的人数大概8个人比较合适。有企业家问：100个人的企业只有8个人成为合伙人，其他的92个人是不是不让他变成合伙人？不是！剩下的92个人也有机会，只是不在这一批，第二年进行第二批的股权激励，如果有达到股权激励授予标准的，比如有10个人，进行第二批的股权激励，也就是说按照绩效考核规定，你做的每一份贡献都跟你未来是否获得股份去挂钩的，并不是说非要奋斗到了总监级别或者总经理级别，才开始授予股权，总监级别或总经理级别只是授予股权激励的其中一个标准而已。

我之前讲过这么一个故事。有位老板听完股权激励课程后很兴奋，第二天一大早给公司管理层召开会议。告诉他们，你们这几个非常优秀，我已经想通了。今年拿出30%的分红权给大家，老板把这几句话说完之后，没过几天，这10个管理层回去以后开了一个小会，说我们10个人联合起来找老板再谈一次。如果我们10个人加起来，不给我们超过50%的分红权，那我们就集体离职，为什么会出现这种情况，是因为股权激励给谁，给多少，为什么给，没有标准和规则，完全就是老板按照个人喜好，冲动之下做的，冲动之下就给别人留下谈判空间，对企业影响非常大。

（二）企业的上下游

如果你的公司上下游没有形成很好的链接，很难相信你的企业能稳定发展，抗风险能力会很弱，你做的越大，客户越多，被上游的供应商卡住的风险就越大。如果上游原材料给你涨价，你就没有钱赚了，用股权深度捆绑你的上游供应商和下游销售商，换取稳定的资源，但是你的股权不值钱谁要呢？所以说对股权未来的资本化设计其实是非常重要的一步，让上下游同富贵共患难。

（三）影子股东

所谓的影子股东就是现在公司对我职业发展非常重要，出于某种考虑，不方便拿自己的身份证持股，所以就拿别人的身份证持股，影子股东有的是实际控制人，有的是一般的股东，但对公司经营决策都能产生一定的影响。那影子股东为什么不用自己的身份证持股，其实也是从竞争角度来分析的，有务虚的部分也有务实的部分。主要是务虚的部分，竞争对手不能找到真正的股东，因为你能找到的那个人又不是真正的股东，只是挂个名字而已，真正的人在后面起作用，所以竞争对手找不到你这个狙击对象，这就是务虚的部分。所以从市场竞争的角度来讲，一个企业在股东布局上，在公司登记机关注册登记上遵循虚实结合的原则，这是非常重要的，不能把你所有的力量全部暴露在竞争对手的打击之下。

（四）给员工做股权激励，员工要出钱吗

很多企业家问我说，给员工做股权激励必须员工掏钱吗？我现在

告诉大家一定要掏钱,因为钱在哪里,心在哪里,一旦钱留在这里,那么他就会全身心地付出。那么做股权激励真的那么容易吗?老板是这么认为的,这是一个大家共同发财致富,共同创造未来的好机会,对员工是一定有好处的,跟着我干,好好干,一定能发财,一定有很好的未来。那么员工是怎么想的呢?他们的心理状态是我入股就那么一点点,在公司也说了不算,最后拍板的还是老板,你说怎样就怎样,我的权利怎么保障?万一赔钱怎么办?我的钱能不能拿回来,现在老板和员工的关系就是这样,不管老板是否为了员工好,公司任何一项新的改革,新的机制的出台,员工总是质疑的多,认同的少,大部分人都在观望,甚至还拉倒车。

为什么要掏钱?除"钱在哪里,心就在哪里"之外,还有一句话说得也很对,叫不掏钱的股份叫奖励,掏钱的股份才叫激励,所以想起到激励性,你必须让员工掏钱,但掏多少钱呢?

比如一个公司估值5000万元,你让员工掏多少钱?掏少了他没感觉,掏多了他也拿不出来,究竟让员工掏多少呢?两个标准,第一个他的年收入是多少?第二个回报率是多少,先说年收入标准,如果这个员工年收入在50万元,你最好让他入股金额也在50万元左右,为什么?等于入股的最大风险等于一年收入为零,现在的"80后""90后"都上有老下有小,一年的收入对生活的影响还是很大的,亏没了才能感觉痛,如果一年收入50万元,让他拿10万元入股,对他来讲没有太大影响,所以没有危机感,因为,第一,掏的钱少,分红也少,没啥感觉;第二,风险也小,亏了也无所谓,不重视。

另外,我们股权激励让员工买多少股份,永远不是看他家里有多少钱,而是看他对公司做了多少贡献,包括未来他能对公司做出贡献的预期,所以你不能说谁家的钱多,你让谁入股,那就乱套了,入股的数额对标的是他的贡献，因为股权激励的本质是融人，而不是融资，如果要融资，直接找投资人更好。

二、激励股权的来源

（一）股权转让

股权转让是一种最简单、高效的股权来源形式。原股东转让股权需要依照《公司法》有关股权转让的相关规定办理。但原股东各自转让的比例，需要根据公司的股权结构确定。当股权比较集中时，可以考虑只从控股股东转让或者大部分由控股股东转让；当股权较为分散时，可以由各方等比例转让。由原股东转让股权，激励对象直接持股的，激励对象与原股东签署股权转让协议，向原股东直接支付股权转让款，建议将公司作为协议主体的一方签署股权激励协议。因为股权激励是公司和激励对象之间安排，原股东在法律上其实是没有义务一定要出让股权的。这种操作的实质是公司委托股东完成股权转让行为以实现公司与激励对象之间的激励约定。如果公司不作为激励协议的主体一方，原股东和激励对象之间的股权转让行为就没有事实基础。

被激励对象也可以联合设立持股平台，激励对象将出资缴纳至持股平台，持股平台再与原股东签署股权转让协议，并由持股平台将股权转让款支付给原股东。

（二）增资扩股

增资形成的股权是激励对象按照一定价格以现金增资至企业，从而获得股权。采用增资方式激励的，公司总股本增加，原股东股权数额不变，但股权比例被稀释。采用增资方式激励的优点很明显：第一，激励对象为股权的取得付出了对价，公司增加了现金流，激励对象的参与意识强；第二，解决了控股股东持股比例不高无法转让股权的困境；第三，解决了原股东无法协商各自转让比例的难题。

这种方式公司通过增资的形式解决激励股权的来源问题。采用这种方式时需要注意两个问题：(1)公司其他股东需要放弃优先认购权。如果公司之前有融资行为，还要确保当时的融资协议中"反稀释权"条款(如有)不适用于股权激励情况下的增资。(2)对激励对象增发股份，在非上市公司中不存在法律障碍，但要符合《公司法》关于股东人数上限的要求。有限公司股东上限为50人，股份有限公司股东上限为200人。如果激励对象人数超过这些限制，可以考虑通过设立有限公司或者有限合伙的形式让激励对象间接持股。

(三)预留期权池

期权池，是指在不稀释创业团队原始股份的前提下，在公司成立时或进行融资前将一部分的股权预留出来，作为未来引进管理人才和技术人才而进行期权激励的股份。

根据《公司法》的相关规定，股权必须依托于特定的主体。所以期权涉及的股份采取下列变通方式：(1)创始人(或其他特定人)代持。(2)设立员工持股的有限合伙企业，持有公司期权池。其中创始人为执行事务合伙人。(3)设立员工持股的有限公司，持有公司期权池。

在实际股权激励中，也可以采用华为的做法，成立持股平台，由平台持有主体公司股权。而员工获得的不是期权激励，是虚拟股票，员工享受虚拟股票衍生出来的分红权和增值权。

期权池的股份比例一般为10%~30%，但是需要结合公司的实际融资情况确定。通常情况下，如果预留超过30%，创始团队会比较难以接受，预留低于10%，在未来吸引人才时影响力较弱。风险投资人一般会要求创业公司根据投资完成后的一定比例确定期权池，但是这个期权池要在投资前完成。也就是说，假如以投资完成后公司的20%股权作为期权池，实际创业公司的原股东要奉献出投资完成前持有公司20%以上的股权才能达到此结果。

在对期权进行分配时，建议股权激励的节奏与公司未来发展实际情况一致，期权（或股权）不要一次性授予，而是要分期激励。设计好期权的分期、等待期、可行权日、行使期限等时间节点。另外，也要设置好退出机制。员工离职时，股权激励的期权有两种情况：未成熟和成熟的。员工离职，未成熟的期权就失效了；对于已成熟的期权，建议约定公司或大股东回购，员工需无条件配合。回购价格也要事前约定好。

（四）公司回购本公司股份

股份有限公司可以回购自己的股份用于股权激励。《公司法》第162条规定："公司不得收购本公司股份。但是，有下列情形之一的除外：……（三）将股份用于员工持股计划或者股权激励……公司因前款第三项、第五项、第六项规定的情形收购本公司股份的，可以按照公司章程或者股东会的授权，经三分之二以上董事出席的董事会会议决议……公司依照本条第一款规定收购本公司股份后，……属于第三项、第五项、第六项情形的，公司合计持有的本公司股份数不得超过本公司已发行股份总数的百分之十，并应当在三年内转让或者注销……"不过，对有限责任公司而言，由于不存在股权公开交易的市场，一般采用公司增发股权或者老股东出让股权的方式，来解决激励股权的来源问题。

（五）二级市场购买

通过二级市场购买股权是上市公司解决激励股权来源的又一个重

要途径，这种方式在上市公司员工持股计划操作中比较常用。一般做法是，上市公司委托证券公司设立定向资产管理计划，或者委托信托公司设立集合资金信托计划，再以募集的资金在二级市场购买上市公司股票，作为股权激励的标的。

（六）资本公积或盈余公积转增

公司可以通过股东会作出决议，将一部分资本公积或者盈余公积转增为公司的股份，作为预留股份实施未来的股权激励计划。

三、确定激励股权的价格

老板想用公司 10% 的股权做股权激励，如何定价？大家看这个案例。

股权激励的股权定价，有的老板认为自己说了算，有的老板认为要和员工商量，一个愿打一个愿挨定价法，看这个案例，有一个老板平时就爱听股权课，三教九流各门派的股权激励课都听了，他自认为也是股权激励专家，自己干就行了，说起股权激励一套一套的，好像比谁都明白，他给自己公司做了一套股权激励方案，自认为天衣无缝，员工肯定抢着买，他先把自己公司估值是 1 个亿，然后拿出来 10% 的股权给员工，1 个亿的 10% 就是 1000 万元，但是如果以 1000 万元的价格卖给员工，就是转让股权，不是股权激励，从员工利益着想，他打五折以 500 万元卖给员工，作出这个决定的时候心里是在滴血，因为老板分股权等于在割自己身上肉，公司有很多土地和厂房，就好像把土地和厂房分给了别人，他并不明白正是公司有了这些土地和厂房影响到公司的估值，但是他想通了舍不得孩子套不着狼的道理，只要员工和自己一条心，豁出去了。

第二天他把公司核心高管和管理层召集到公司会议室，向大家宣布公司要搞股权激励,给大家讲什么是股权激励,怎么做股权激励,公司估值多少？决定拿出 10% 的股权分给大家,10% 价值 1000 万元,然后打五折,买一送一等于 500 万元给大家,他以为自己讲完之后下面会欢呼雀跃,抢着要股权,相反下面鸦雀无声,他认为这么大的事情,大家都要回去和家里人商量一下,明天应该要拿钱买了,于是这位老板说,今天散会,明天大家再和我说认购数额。

下班后,这些高管私下里建立一个微信群,讨论今天老板宣布的事情,老板为什么要把股权卖给我们？老板为什么以这么低的价格把股权卖给我们？背后有什么原因？讨论一番,大家得出老板投资其他项目失败缺钱的结论,那么还是不买股权,大家怕血本无归,看看情况再说。

第二天老板把高管召集起来,问昨天股权激励的事情和家里人讨论如何了？大家都回答说没钱买,老板很伤心,怎么也想不通,那么,是不是员工对公司没信心呢？是不是老板人品有问题呢？其实都不是,这个老板学股权只学了一个皮毛,是他做股权激励的方法有问题。

如果让这些员工抢着买股权,必须干一件事情,就是给股权定价,但不能自己定,需要找了一个投资人,如果投资人投钱到这个老板的公司,占 10% 的股权,实缴 1500 万元的真金白银,那么公司的估值就是 1.5 亿元。这样起到两个作用,第一,表明公司价值不是老板定的,是市场定的;第二,公司有投资人了,员工的信心会大增。就会抢着买股权,后来这个老板咨询我,我建议他这样做,半年后又给员工做股权激励,结果 10% 的股权不是 500 万元卖给员工最终 800 万元卖给员工,大家是不是觉得不可思议,同样的股权半年后涨了 300 万元,高管还抢着买,只是给股权定个价而已,这就是人性,我们中国人都有个习惯,买涨不买跌,最重要的员工入完股之后,他知道 10% 值多少钱,是 1500 万元,他们按 800 万元买到即赚到。

所以股权激励定价不是随便定的，要有依据，一般分为外部对标定价法和内部对标定价法，所以想给员工做股权激励，一定要外部对标定价，你们公司要想把股权卖给员工得先找个专业的投资人来投确定价格，普通的投资人不权威也不专业。有的公司老板说我们公司就不希望有人投，还有没有其他办法定价，真有！怎么定，用内部对标定价法？内部对标定价法怎么做？比如有个公司，注册资本金1000万元，净资产2000万元，上一年现金收入是1亿元，上一年净利润1000万元，这个公司保守估值是多少钱？一般是10倍的市盈率，公司保守估值是1亿元，那么这个公司的股票是多少钱一股？股改的方法有两种，第一种是按照注册资本金股改，第二种是按照净资产股改，一般都是按净资产股改，如果按净资产股改，这个公司是2000万股。那么就5元/股，但给员工做股权激励就不能超过5元，要低于5元，不能低于1元，所以给员工股权激励的价格就在1元到5元确定。

1.授予股权激励的价格是否都一样？

公司对任何人做股权激励和每期做股权激励的价格是不是都一样？当然不是，前面讲过，授予股权激励的层级包括三个，第一层级是核心层。假设公司有一个王总经理，计划给他4%的股权，公司总共2000万股，4%就是80万股，如果你跟他说，王总来我给你80万股，那么这80万股值多少钱？如果按原始5元/股，一共400万元，但是做股权激励不能按这个价格给王总，假设给核心层的购买价格是2.5元/股，那么王总要出资200万元，王总为什么要出资200万元，他就要考虑回报率的问题了，这一年净利润是1000万元，第二年假设通过股权激励公司净利润达到1500万元，王总可以分60万元。投200万元分60万元投资回报率是30%，这个投资回报率非常可观，所以他一定会买。

假设3年以后由于做了股权激励，所有人都跟老板一样努力，公司的净利润变成 2000 万元了，公司的估值是 2 亿元，公司有 2000 万股，这时候股票价格为 10 元/股，王总手上有 80 万股，价值 800 万元，3 年前他掏 200 万元买的，3 年涨了 600 万元，如果跟他签 3 年的锁定期，你让他离开他都不离开了。

所以说你会发现做股权激励，员工他有两项收益，第一项收益是分红收益，第二项收益是股份增值收益，分红是实的，增值是虚的，这叫虚实结合，这个时候王总的目标跟老板的目标就一致了。

第一，如果王总想多分红，就要努力工作让公司净利润增加，他分红就越多，所以说他与老板的目标是一致的。

第二，王总要想让自己股票增值越高，他就要想办法让公司变得更加值钱，公司赚钱未必值钱，值钱的公司未必赚钱，所以说老板有两个目标，一是让公司赚钱，二是让公司值钱，这个时候王总与老板的目标又是一致的。

第二层级是管理层，管理层的购买价格可以是 2.2 元/股，也可以是 2.4 元/股，核心层最高购买额度是 4%，管理层最高购买 1.5%。

第三层级是骨干层，购买价格可以是 2 元/股，最高购买 0.5%，所以说你会发现每一个层级的购买价格是不一样的，每个激励对象购买的上限也是不一样的，股权是奢侈品，不是想买就买的。

2.股权激励价格一般有以下定价方式

第一种定价方式是对标向第三人股权融资或者把股权向第三人转让的价格（估值定价）；第二种定价方式是对标注册资本的价格；第三种定价方式是以公司的净资产作为股权价格的标准。

四、股权激励的期限设计

为什么要对股权激励的期限进行设计呢？第一，一个项目从开始运作到盈利需要一定的时间。第二，也是最重要的，股权激励期限设计就是给激励对象戴副时间手铐，也就是一副金手铐，用时间锁住人谁都不愿意，但这是一副足金的手铐锁住你，将来到开锁的时候金手铐就属于你了，员工就愿意戴了，为什么要戴金手铐呢？其实就是我们用股权来换高管和核心员工的时间，然后实现共赢。第三，从员工角度讲，持有公司股权，是为了投资回报，资本最大的特点是逐利性，如果有其他投资有更大的回报，激励对象会抽回资金，投资其他收益更大的项目。对于戴金手铐，如果不好理解，讲个故事就明白了。

还是说西游记，为什么要给孙悟空带紧箍咒？因为孙悟空本事强，有自己的主见，经常不听话，一不高兴，就消极怠工，回花果山自主创业，所以要想孙悟空全心全意为去西天取经服务，就必须给他戴一个紧箍咒，以限制他的行为，老老实实跟着唐僧去西天取经，然后唐僧修成正果，他也修成正果，达到双赢，所以给高管戴金手铐就如同给孙悟空带紧箍咒。给高管股权激励就如同给他们带上紧箍咒，什么叫股权激励，通俗地讲股权激励就是给优秀员工一部分股份来换取优秀员工在公司付出的时间，你可以理解为用股份换时间，时间的背后是优秀员工的业绩、贡献、能力。

如果股权激励用期权模式，如何设计激励期限呢？应设计三个时间期限，分别是授予时间、等待期、行权期，各个时间点的设计是非常有讲究的。例如，说你给王总100万股，那么这100万股如何给王总呢？首先签署股权激励协议约定一个授予时间和授予价格，同时确定绩效考核目标和目标分期实现的时间节点，期权的授予时间和绩效考核约定时间节点之间的期限就是等待期，绩效考核时间节点到了以后看绩效考核的目标是否达到？达到就行权，达不到先不行权，100万股分几次行权就约定几个绩效考核的时间节点，到了时间节点而且达到绩效考核目标,就进入行权期,行权期时间比较短,如果在行权期不行权视为放弃行权,如果行权就进入归属期,如果这100万股一次行权,那就是一次性买,如果两次行权期分两次买,每次50%,如果是分三次行权,可以433也可以334,由公司自己来定,为什么要设置分期行权?第一个目的是减轻员工资金压力,一次性购买有压力,所以让员工分期购买。第二个目的是金手铐戴得更久些。第三个目的是设置行权条件,我授予你100万股,但是你能不能买?就看你是否完成绩效考核,比如一共给你100万股,第一年行权30%,第二年行权30%,第三年行权40%,但是约定的行权条件是第一年必须把业绩做到5000万元,第二年做到6000万元,第三年做到7000万元,只要你每年做到了,才让你买当年激励份额,你做不到就不让你买。

这就是行权的约定,一般行权以后股份进入归属期,到了归属期一般员工就可以自由卖出。但对于高管,公司应根据法律法规、公司章程的规定约定禁售期也就是锁定期。

我们再来说禁售期,也叫锁定期,就是在这个时间内股权不允许转让,锁定期一般是几年呢?我们可以约定3~5年,为什么跨度这么大呢?其实取决于你是什么行业。如果你这家公司是人力资源密集型行业,比如像咨询公司、培训公司、设计锁定期越长越好,可以是5年,为什么是5年,比如现在你的员工,授予股权激励的年龄已经30多岁甚至40多岁了,如果分3年行权,锁定期5年,然后分4年转让,加起来将近12年,他把12年的青春付给了公司,未来锁定期满之后已经40多岁甚至50多岁了,他到这个年龄再找工作比较难了,创业他也没有精力了,所以说如果是人力资源密集型企业锁定期建议5年,如果对人才依赖度不大,可以3年,但是最短不低于法律规定的1年,包括很多准上市公司要求在上市前对高管的股权激励,上市后3年内不允许套现。

接下来就是解锁期,什么叫解锁期呢?解锁期就是未来你想卖股份的话,必须分期卖,而不是一次性卖,怎么分期卖?如果解锁期4年,每年转让不能超过1/4。第一个原因,既然是股权激励,金手铐戴的时间越久越好,第二个原因对于非上市公司,谨防员工同时退出,给公司或大股东带来资金压力。公司经营好的时候,每年利润营收都增加的时候,员工不会退股,员工一般什么时候退股呢?员工是公司经营业绩和利润下滑的时候,预期不好的时候退股,当年你给了王总100万股,经过3年的行权,3年的锁定期,股份价值可能从100万元增值到1000万元了,如果公司一旦经营不好,如果所有员工都让你一次性回购股权,比如让你一次性拿出1亿元,去哪里找,公司本来现金流就紧张,再加上这帮人釜底抽薪,公司真的就完了。法律规定上市公司董事和高级管理人员解锁期是4年,就是说公司上市1年后你想抛股票,可以!但每年抛不能超过1/4,这就是股权激励解锁期的时间设计。

但是对于非上市公司解锁期也不能太长,为什么?如果你授予股权激励的员工已经40多岁了,你告诉他分3年行权期,锁定期5年,解锁期4年。他一算共12年,时间太长,就不跟你一起干了,所以你也不能太长,一定要根据公司的情况以及激励对象的情况来设计。

五、确定股权激励对象的持股方式

持股方式是指股权激励实施过程中,激励对象通过何种方式最终持有激励股权。一般来说,有两种持股方式:一种是直接持股,另一种是间接持股,直接持股即激励对象与主体公司之间没有任何隔层,直接持有主体公司的股权;间接持股即通过持有其他主体的股权而间接拥有主体公司的股权,实践中激励对象通过有限责任公司、有限合伙、委托代持、信托、工会等方式持有主体公司的股权。这些方式各有利弊，企业应当根据自身需求妥善选择，最常见的是直接持股，通过有限公司或有限合伙企业间接持股（见表5-2）。

表 5-2　三种持股方式对比

区别	直接持股	有限公司持股	有限合伙企业持股
人数上限	有限公司不超过50个		2~50个
转让限制	有限公司股东转让股权的，需提前通知，且其他股东在同等条件下有优先购买权		可以根据合伙协议的约定，由普通合伙人决定即可，但需要重新签订合伙协议
退出纳税	激励对象纳税	公司以及激励对象双重纳税	自然人合伙人纳税
是否显名	姓名及比例均显示		姓名和持股比例可以保密
组织机构	—	要求股东会、董事会/董事、监事会/监事	无强制要求

（一）直接注册为主体运营公司的股东

股权激励对象直接登记为主体运营公司的股东，在法律上拥有对主体公司完整的股东权利（见图5-1）。对于被激励的员工来说，其荣誉感、归属感、主人翁意识非常强烈，能够最大限度地发挥主观能动性。

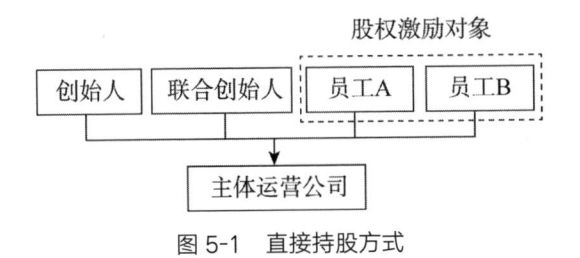

图 5-1　直接持股方式

但缺点也是显而易见的：

1. 若公司章程没有特殊约定，激励对象与控股股东有同股同权的权利，按照持股比例行使表决权，如果他们对公司实际控制人或大股东的决策有异议，无法形成有效的一致意见，公司的决策效率会大大降低，另外，直接股东人数众多，对公司融资、股权流动都会产生不利影响。

2. 如果激励对象的股权数量发生变化甚至因离职、被辞退等导致股权被收回，则需要频繁地进行工商登记变更，这个过程中如果激励对象不配合办理股权变更手续，公司股权管理的成本会大幅增加。另外根据《公司法》的规定，有限责任公司和有限合伙企业的股东人数上限为50个，超过这个数量则无法办理工商注册。因此，当激励对象人数超限时，即使想采用直接登记方式实施股权激励也难以落地。从实践的角度，不建议采取激励对象直接注册为主体公司的方式进行股权激励。

（二）个人代持股权

一般初创期公司对授予给员工的激励股权，会采取由大股东或者指定第三方代持，这样即使激励对象发生变化或股权激励数额发生变化，只是变更代持合同即可，不影响股东的工商注册登记，避免了频繁变更工商登记问题（见图5-2）。另外，创业公司也可能在创业初期就一次性为未来的股权激励计划保留一定股权份额，在第一期的股权激励中仅使用一部分，剩余的股权份额由公司大股东或实际控制人等代为持有。

对于激励对象而言，没有实际登记成为主体公司股东，需要通过书面的股权代持协议明确未来获得的股权收益、成为显名股东的条件。例如，在公司任职满几年或完成怎样的业绩目标等。

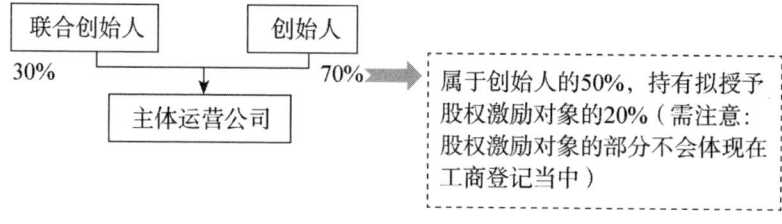

图 5-2 个人代持方式

同时以实施股权激励为目的的个人代持股权,目的也是保护主体运营公司、创始股东的利益,因此也要在代持协议中约定该激励对象在一定期限内不能转让、出售、质押股权,分红权为激励对象所有,但表决权仍保留在代持人手中。

（三）有限合伙企业作为持股平台

激励对象以合伙人身份作为有限合伙企业持股平台里面的合伙人之一,间接享受主体运营公司的股东权益。按照《合伙企业法》的相关规定,激励对象承担的是有限合伙企业的有限责任（见图 5-3）。

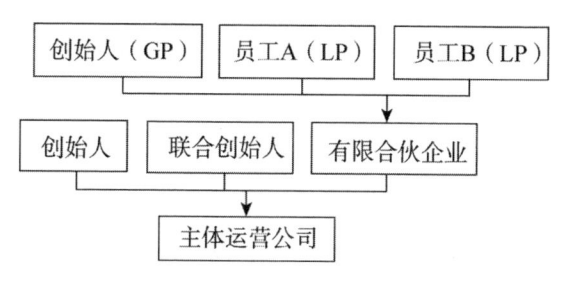

图 5-3 有限合伙企业持股方式

公司控股股东或实际控制人以及少量出资份额作为有限合伙企业的普通合伙人身份,担任执行事务合伙人,负责合伙企业的经营管理,行使合伙企业持有的主体公司股权表决权。有限合伙企业精简的治理结构使合伙企业能够高效决策,降低内部沟通成本和管理成本,让主体公司把握商机；另外，其对合伙企业债务承担无限连带责任，能够兼顾激励、效率和约束。

由于有限合伙企业的特点，公司实际控制人或大股东担任唯一普通合伙人，可以凭借少量的出资实际控制合伙企业，无论有限合伙企业给激励对象多少份额，都能够有效避免大股东在公司实施股权激励时对公司失去控制权。

合伙企业仅在向合伙人分配转让所得或红利时，合伙人需要缴纳个人所得税。如果有限责任公司作为持股平台转让股权获取股权增值价款，当年税后利润，应当先提取利润的10%列入公司法定公积金，直至累计额为公司注册资本的50%以上；有限合伙企业对此没有强制性要求。甚至有限合伙企业可以根据合伙协议约定，将全部利润分配给部分合伙人或某位合伙人。因此，在同等条件下，可分配利润大于有限责任公司作为持股平台。

如果员工不符合主体公司的股权激励条件的要求，出现了员工提前离职的情况，那么员工只需要在合伙企业里面退伙就行了，这样主体公司就不会涉及工商登记变更手续，当然员工的退伙可以根据合伙协议约定，到一定程度时再统一办理工商登记变更手续。

实际上按照法律规定，只要员工不符合相关股权激励条件，双方根据合伙协议就可以约定退伙条件。有限责任公司作为持股平台员工的退出，也就是说，激励股权的转让需要修改公司章程，程序比较复杂。

但同时，有限合伙企业作为持股平台需要注意：

合伙企业持有公司股权分红的时候，在合伙企业这一层上，它不是企业，不征企业所得税，分红直接分到个人身上再征20%的个人所得税，有限合伙企业做持股平台，实际不是用来经营的，因此风险较小，各位企业家不要"画蛇添足"用一个有限公司做普通合伙人，否则会在未来进行分红的时候,多一层税负。比如说实际控制人王总,直接持股收分红时缴纳 20% 的个人所得税,但是如果有限合伙企业作为持股平台,GP 是王总成立的有限公司,如果在有限合伙企业这条路径上的分红,有限公司就交 25% 的企业所得税,再分到王总身上又要再征 20% 的个人所得税,综合税率是 40%。

(四)有限责任公司作为持股平台

与有限合伙作为持股平台一样,激励对象通过有限责任公司间接持股,不仅可以实现对激励兑现的动态管理,可以避免激励人数过多时,无法在主体运营公司层面直接持股的人数限制,而且避免激励对象直接在主体运营公司层面持股,降低主体公司股权变动频繁的股权管理风险,激励对象股权变动时,在持股平台层面即可完成人员变更,不会影响主体公司的股权稳定,有利于主体公司的资本运作。规避了上市前因员工流动而引起的主体公司层面股权结构的调整。同时,减去了复杂的审批程序,可以更好地进行投资、融资等方面的资本运作,在公司上市、并购等资本运作中比较常见的形式。

弊端:

1. 股东人数受到限制,根据《公司法》的规定,有限责任公司股东不得超过 50 人。

2. 决策机制较为烦琐,根据《公司法》的相关规定,有限责任公司要建立公司章程,成立股东会、董事会和监事会等公司治理机构,对于一些重大事项需要经过 2/3 以上表决权通过,对于股东会的召开通知、表决等也有相应的规定。

3. 股权转让有双重征税问题,激励对象转让通过有限责任公司持股平台间接持有的主体公司的股权,将会面临双重征税。作为持股平台的有限责任公司需缴纳企业所得税，激励对象还需要缴纳个人所得税。

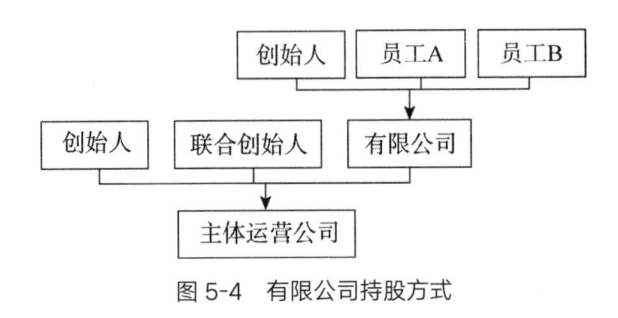

图 5-4　有限公司持股方式

（五）信托持股

所谓信托持股，就是根据《信托法》将员工所持股份委托给信托机构持有和运营，由其按照委托人（股权激励对象）的意愿进行管理或处分的方式。

（六）工会持股

工会持股，是指工会依法从事内部员工股的管理，代表持有内部员工股的员工行使股东权利并以公司工会社团法人名义承担民事责任的持股模式。20 世纪 90 年代初期，工会作为持股主体在我国上一轮员工持股激励中被广泛应用，实践中有些公司甚至直接以工会作为公司股东。时至今日，仍有一些非上市公司选择工会作为股权激励中的持股平台，为员工代为持股。

六、股权激励模式

我国公司应用的股权激励模式，基本有六种：股份（票）期权、限制性股权(票)、虚拟股权、干股、股票增值权、延期支付。其中最常见的模式是前四种,不同的股权激励模式具有不同的优缺点,也适合不同的企业。选择不同的模式,产生的效果可能截然不同。

(一)股份(票)期权

股份(票)期权是常用的股权激励模式,指公司授予激励对象的一种权利。通俗地理解,股份期权就是事先说好的,激励对象可以用一个固定的价格(行权价),达到一定条件下,在未来某一时限内(行权期)去购买(行权)一定数量的公司股份。

期权激励是企业做股权激励最常见的形式。可以说期权激励弄明白了,其他的激励模式就容易明白了,无论是留人还是用人,或是激励人,它都是一种非常好用的工具。

我们先来看一下什么是期权,这里是指股份期权,就是公司根据特定的条件,给某个人或经营团队在一定的时间内以某个约定的价格购买一定份额股权的权利。具体什么意思?就是公司给你一个权利,未来可以在一定时间以一个什么样的价格来买公司多少股份,举例就很容易明白了:

比如3个高管团队,老板觉得他们很优秀,就告诉他们,各位兄弟,如果你们明年能把公司的销售收入做到1个亿,而且净利润不低于10%,你们在后年的1月1日到15日,有权以7毛每股的价格来买公司100万股,这个就是股份期权。

分解一下:

第一,这个权利属于谁的?是给3个人的高管团队的;

第二,在什么时间这个权利可以实现?就是后年的1月1日到15日;

第三,满足什么特定条件?就是明年3个人的经营团队,把公司的销售收入做到1个亿,而且利润率不低于10%;

第四，多少钱买？0.7 元 / 股；

第五，买多少股票？100 万股。

只要达到条件了才可以买，达不到条件不能买，而且必须在我约定的时间买，不到那个时间还不允许买，超过约定的时间不买就视同弃权，一定的价格规定了 0.7 元 / 股就 0.7 元 / 股，不能变，无论后年 1 月 1 日涨到 1 元，还是降到 0.5 元，都是按 0.7 元计算，而且原来规定了 100 万股，就只能买 100 万股，到时候你看到公司预期很好，想多买一些，不允许，你想少买，除非原来约定了你可以少买，否则也不允许。

所以看股份期权就是公司根据特定的条件赋予经营团队在未来已经实现目标的情况下，以某个固定价格来购买一定股份的权利。但是，到后年 1 月 1 日约定的条件达成了，也到约定的时间，3 人经营团队选择放弃不买，当然可以，所以说什么叫股份期权，他还赋予这个团队未来是否行权的一种自主选择权，公司可以规定达不到条件就不让经营团队买，经营团队达到条件也可以选择不买。

如果大家要做期权，一定要把几个期弄清楚，前面已经讲过，有授予时间、等待期、行权期、锁定期、解锁期。

授予时间：就是公司和 3 人经营团队签股权激励协议，约定从后年开始连续 3 年，每年的 1 月 1~15 日 3 人经营团队有权利以 0.7 元 / 股的价格购买总共 100 万股股份，但是要求他们必须在 2023 年、2024 年和 2025 年分别将公司的每年业绩做到 5000 万元、6000 万元、8000 万元，如果做到了，分三次行权，第一年买 30%，第二年买 30%，第三年买 40%，如果第一年做到了就买第一年的股份，做不到就不允许买，如果第二年做到了，第一年和第三年没做到那只能买第二年的 30 万股，再如第一年没做到，第二年第三年做到了，就可以买第二年的 30 万股和第三年的 40 万股。

等待期：就是 3 人经营团队努力拼搏达到特定条件的期限，比如明年 3 人经营团队把公司的营业额做到 5000 万元,而且利润率不低于 10%,明年一年就是等待期。

行权期:就是规定的期限内行使购买股份的权利,这个规定的期限就叫行权期。3 人经营团队以 0.7 元/股购买 100 万股的期间,如果你一次性行权就是后年的 1 月 1～15 日就是行权期,过了行权期属于股份的归属期了;如果你分 2 年行权,行权期就两次,每年的 1 月 1～15 日;如果分 3 年行权,行权期就三次,以此类推,2 次行权按 50%、50% 也可以,60%、40% 也可以,30%、70% 也可以,三次行权 532 也行,433 也行,334 也行,企业根据业绩规划而定,这是行权期的概念。

锁定期:授予 3 人经营团队 100 万股,业绩目标已经完成,股份已行权,进入股份的归属期,一般企业会规定锁定期,锁定期就是不允许转让,不允许套现,一般 1～5 年。

解锁期:锁定期过后,规定每年转让或退出不能超过一定的比例,比如约定解锁期 4 年,每年转让不能超过 1/4。

比如进入锁定期,3 年之内不允许转让,如果你非得转让,怎么处理:第一,总价 1 元回购,不管行权的时候掏多少钱买的股份,控股股东 1 元把股份全部回购;第二,按原价与现价孰低值回购,比如原价你当时掏了 21 万元,但是现在价值 51 万元,我按 21 万元回购。如果原价你出了 21 万元,现在价值 11 万元,就按 11 万元回购,哪个低按哪个。

期权优点:第一,可以规定一次性买也可以分期买,如果一次性买有压力,可以分期行权,分 2 年或 3 年行权;第二,可以促进公司目标达成;第三,授予你的是未来可以买股份的一个权利,如果未来达成目标你可以选择买或选择不买,这是激励对象的权利;第四,就有激励性又有约束性,经营团队把营业收入和利润做得越高,享受的分红越多,股份增值越多,这就是激励性,但是也有约束性。有锁定期,也有解锁期,比如锁定期3年,解锁期4年,经营团队还要干7年。

什么情况下适合期权激励呢?第一,留住核心人才,尤其一些核心层骨干,工作时间越长经验越多,翅膀越硬,谁都想创业,谁也不想一辈子给别人打工。如果给了期权,给对方多一个选择,不仅可以自己出去创业,还可以内部和老板一起合伙创业,出去创业成功率低,激励对象就会考虑与其这样,还不如和老板一起合作,成功率更高。第二,引进职业经理人,因为职业经理人所具有的经验和资源是没有办法复制的。比如马云当年找到蔡崇信的时候,蔡崇信有华尔街背景,是律师和税务师,工资对他没有吸引力,对他有吸引力的是股权,股权代表事业是未来。

(二)限制性股权(票)

限制性股票,是指公司按照预先确定的条件(无偿或低价)事先授予激励对象一定数量的公司股票,激励对象只有在预先确定的条件成熟后,才可以真正享有被授予的股票的全部权利,并通过分红和转让从中获益;如果预先确定的条件没有达成,公司有权将授予的股票收回。这种激励模式在非上市公司中使用时,也可以称为限制性股权。限制性股票持有人的收益主要源于两个方面:第一,持股期间的分红;第二,股票转让的增值所得。

体现对限制性股票的权利限制主要在两个方面:取得条件、出售条件。(1)取得条件,国外大多数公司是将一定的股份数量无偿或者收取象征性费用后授予激励对象,而在中国《上市公司股权激励管理办法》中,明确规定了限制性股票要规定激励对象获取的业绩条件,这就意味着在设计限制性股票方案时获取条件设计只能局限于该上市公司的相关财务数据及指标。(2)出售条件。公司可以根据不同需求设定出售股票的市价条件、禁售期限、业绩条件等。一般来说，这些条件是限制性股票的重点。只有满足出售条件之后，限制性股票持有人才可以出售套现。但对于非上市公司限制性股权激励模式的设计，权利限制设计不仅在取得条件和出售条件方面还有在享有股东权利方面的设计。

优势：先行一次性授予模式激励效果明显直接，有助于激励对象集中精力专注于公司的长期战略，完成业绩考核目标，激励对象获得股票后将承受股票价格升降的风险，有利于公司和激励对象的长期利益绑定。

劣势：激励对象实际拥有股票，与普通股股东一样享有所有权，公司对激励对象的约束困难。

适用范围及注意事项：限制性股票这种激励方式，主要适用于成长性好、业绩比较稳定、股票市场价格波动不大并且现金流充足、有分红偏好的公司。在采用限制性股票进行激励时应当注意以下事项：

第一，有限责任公司采用此种模式实施激励的，准确称谓应当是"限制性股权"。如果采用有偿授予的方式，且激励对象实际也已经交付了股权价款，但公司没有将股权登记到个人名下的，实质上应当将股权价款理解为取得未来股权的定金，员工取得的不是真正意义上的限制性股权。

第二，有限责任公司限制性股权激励，在完成绩效考核前应该对激励对象的表决权，董事提名权等权利进行限制的。

第三，限制性股票从本质上说是员工从企业取得的折扣收益或者补贴，属于员工因受雇而取得的工资、薪金所得，因此员工应在实际认购股票时，按照《中华人民共和国个人所得税法》及其实施条例等有关规定计算缴纳个人所得税。

（三）虚拟股权

虚拟股权不是真正的股权，是指公司授予激励对象的一种具有股权某些特征的虚拟化的股权。持有这种股权的激励对象，不在股东名册上登记，不是法律意义上的公司股东，并且在离开公司时自动失效。

优势：

第一，员工无须出资，一般由公司无偿赠送或奖励，持股员工可以充分感受到企业对自身价值的认可，产生巨大的荣誉感，获得精神和物质上的双重激励，也可以取得明显的激励效果。

第二，操作手续简便，只要激励对象和公司签署一个内部协议即可，无须公司增发股份或者其他股东转让老股，无须监管部门审批，也不用在工商部门进行股东变更登记，股权发放和收回操作手续十分简单。

第三，不影响控制权，虚拟股权的持股人拥有的只是分红权，而不享有普通股东的表决权，不影响公司的股东结构和股本总额，因此也不影响创始股东对企业的控制权。

劣势：

第一，激励效果可能不足，虚拟股权只给了激励对象"利"，却没有给"名"，对于重视"名"的员工来说，激励效果不会太好。

第二，过于重视短期利益，在这种模式下，激励对象可能因考虑分红而不重视甚至故意忽视企业价值增值，过于关注短期利益。

第三，公司现金压力较大，采用这种模式时，激励对象的分红意愿强烈，公司需要支出大量的现金，如果公司现金流量不充裕，将会带来一定的财务压力。

虚拟股权的适用范围：虚拟股权的适用范围比较广泛，一般在高科技企业中应用较多，上市公司和非上市公司均可以使用。

（四）干股

干股激励是老板最喜欢的激励模式，很多企业第一次做股权激励都首选干股激励模式，干股激励可以理解为股权激励的一种初级激励模式，所以想自己在公司尝试做股权激励，干股激励时最佳选择。

那么什么叫干股，干股顾名思义不真的持有公司股份，就是你不必出资就能享有公司一定比例的分红权，比虚拟股权更加灵活，不用对股权进行虚拟化，直接给企业税后分红即可，举个例子，比如王总很优秀，老板告诉他，王总你好好干，只要公司年底利润达到3000万元，我拿出10%的分红分给你，比如到年底了，公司利润实现了3000万元，到时候公司拿出300万元给王总，和公司股份比例计算没有任何关系，可以理解为公司给王总的税后奖金。

所以干股又叫分红股，其特点：第一，它就是分红权，激励对象只享有分红权，公司法规定股东的知情权、表决权、转让权等权利都没有，年底达到约定目标才给，达不到目标就不给，就是干得好就有，干不好就没有，今年给了，明年不一定给，看公司业绩规划，所以它很灵活。

第二，这是在职股，就是你在这个职务就有，不在这个职务没有。比如王总，年初你给他10%的干股，但是干到第9个月他辞职了，到年底他再回来要干股分红，不给了，虽然干了9个月，也没有，这就是在职股。

第三，也叫岗位股，岗位股是你在这个岗位就有，不在这个岗位就没有，比如王总给你10%的干股是因为你是公司总经理，基于这个岗位你才有可能做这么大贡献，才给你这么多干股，假设说到第10个月你被免职了，降为副总经理，那这10%的干股就没有了。所以大家一定要记住，我们激励的是岗位，而不是人。就是激励股份和岗位一一对应，而不是跟人对应，所以说你人在岗位股就在，你人不在岗位股就没有，所以说这叫岗位股。

第四，干股激励对象不用出钱购买，完成目标就分，目标完不成就不分，不需要工商注册，大家签个协议约定一下就行了，或者在公司公告个制度也可以，没有任何股权管理风险和成本。

干股的激励模型如何设计，干股分的是增量，而不是存量，比如去年利润3000万元，今年年初告诉王总，今年利润如果还是3000万元，我就拿出10个点的分红给他，这就是存量，没有任何激励作用，还把本来属于老板的分红分走了，这是错误的，做干股激励的前提必须是超出3000万元，所以超出3000万元以上才叫增量。如何设计：比如去年利润3000万元，公司过去三年平均自然增长率都是10%，那么今年的存量就是3000万元×（1+10%），那就是3300万元，3300万元是存量，就是不做干股激励今年的利润也可以达到3300万元，3300万元存量以内不分干股分红，3300万元以上就是增量，今年做到3600万元，增加的300万元就是增量，公司给王总干股分红10%，就是30万元，如果增量600万元，干股分红20%就是120万元；如果增量是1000万元，干股分红30%，王总可以分300万元。有人会问，怎么分这么多，大家要明白增量是哪来的？增量是王总加班加点干出来的，市场份额是从竞争对手抢来的，就应该给他多分。

另外我们再看，假设王总今年真的做到了3600万元，比存量3300万元增加300万元，这300万元拿出10%分红30万元分给王总，你发现明年存量变成3600万元，如果王总还想分红，还要玩命干，增量增几次分红就分几次，增量的大部分还是分给老板的，公司没亏，老板更没亏，人性的特点，只有赚了给分的更多，他才会认为给自己干。

所以这就是干股激励的秘诀，永远与增量挂钩，如果不与增量挂钩，我建议你不要做干股激励，如果分存量那不叫股权激励，叫打土豪分田地，打的是老板土豪，分老板田地。

这个干股激励模式，拿过来就能用，每个公司不是每年11月，讨论下一年的目标，明年定目标就是老板与高管之间的博弈，讨价还价的过程，而你想定高目标，高管想定低目标，你定的再低，他也觉得高，永远在博弈的路上，有时候到了12月31日还没定出来，搞得非常复杂，为了简单易操作，过去每年自然增长率是10%，去年是3000万元，今年的存量就是3300万元，明年的存量就是3300万元和实际数额的孰高者，以此类推，这就解决每年公司定目标问题。

所以经营公司一定要学会增量思维，实行增量考核，如果你还是存量考核，公司永远不能实现增长。

干股激励优势：

第一，员工不需要投钱，所以员工的参与度非常高，反正亏了也与我没关系，谁都愿意参与。

第二，分的是增量而不是存量，增量才能实现老板和激励对象的共赢。

第三，原来你发提成也好发奖金也好，成本和费用与员工没有半毛钱关系，但是当分享的是利润，员工就会主动控制成本和费用，不该花的钱不花了，这时候员工会主动控制成本和费用，真正和老板一条心。

第四，不用释放实股，对老板来说没有股权管理风险。

干股激励弊端：

第一，它不是实股，所以员工的归属感差，员工会认为老板就是变相的奖金。第二，激励认同度低，一般干股激励三年内还管用，到第四年就不管用了，因为增量不能无限制地增长。第三，需要财务透明度高，如果年终奖跟销售额挂钩，销售额容易计算，干股分红跟利润挂钩，利润算起来就会复杂，员工就会怀疑，今年应该挣了4000万元，为什么老板说挣了3200万元？第四，干股是一年一分，兑现周期长，有时不如奖金，奖金可以按季度发，更不如提成，提成每个月就发。站在员工的角度，越早发、越快发，激励效果越好，你说到年底再分，年底能不能赚钱还不知道，财务报表是不是真的也不知道。这些都是干股激励的弊端。

如果公司是第一次做股权激励，可以尝试先用干股激励模式，毕竟没有股权管理风险。

（五）股票增值权

股票增值权是指上市公司授予激励对象在未来一定时期和约定条件下，获得规定数量的股票价格上升所带来的收益的权利。这是一种虚拟的股权激励工具，激励标的仅仅是公司授予股票增值权之日二级市场股票价格和激励对象行权之日价格之间的差价，激励对象不能获得企业的股票。

优势：由于激励对象不获得股票的所有权，因此操作条件宽松、容易获得股东会审核通过；行权期一般超过任期，可以规避激励对象的短期行为；激励对象一般无须支付现金，容易激发员工的信心。

劣势：公司现金支付压力较大，二级市场股价与激励对象的业绩有关联但不是非常大，激励效果有限；当股价下跌时，可能起不到激励作用。

适用范围：这种模式的适用范围一般限于现金流稳定、充裕且股价稳定的上市公司。

（六）延期支付

延期支付现在已不常用，但其操作思路仍可借鉴。比较适合那些业绩稳定的上市公司及其子公司。它是指公司为激励对象设计"一揽子"薪酬收入计划，其中有一部分属于股权激励收入，股权激励收入不在当年发放，而是按公司股票公平市价折算成股票数量，在一定期限后，以公司股票形式或根据届时股票市值以折算现金方式支付给激励对象。

延期支付收益与公司业绩紧密相连，当折算后存入延期支付账户的股票市价在行权时上升，则激励对象就可以获得收益；反之，激励对象的利益就会受到损失。

激励对象为了获取延期支付的收益，会努力工作，绑定作用明显。同时将激励对象的部分薪酬转化为股票且长期锁定，有利于规避经营者的短期行为。延期支付无须证监会审批，可操作性强。

但延期支付模式的激励对象持股数量少，难以起到较强的激励力度。并且股票价格波动带来一定风险，如果延期期限过长，将会弱化激励作用。

第三节 / 股权激励计划

股权激励按如下步骤落地实施：

1. 对标同行公司的股权激励实践进行对比研究。

2. 对员工进行有关公司实施股权激励的问卷调查，初步确定拟授予股权激励对象。

3. 股权激励方案落地：

第一，确定股权激励的目的，如果股权激励目的无法实现或者员工股权激励目的无法实现，作为公司和员工都可以解除股权激励协议。

第二，确定激励股权的来源，是大股东转让还是通过增资扩股的方式。

第三，确定股权激励的载体，可以通过代持的方式、设立有限合伙企业或有限责任公司作为持股平台进行股权激励。

第四，对公司现有股权架构进行调整，完善公司的治理结构，完善公司股东会、董事会、监事会的议事治理规则。

第五，进行股权激励模式的设计，股份期权、限制性股权、虚拟股权任选一种或其中的两者结合。

第六，确定股权激励的授予条件、行权条件、退出条件等。

第七，确定激励对象，公司的董事、监事、高级管理人员或核心技术员工等。上市公司的监事不得成为股权激励对象，但是新三板和非上市公司可以规定监事作为股权激励对象。

第八，确定股权激励额度，总体根据本次激励人数和计划激励次数等，个人根据岗位、过去业绩和对公司的忠诚度予以确定。

第九，确定授予价格，一般综合考虑公司的注册资本金、净资产、公司估值，以及员工的在公司贡献和未来成长，确定每股的价格，期权未来行权的价格。

第十，根据企业实际情况来设定近3年的营收计划、对激励对象业绩标准设计。

第十一，根据激励对象的工资、奖金情况，对比同行公司员工收入，对股权激励对象进行收益模拟测算。

第十二，根据股权激励方案调整公司的人事制度、绩效考核制度，确保股权激励方案与人事制度、绩效考核制度相匹配。

第十三，确定股权激励方案，确定股权激励涉及的各种期限。

第十四，确定激励对象的资金来源，是员工自筹资金，还是公司提供贷款或者公司为员工的贷款提供担保或者大股东的借款。

第十五，确定股权激励协议的主体，涉及公司、大股东和拟激励员工。

第十六，召开董事会、股东会讨论通过股权激励计划方案、人事管理制度、绩效考核制度并形成会议决议；最后召开职工大会通过表决程序，通过上述方案、制度。

第十七，签订股权激励协议。

4.设置薪酬委员会及考核办法，谁能参加薪酬委员会？谁来负责考核？考核的相关办法和程序。

5.签订不竞争协议、保密协议、竞业限制协议等。不竞争协议防止员工或者员工亲属参与竞争性业务，公司的保密协议需要与股权激励方案保持一致，以确保员工在激励方案实施后继续保守公司机密信息。竞业限制协议的签署对于员工的角色和职位晋升有着重要影响，需要在股权激励方案实施后进行相应的调整。

6.员工股权激励宣讲、授予仪式。

以下为一家公司的股权激励计划方案（限制性股票），供各位企业家参考：

协议范本8：

股权激励计划方案（草案）

第一章 总 则

一、持股激励的目的

1.通过倡导价值创造为导向的绩效文化，实施针对核心人员的股份激励，实现责任与风险共担，企业与员工之间形成利益与命运共同体，从而有效地平衡短期利益与长期利益之间的关系；

2.形成现有薪酬结构之外的新的激励措施，以吸引人才、留住人才、发挥人才的积极性，使其与公司的长期发展紧密联系起来；

3.激励公司管理人员及其他相关人员主动承担责任，积极努力完成公司战略目标，不断提高企业的经济效益，增强企业凝聚力。

二、基本原则

1. 激励和约束相结合,激励与风险共存、收益与投资同步;

2. 股东利益、公司利益和经营团队利益一致,有利于公司的可持续发展;

3. 维护股东权益,为股东带来更高效更持续的回报;

4. 短期利益与长期利益相结合;

5. 大股东以优惠价格转让、逐年利润分红、承诺到期回购多种方式相结合;

6. 个人的收益必须和公司价值的增长相联系,并和个人的岗位业绩相结合。

三、释义

在本文中,除非文义另有所指,下列词语或简称具有如下含义:

激励对象	指	按照本激励计划规定,获得限制性股票的本激励计划草案公告时在公司(含子公司,下同)任职的高级管理人员及核心人员
标的股份	指	根据本方案,授予激励对象的股份,本方案所称的标的股份是指××公司____%的股份
高级管理人员	指	公司的总裁、副总裁、财务总监,董事会秘书和公司章程规定的其他人员
限制性股票	指	依照本方案,激励对象只有在公司业绩目标及个人目标符合相应条件时,公司大股东通过向激励对象转让间接持有股份公司的股份,且激励对象只能在满足一定条件的情况下转让给指定对象
授予日	指	激励对象有权利与公司大股东协商实际授予激励对象限制性股票的日期,每一年度的授予日根据本方案逐年调整确定
行权	指	激励对象在授予日之日起30日内决定是否接受以本方案指定条件购买大股东间接持有公司股份的权利
回购	指	公司大股东在约定条件下,以本方案确定的价格购回激励对象依本方案所间接持有的公司股份
大股东	指	公司实际控制人、控股股东

第二章 持股激励计划的制订与管理

一、股东会

股东会作为公司的最高权力机构,负责审议批准本激励计划的实施、变更和终止。

二、董事会

董事会是本激励计划的执行管理机构,下设薪酬与考核委员会,负责审核薪酬与考核委员会拟订和修订的方案,上报公司股东会审批。

三、董事会的主要职责

1. 筹建薪酬与考核委员会,聘任或解聘薪酬与考核委员会成员。

2. 审核薪酬与考核委员会提交的激励计划与实施方案,提出修改或终止激励计划的意见,报股东会审批。

3. 审核薪酬与考核委员会制定的业绩考核办法和激励计划的其他配套制度,并报股东会批准。

4. 审核公司激励对象被授予股份的资格,并核对特殊情况下激励对象的变动情况。

5. 在发生重大事件时经股东会审批,实施终止激励计划或终止薪酬与考核委员会对激励计划的管理。

四、监事会

监事会是激励计划的监督机构,负责对核心员工的认定及本激励计划的具体实施情况进行监督,并对本激励计划的实施是否符合相关法律、行政法规进行监督。

五、监事会的主要职责

1. 核对薪酬与考核委员会制定的并由董事会提交股东会审议的激励计划实施方案。

2. 检查薪酬与考核委员会关于激励计划的方案、组织管理工作是否按照内部制定的程序执行,以及是否符合相关法律、行政法规等,并向股东会报告监督情况。

六、薪酬与考核委员会

1. 薪酬与考核委员会是董事会按照股东会的决议设立的日常办事机构,主要负责拟定激励计划、考核办法和其他相关配套制度,以及对激励计划进行日常实施与管理工作。

2. 在薪酬与考核委员会的指导下,由人力资源部和财务部具体办理本激励计划的相关事宜。

七、薪酬与考核委员会的主要职责

1. 制定持股激励方案,经公司董事会审核后,由股东会审批后执行。

2. 制定和完善激励计划的具体条款、管理细则、评价考核标准,以及其他与激励计划实施相配套的规章制度。

3. 根据《事业合伙人遴选办法》的规定,确定激励对象名单、授予股权激励的数量。

4. 负责组织实施持股激励方案,对激励计划中的定价、股份激励系数、认购、退股、回购等各项相关程序进行管理。

5. 向董事会报告激励计划的执行情况,并做好相关信息的披露工作,在发生重大事件时在股东会审批、董事会授权下可以变更或终止激励计划。

6. 处理激励计划实施过程中的各类申诉。

第三章 激励范围和激励对象

一、激励对象的范围

本激励计划首次授予涉及的激励对象不超过 × 人,包括:

1. 高级管理人员;

2. 公司中层管理人员及核心人员。

二、激励对象需具备的条件

参与股权激励的激励对象须同时具备以下第1、2项的条件和第3、4、5项任一条件：

1. 认同公司或控股子公司的企业文化价值观，具备一定的个人能力并能够全身心投入工作，无不良职业操守记录，并愿意与公司长期共同发展；

2. 与公司或控股子公司签署了符合或公司控股子公司要求的劳动合同、保密协议以及不竞争协议；

3. 在公司或控股子公司中工作半年以上；

4. 任公司或控股子公司高级管理人员或核心员工，其中高级管理人员需由公司董事会聘任，核心员工由公司董事会提名，并向全体员工公示和征求意见，由监事会发表明确意见后，经股东会审议批准；

5. 在过往或将来可能对公司发展做出突出贡献的人员。

三、不得成为激励对象的情形

1. 被证券交易所或股转公司公开谴责或直接宣布为不适当人选不满三年的；

2. 因重大违法违规行为被证监会或股转公司行政处罚未满三年的；

3. 其他具有《公司法》规定的不得担任公司董事、监事、高级管理人员的情形；

4. 因违法违规行为被行政处罚或刑事处罚的；

5. 依据公司绩效考核办法，年度内累计两次月度绩效考核低于70分的；

6. 调离授予股权激励时的岗位，新岗位且不再满足《事业合伙人遴选办法》的要求；

7. 锁定期内，参与股权激励的公司员工因故离职的，自离职之日起；

8. 参与股权激励的公司员工因触犯法律、违反职业道德、严重违反公司内部规章、失职或渎职等行为严重损害公司利益或声誉而被公司解聘的，自被公司解聘之日起；

9. 违反与公司之间保密协议下的保密或不竞争义务;

10. 死亡、丧失或部分丧失劳动能力;

11. 薪酬委员会认定的,与上述第8、9项内容程度相当的严重损害公司利益的行为。

在本计划实施过程中,激励对象出现以上任何规定不得参与激励计划的情形,公司将按本计划规定的形式撤销未行权的股票期权资格并终止其参与本计划未完结的部分。

第四章 激励计划的具体内容

一、激励计划所涉及股份来源和总量

××合伙企业(有限合伙)持有公司×%的股份,计×股,作为实施激励计划的股份来源。

二、持股激励计划的基本操作模式

本激励计划的基本操作模式为:在符合授予条件的前提下,公司向激励对象授予限制性股票,由大股东在××合伙企业(有限合伙)中向激励对象转让对应公司股份的出资份额,激励对象个人出资购买。在出现本计划规定的条件时,由大股东按照约定条件、价格回购激励对象所持有的公司股份。

三、激励计划的有效期、授予日、限售期、解除限售安排、禁售期

1. 有效期。

本计划的有效期为限制性股票授予之日起至所有限制性股票解除限售或回购注销完毕之日止,最长不超过48个月。

2. 授予日。

公司向激励对象定向发行股票的日期,授予日需为交易日。公司需在股东会审议通过本计划之日起30日内召开董事会并制定股票发行方案对激励对象授予限制性股票。本次激励对象获授股票资金以自筹方式解决,

公司承诺不为激励对象依据本激励计划获得的有关权益提供贷款以及其他任何形式的财务资助，包括为其贷款提供担保。

3. 限售期。

限售期为限制性股票授予之日起12个月。激励对象根据本计划获授的限制性股票在解除限售前不得转让、用于担保或偿还债务。

4. 解除限售安排。

在解除限售期内，公司为满足解除限售条件的激励对象办理解除限售事宜，未满足解除限售条件的激励对象持有的限制性股票由公司回购注销。

限制性股票的解除限售期及各期解除限售时间安排如下表所示：

解除限售期	解除限售时间	解除限售数量占获授限制性股票数量比例
第一个解除限售期	自授予日起12个月后的首个交易日起至授予日起12个月内的最后一个交易日当日止	40%
第二个解除限售期	自授予日起24个月后的首个交易日起至授予日起12个月内的最后一个交易日当日止	30%
第三个解除限售期	自授予日起36个月后的首个交易日起至授予日起12个月内的最后一个交易日当日止	30%

激励对象因获授的限制性股票而取得的现金股利由公司代管，作为应付股利在解除限售时向激励对象支付；若根据本计划不能解除限售，则由公司收回。激励对象获授的限制性股票由于资本公积金转增股本、股票红利、股票拆细而取得的股份同时限售，不得出售或以其他方式转让，该等股份的解除限售期与限制性股票解除限售期相同。

在上述约定期间内未申请解除限售的限制性股票或因未达到解除限售条件而不能申请解除限售的该期限制性股票，公司将按本计划规定的原则回购并注销激励对象相应尚未解除限售的限制性股票。

5. 禁售期。

本计划的禁售期规定按照《公司法》《证券法》等相关法律、法规、规范性文件和《公司章程》执行，具体规定如下：

（1）激励对象为公司董事和高级管理人员的，其在任职期间每年转让的股份不得超过其所持有本公司股份总数的25%；在离职后半年内，不得转让其所持有的本公司股份。

（2）激励对象为公司董事和高级管理人员的，将其持有的本公司股票在买入后6个月内卖出，或者在卖出后6个月内又买入，由此所得收益归本公司所有，本公司董事会将收回其所得收益。

（3）在本计划有效期内，如果《公司法》《证券法》等相关法律、法规、规范性文件和《公司章程》中对公司董事和高级管理人员持有股份转让的有关规定发生了变化，则这部分激励对象转让其所持有的公司股票应当在转让时符合修改后的《公司法》《证券法》等相关法律、法规、规范性文件和《公司章程》的规定。

四、限制性股票的授予价格和授予价格的确定方法

限制性股票的授予价格为每股人民币 _____ 元，即满足授予条件后，激励对象可以每股人民币 _____ 元的价格购买公司向激励对象增发的公司限制性股票。本次股权激励授予价格综合考虑了公司每股净资产价格、静态、动态市盈率、公司成长性等多种因素核算确定。

五、限制性股票的授予与解除限售条件

1. 限制性股票的授予条件。

激励对象只有在同时满足下列条件时，才能获授限制性股票：

（1）公司未发生以下任一情形：

A. 最近一个会计年度财务会计报告被注册会计师出具否定意见或者无法表示意见的审计报告；

B. 最近一年内因重大违法违规行为被中国证监会予以行政处罚；

C. 中国证监会或股转系统认定的不得实行股权激励的其他情形。

（2）激励对象未发生以下任一情形：

A. 最近三年内被证券交易所公开谴责或直接宣布为不适当人选的；

B. 最近三年内因重大违规行为被中国证监会予以行政处罚未满三年的；

C. 最近三年内被全国中小企业股份转让系统有限责任公司处以纪律处分的；

D. 被列入失信被执行人名单、被执行联合惩戒对象等黑名单情形；

E. 具有《公司法》规定的不得担任公司董事、高级管理人员情形的；

F. 公司董事会认定的其他情形。

2. 限制性股票的解除限售条件。

解除限售期内，同时满足下列条件时，激励对象已获授的限制性股票才能解除限售。

（1）公司未发生以下任一情形：

A. 最近一个会计年度财务会计报告被注册会计师出具否定意见或者无法表示意见的审计报告；

B. 最近一年内因重大违法违规行为被中国证监会予以行政处罚；

C. 中国证监会或股转系统认定的不得实行股权激励的其他情形。

公司发生上述情形之一的，所有激励对象根据本激励计划已获授但尚未解除限售的限制性股票应当由公司回购注销。对该等情形负有个人责任的，回购价格不得高于授予价格。

（2）激励对象未发生以下任一情形：

A. 最近三年内被证券交易所公开谴责或直接宣布为不适当人选的；

B. 最近三年内因重大违规行为被中国证监会予以行政处罚未满三年的；

C. 最近三年内被全国中小企业股份转让系统有限责任公司处以纪律处分的；

D. 被列入失信被执行人名单、被执行联合惩戒对象等黑名单情形；

E. 具有《公司法》规定的不得担任公司董事、高级管理人员情形的；

F. 公司董事会认定的其他情形。

激励对象发生上述情形之一的，根据本激励计划已获授但尚未解除限售的限制性股票应当由公司回购注销，回购价格不得高于授予价格。

(3) 公司层面的业绩考核要求。

本激励计划首次授予限制性股票的解除限售考核年度为 _____ 年至 _____ 年 _____ 个会计年度，每个会计年度考核一次，各年度业绩考核目标如下表所示：

解除限售期	业绩考核目标
第一个解除限售期	_____ 年的净利润较 _____ 年增长 _____ % 及以上
第二个解除限售期	_____ 年的净利润较 _____ 年增长 _____ % 及以上
第三个解除限售期	_____ 年的净利润较 _____ 年增长 _____ % 及以上

公司未满足上述业绩考核目标的，所有激励对象考核当年可解除限售的限制性股票不得解除限售，对应的限制性股票由公司回购注销。由本次股权激励产生的激励成本将在经常性损益中列支。

(4) 个人层面考核要求。

根据公司制定的《××公司限制性股票激励计划实施考核办法》，激励对象只有在上一年度个人考核为"合格"及以上时，激励对象对应当年的限制性股票方可解除限售。

六、激励对象获授限制性股票的数量的确定

不同岗位类别的股权激励份额

职位条件	岗位条件	股权激励份额
高层管理人员		
核心人员		

1. 个人实际授予的股份数量＝某类别授予份额总额×（个人综合得分/同类别入选人员总得分）×100%；

2. 个人综合得分根据《××公司事业合伙人遴选办法》的评价方式所得；

3. 激励对象岗位确定以上一年度审计报告出具当日的岗位情况作为依据。

七、持股方式

1. 激励对象依照本激励计划所取得的公司限制性股票，将通过持有××合伙企业（有限合伙）的出资份额从而实现间接持有，激励对象以自然人的身份在××合伙企业（有限合伙）内持股，即间接持股公司股份的方式；

2. ××合伙企业（有限合伙）合伙协议经全体激励对象签署后生效，并将对激励对象的持股方式及退出机制作进一步的约定，以上合伙协议应报工商管理部门备案，具有法律效力。

第五章 本计划的相关程序

一、激励计划实施程序

1. 公司董事会应当依法对本激励计划作出决议。董事会审议本激励计划时，作为激励对象的董事或与其存在关联关系的董事应当回避表决。董事会应当在审议通过本计划并履行公示、公告程序后，将本计划提交股东会审议；同时提请股东会授权，负责实施限制性股票的授予、解除限售和回购注销工作。

2. 本计划经公司股东会审议通过后方可实施。公司股东会审议股权激励计划时，作为激励对象的股东或者与激励对象存在关联关系的股东以及与激励计划存在利益关系的股东，应当回避表决。

3. 本激励计划经公司股东会审议通过，且达到本激励计划规定的授予条件时，公司在规定时间内向激励对象授予限制性股票。经股东会授权后，董事会负责实施限制性股票的授予、解除限售和回购。

二、限制性股票的授予程序

1. 公司与激励对象签署《股权激励股票发行认购协议》，以约定双方的权利义务关系，该协议经董事会、股东会审议通过后生效。

2. 公司与激励对象签署《股权激励股票发行认购协议》之后，激励对象应当按照《股票发行认购公告》规定的认购价格、认购程序完成股票认购款的支付，并经会计师事务所验资确认。

3. 股票认购款完成支付后，公司将按照相关法律、法规等对授予的激励计划股票进行备案、登记。

三、限制性股票的解除限售程序

1. 在解除限售日前，公司应确认激励对象是否满足解除限售条件，对于满足解除限售条件的激励对象，由公司统一办理解除限售事宜，对于未满足条件的激励对象，由公司按照本计划的规定办理回购注销事宜。

2. 激励对象可对已解除限售的限制性股票进行转让，但公司董事、高级管理人员所持股份的转让应当符合有关法律、法规和规范性文件的规定。

3. 激励计划授予的股票解除限售应当向全国中小企业股份转让系统申请，经全国中小企业股份转让系统确认后，由中国证券登记结算有限责任公司办理登记结算事宜。

第六章　限制性股票的回购

公司按本计划规定回购注销限制性股票的，回购价格为授予价格，但根据本计划需对回购价格进行调整的除外。

一、回购价格的调整方法

激励对象获授的限制性股票完成股份登记后，若公司发生资本公积转增股本、派送股票红利、股份拆细、配股或缩股等影响公司股本总量或公司股票价格事项的,公司应对尚未解除限售的限制性股票的回购价格做相应的调整,调整方法如下:

1. 公积金转增股本、派送股票红利、股票拆细。

$$P=P0/(1+n)$$

其中:P 为调整后的每股限制性股票回购价格;P0 为每股限制性股票授予价格;n 为每股公积金转增股本、派送股票红利、股票拆细的比率(即每股股票经转增、送股或股票拆细后增加的股票数量)。

2. 缩股。

$$P=P0/n$$

其中:P 为调整后的每股限制性股票回购价格;P0 为每股限制性股票授予价格;n 为每股的缩股比例(即 1 股股票缩为 n 股股票)。

3. 配股。

$$P=P0\times(P1+P2\times n)/[P1\times(1+n)]$$

其中:P1 为股权登记日当天收盘价;P2 为配股价格;n 为配股的比例(即配股的股数与配股前公司总股本的比例)。

4. 派息。

$$P=P0-V$$

其中:P 为调整后的每股限制性股票回购价格;P0 为每股限制性股票授予价格;V 为每股的派息额;经派息调整后,P 仍须大于 1。

5. 增发。

公司在增发新股的情况下,限制性股票的回购价格不做调整。

二、回购价格的调整程序

1. 公司股东会授权公司董事会依上述已列明的原因调整限制性股票的回购价格。董事会根据上述规定调整回购价格后,应及时公告。

2. 因其他原因需要调整限制性股票回购价格的,应经董事会作出决议并经股东会审议批准。

三、回购注销的程序

公司按照本激励计划的规定实施回购时,应向全国中小企业股份转让系统申请解锁该等限制性股票,在解锁后三十个工作日内公司应将回购款项支付给激励对象并于登记结算公司完成相应股份的过户手续;在过户完成后的合理时间内,公司应注销该部分股票。

第七章 激励计划的变更和终止

一、公司控制权变更,合并、分立,上市

1. 公司发生实际控制权变更:若因任何原因导致公司的实际控制人发生变化,所有已获得的股份不作变更。

2. 公司分立、合并:当公司发生分立或合并时,已经获得的股份,激励对象按照公司分立或合并时股份的兑价规则进行相应转换,尚未行权的激励计划终止实施。

3. 股份公司上市或实施资本市场操作的:根据届时生效的规定,如不能继续实施激励计划的,所有已行权的股份不作变更;未实施的激励计划立即终止,新加入激励计划的员工也应书面同意遵守本方案约定方可行权。持有公司股份的激励对象必须服从公司上市及三板挂牌的相关操作需要和法规规定。

二、激励对象职务变更、解雇或辞职、丧失劳动能力、退休、身故

1. 激励对象违反本方案关于激励对象资格的规定或降职且降至后岗位不符合股份激励对象条件的:该人员的激励计划终止,未获授或行权的不再授予,已授予的由大股东回购;大股东的每股回购价格=该员工历年授予激励的授权的平均价格(即历年总授予总价款÷间接持有的股份总数),如上一年度经审计的每股净资产为负的,则大股东回购价格为0元/股。

2. 激励对象主动辞职或公司与其解除劳动关系、退休:该人员的激励计划终止,未获授或行权的不再授予,已授予的由大股东回购;大股东的每

股回购价格＝该员工历年授予激励的授权的平均价格（即历年总授予总价款÷间接持有的股份总数），如上一年度经审计的每股净资产为负的，则大股东回购价格为 0 元 / 股。

3. 激励对象丧失劳动能力或身故：该人员的激励计划终止，且不可将股份作为遗产继承，未获授或行权的不再授予，已授予的由大股东回购；大股东的每股回购价格＝该员工历年授予激励的授权的平均价格（即历年总授予总价格÷间接持有的股份总数），如上一年度经审计的每股净资产为负的，则大股东回购价格为 0 元 / 股。

4. 支付顺序为配偶、子女、父母、兄弟姐妹 4 个顺位，前一顺位当然排除后序顺位，如以上亲属均不接受，公司可以依法提存。

第八章　附　则

1. 本计划自公司股东会审议批准之日起生效并实施；
2. 本计划的修改、补充均须经股东会的通过；
3. 本计划由公司董事会负责解释。

××××公司

＿＿＿年＿＿＿月＿＿＿日

第六章
CHAPTER SIX

公司动态股权

第一节 / 静态股权弊端

企业运营中，大多数老板并没有意识到股权动态调整的重要性，制约了公司的发展，引发股东矛盾。动态股权符合人性，是相对于静态而言的，静态股权是按照公司创立之初每位合伙人所持有的股权比例，在公司发展过程中一直保持不变，有限责任公司创立时合伙人的持股比例确实反映出各合伙人对公司的生产要素资源投入。比如按出资比例计算股权比例，持股比例反映出合伙人对公司的出资贡献；如果把股权按资金股、人力股和资源股划分，持股比例反映出合伙人对公司资金、技术、管理、渠道等各种发展资源投入，当初的股权比例分配反映了当时各合伙人对公司的贡献，但是随着公司的发展，各合伙人对公司的贡献还与公司创始之初相同吗？肯定是不同的。公司发展过程中，各合伙人对公司的贡献肯定会有差异，有的合伙人全身心地投入公司经营之中，而且还不断地总结经验提高管理水平，钻研技术不断研发新产品，贡献相对公司创立之初提高了，有的股东则不然，公司在发展，技术在进步，管理水平在提高，他个人却没有提升，对公司的贡献相对于公司创立之初降低了，如果此时还以公司创始之初的股权比例来衡量各合伙人对公司的贡献，持股比例与合伙人贡献就会失衡，贡献多的就不服气，贡献少的感觉理所应当，股权比例不能反映出合伙人的贡献和收益，合伙人之间就会产生矛盾，相互猜疑，甚至亲戚朋友也难以相处了，公司失去发展机遇，最终导致公司解体创业失败，甚至关门清算，所以公司发展中的动态股权设计符合人性。

一、静态股权分配带来的危机

在许多创业企业经营失败，创业者归咎于项目没选好，市场竞争激烈和国家政策的变化等原因，客观原因是很重要，但更应该从主观上寻找原因，所以失败的大部分原因源于企业内部，在内部最主要的原因是传统的"静态"股权分配方式，就是股权比例划分完并确定之后，股权结构很难再变动。

传统静态股权分配，持股比例等于表决权比例等于分红权比例，但股权比例分配就应当看作一个动态的过程，需要与时间和贡献度的变化相适应，随着公司的成长，合伙人持股比例应该灵活调整，以体现各合伙人当前的贡献度。这样才能对不同合伙人对公司的贡献进行合理的激励，让合伙人的付出感到公平，保持持久的创业动力，共同为创业成功而努力拼搏。

笔者曾多次看到初创公司合伙人共患难容易共富贵难案例，好不容易取得了一定成绩，公司开始步入正轨，有的合伙人认为自己的贡献和收益不对等，想要调整股权比例，但在公司创立时没有定好动态调整规则也不好意思开口，又到了必须改变公司股权结构的时候，怎么办？如果在公司刚创立时，没有定好股权动态调整的规则，等到公司运营良好开始"论功行赏"调整股权结构，每个合伙人都会寻找自己"立功"的证据，谁也不愿意妥协，合伙人就会产生矛盾，公司发展就会陷入僵局。所以任何公司都要预设动态股权机制。

[案例1]

老王有资金有技术,老李有资金,老王、老李决定共同创业,二人关系向来非常好,相处融洽,老王有饭局都叫着老李一起去参加,老李有什么好吃的都要送给老王一些,相处到几乎不分你我的程度,二人决定注册公司,公司注册资本金是1000万元,老王出500万元,老李也出500万元,股权比例老王持有50%,老李也持有50%。公司成立以后,老王全职投入,老李兼职工作,为了公司发展老王绞尽脑汁每天都涌现出好的想法,老李也非常支持老王的想法。所以在公司发展初期,二人没有形成分歧,而是逐渐地建立了良好的沟通合作关系,有的时候老李还和其他朋友吹嘘一番,都说好朋友不能开公司,你看我俩开了公司关系更铁了。创业初期二人完全是"蜜月期",没有形成什么冲突。

到了年底,经过老王的全身心投入,利用自己掌握的技术,公司税后利润达到600万元,二人商量,今年形势不错预计明年也不会差,要增加投入,先拿出200万元作为公司明年的发展资金,剩下400万元进行分红,老王心里想我贡献大,我应该拿300万元,老李应该拿100万元,但是老王又不好意思说,等着老李说,老李真的说了,但不是按照老王的想法说的,老李说这400万元按持股比例来分配,我们每人200万元,这时候老王心里就不舒服了,他想,过去一年我对公司的贡献最大,但是分红的时候,为什么平均分配,这样很不公平。但是老李拿的心安理得,因为公司章程就是这么规定的,按照持股比例分红。实际上,公司刚成立的时候股权比例按出资比例分配,对老王来说就不公平,但是公司没有产生利益,创业能不能成功还不一定,所以那个时候,老王内心虽有想法也没说什么,但埋下了老王与老李之间产生矛盾的种子。

那么我们来看,老王和老李合作创立公司,一开始好的像夫妻一样同床共枕,那么经过一年的运行由于分红的问题,两个人开始变成同床异梦了,如果股权比例不调整,未来很有可能会发展到同室操戈。那么,问题就出在二人股权比例50%：50%，刚开始股权分配只考虑了出资，没有考虑甲同时也提供技术这个因素，导致一开始的股权比例分配就不公平而且也没有约定股权动态调整机制！

总之，创业者应避免过早固定股权比例，而应采用更灵活的方式应对各方未来对公司的不同贡献和价值。

[案例2]

甲、乙、丙三人一同合伙创业，他们采取了一种相对保守的股权分配方式：甲占股34%，乙占股33%，丙占股33%。这个股权比例分配的初衷是规避未来可能出现的风险，让每个人承担的风险不至于过大，在可承担范围之内。

然而，开始创业之初，股权比例只考虑了风险没考虑发展，团队内部却逐渐出现了问题。三人约定，甲全职投入，乙、丙暂时仍处于兼职状态，尽快转为全职。甲领取了全职工资，但是在行业内仍然是很低薪酬水平，这是出于对公司现状的考虑，乙和丙两位合伙人兼职，领取了甲一半的薪水。

然而，乙和丙的全职转变进展较慢，其中乙在公司负责技术，他同时也是另一家公司的技术总监，他原来公司的技术团队为三人创业公司提供技术外包服务，他的双重身份在工作中引起了一定的尴尬，他既是供应商的技术总监又是创业公司的技术总监，他的技术团队帮助创业公司开发网站，分不清是为哪一家公司工作，同时领取双份薪水。丙富有创意，能够为公司提供了许多有价值的建议，然而，随着时间推移，他开始怀疑自己在创业公司的价值，从来没有进入创业公司的工作状态。

在创业初期的大半年时间里，只有甲一人放弃高薪工作，以很低的薪水带领几名全职员工运营公司。当初甲并未考虑股权分配问题，他希望公司先稳步运营再作决定。然而，不合理的股权比例逐渐打击了甲的工作积极性，尽管他付出了很多，但只得到公司1/3的回报，他感到自己好像仍在为他人打工，考虑再三，为了公司可持续发展，甲认为有必要重新调整股权比例。

如果重新分配股权比例就是重新分配利益,往往伤害合伙人的感情,尤其是在公司已经运营了一段时间后,选择在公司稍有起色时提出可能会引发对动机的猜疑,大家最初可能会有些尴尬,但谈判还算顺利,一致同意通过增资的方式,使甲持有51%的股权,让他的付出得到回报,同时承担的风险也增大了,甲的动力更强了。

从结果看,甲、乙、丙的股权再次调整,符合各方利益,虽然不是预设的动态股权调整机制,而是合伙人根据公司运营的实际情况协商一致的调整,也算是成功的,但各合伙人的心态会悄然发生变化,开始关注付出和回报的相匹配问题,相互期望也会随之提高,甲这个"带头大哥"未来肯定不好当。

建立动态股权调整机制,要合伙人深刻理解股权合理分配的重要性,阶段性的做出必要调整。

首先,合理的股权分配不应仅限于眼前的考量,而应全面考虑每位合伙人每个阶段的贡献、价值和付出。在公司设立初期,每位合伙人的经验、技能和承诺都对公司发展的潜在影响尚不得知。因此,静态的股权分配方案难以充分体现各方的整体贡献,可能导致一些合伙人未能获得应有的回报。因此,将股权分配固化为静态比例可能无法适应公司未来变化。公司发展一旦稳定下来,应该通过动态股权机制进行股权调整,使股权比例可以更好地反映各合伙人的实际贡献和价值。

其次,如何建立股权动态调整机制呢?原则上有两个思路,第一个思路,预设股权动态调整的股权池,比如案例1,公司进入正轨以后,老王和老李的贡献会不一样,老王是全职投入,老李是兼职投入,另外老王手中还持有公司生产产品的技术,所以应该预见未来老王的贡献会大,为了奖励未来可能做出更大贡献的合伙人,在刚开始分配股权比例的时候,应该预留一些股权,比如老王老李的公司一开始应该拿出20%

的股权作为预留，如果未来哪个合伙人贡献，就把股权池里的股权授予哪个合伙人。

第二个思路，还就案例 1 来说，如果刚开始老王和老李共同商定各持有 50% 的股权，由于老王的全身心投入，公司发展了，公司发展给合伙人带来两个结果，第一个是分红增加，第二个是股权价值的增加。这就为双方股权比例的调整提供了基础，因为老王是全职投入，还贡献了生产技术，所以过去的一年，公司做得很成功，公司利润很高，老李的分红也就很多，分红已经快达到老李的投入了，收回投入是老李喜闻乐见的，而且公司价值也显著提升了，所以老李应该考虑适当地减少自己的股权比例，让老王适当地增加股权比例。老王肯定愿意，老李也没有让自己吃亏，老王工作的积极性提高了，老李的股权增值了，而且分红也增加了，这是双赢。

这两个思路，都是动态股权的调整机制，所以创业者建立动态股权调整机制，不仅可避免股东之间潜在的冲突，还能激励每位合伙人的积极投入，共同推动公司蓬勃发展。

与此同时，合伙人之间的沟通是不可或缺的，合伙人应该始终保持开放的沟通心态，及时分享他们的想法和顾虑，以避免问题积压，导致更大的矛盾。在制定股权动态调整机制时，通过坦诚的对话，彼此充分尊重对方的付出，建立起良好的沟通和信任机制。

二、公司各发展阶段的股东结构

公司的发展阶段包括初创期、生存期、发展期和成熟期。处在不同发展阶段的企业，往往用不同的股东结构来契合企业发展，下面笔者逐一介绍。

(一)初创期

在公司的初创期,公司的目标就是能够活下来,公司的管理流程和制度建设相对弱化,因此要按公司成立后,能够顺利运营起来所需要的生产要素资源寻找合伙人,设定股东结构和股权结构,在这个时候通常公司员工就是公司的全体合伙人,这个时候也是公司野蛮生长的阶段,商业模式未确定,打法也不固定,一切以活下来为目的(见图6-1)。

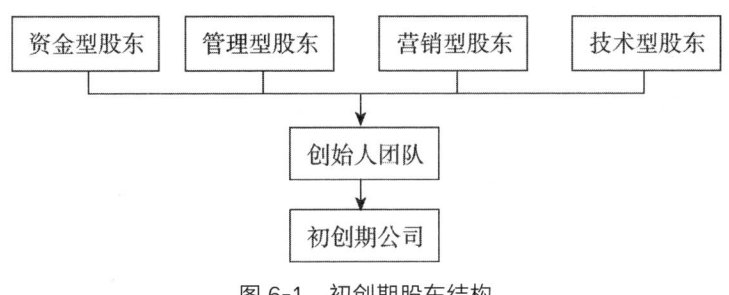

```
┌────────┐  ┌────────┐  ┌────────┐  ┌────────┐
│资金型股东│  │管理型股东│  │营销型股东│  │技术型股东│
└────┬───┘  └────┬───┘  └────┬───┘  └────┬───┘
     └──────────┴─────┬──────┴──────────┘
                      ▼
                ┌──────────┐
                │ 创始人团队 │
                └─────┬────┘
                      ▼
                ┌──────────┐
                │ 初创期公司 │
                └──────────┘
```

图 6-1 初创期股东结构

(二)生存期

通过初创期全体合伙人的共同打拼,公司终于活了下来,慢慢找到符合自身特征的商业模式、盈利模式,员工也快速增加。企业进入生存期,此时企业已经开始盈利或者有盈利的可能了,员工也看到企业会有很好的未来,部分员工已经不再满足于只收取公司的劳动报酬,有了参与公司分红的冲动,同时,企业快速发展需要更多生产要素资源的参与,比如更多的资金和人脉资源,通过增资扩股换取这些资源是最直接、最有效和最稳定的方式,解决公司实际需求,促进公司进一步快速发展,同时吃水不忘挖井人,要感谢曾经帮助过自己的亲戚朋友(见图6-2)。

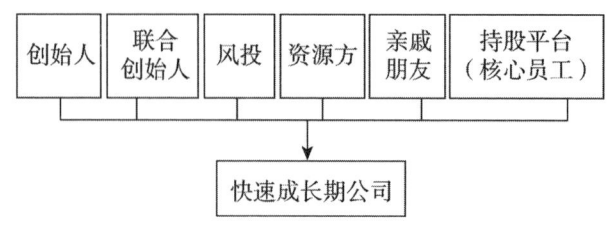

```
创始人 | 联合创始人 | 风投 | 资源方 | 亲戚朋友 | 持股平台（核心员工）
                          ↓
                    快速成长期公司
```

图 6-2 快速成长期股东结构

（三）发展期

公司发展进入一个全新的阶段，各种资源不断地向公司聚拢，前进一步将成为行业龙头企业，引领行业发展，退一步可能被其他公司并购，公司处于不进则退的局面，竞争对手、投资者、客户都对你虎视眈眈，你是肥肉谁都想吃，你是骨头谁都视而不见，甚至踩你一脚，所以说公司退一步可能是危机重重，有生死存亡的危险。公司治理结构基本完善，日常管理基本实现规范化，急需引入战略投资人，由战略投资人从上市的角度规划公司发展，帮助公司对接更高水平更优质的资源并提供资金，以扩大公司规模，提高企业估值。留住、吸引和培养人才是这个阶段另一个重要任务（见图6-3）。

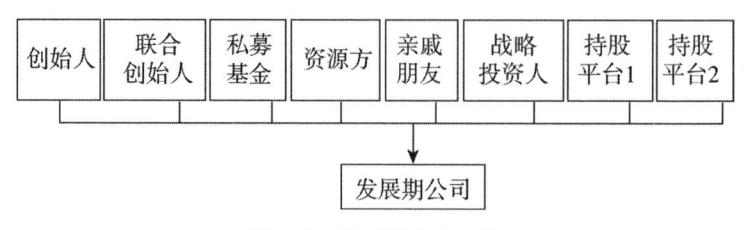

```
创始人 | 联合创始人 | 私募基金 | 资源方 | 亲戚朋友 | 战略投资人 | 持股平台1 | 持股平台2
                                      ↓
                                 发展期公司
```

图 6-3 发展期股东结构

（四）成熟期

成熟期，是指公司基本形成与客户、上下游的利益共同体，抵抗市场风险的能力明显增强，已经具备稳固的行业地位，公司估值在行业中处于前列，公司已经筹划上市或已经上市，正在寻找第二增长曲线，投资产业链其他企业和新的行业，与此同时，在公司发展中做出一定贡献的股东已经没有意愿或者已经没有能力继续为公司发展做出贡献，公司仍然为吸引和培养更多人才继续努力（见图6-4）。

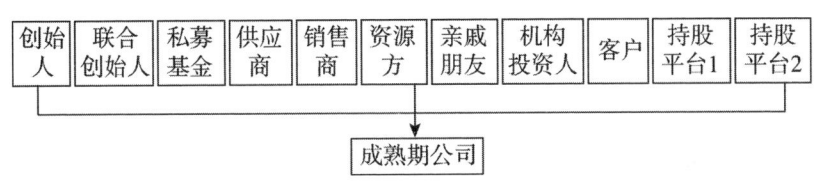

| 创始人 | 联合创始人 | 私募基金 | 供应商 | 销售商 | 资源方 | 亲戚朋友 | 机构投资人 | 客户 | 持股平台1 | 持股平台2 |

成熟期公司

图 6-4　成熟期股东结构

总体来看，在设计公司的股东架构时，应当避免测试人性，毕竟公司的未来不能仅期望于合伙人始终保持不变的初衷，大家为了共同的利益目标走到一起，未来也会因为利益目标的分化而分手。在这种情况下，与其走到不可调和的矛盾之中，不如在初始阶段就规划良好的架构，在"带头大哥"的引领下团结协作。若有不同想法的合伙人选择中途离开，公司或大股东应当收回其股权，确保公司股东的纯粹性和稳定性，为公司的持续发展清除隐患，并确保合伙人、股权和公司始终可控。

这一原则始终站在公司发展角度、全体股东角度，站在大股东的角度，股东架构和股权架构的设计旨在最大限度地保障股东利益的基础上，巩固大股东的控制地位，避免权力争夺的出现，损害全体股东的利益。

第二节 / 股权动态调整机制

解决股权动态调整，先从公司最初的股权顶层架构设计说起，它涉及所有合伙人的控制权、分红权和对公司经营管理权的核心利益安排，而且对未来融资和股权激励也会产生巨大影响。然而，在实际情况中，在公司设立之初，我们依赖于确定因素，进行主观判断来决定每位合伙人的股权比例。随着时间的推移，公司的发展和变化和个人管理能力和技术水平的提升，势必导致股东的付出与回报之间出现不平衡，从而引发矛盾和纠纷，阻碍公司良好发展势头。这种情况不仅适用于被股权比例低估的合伙人，也适用于那些被股权比例高估的合伙人。如何打破这种静态股权的利益格局对于全体合伙人来说都是一次巨大挑战。

解决这个问题的关键在于股权应视为一种既有现在权利也有未来利益的一种权益载体，被登记于公司登记机关，其价值不仅取决于注册资本的出资额，还取决于各方在公司中的贡献、付出资源、合伙人绩效以及公司自身的业绩表现等多个因素。但是这些因素在公司创立之初无法从股权架构设计准确反应，主要原因包括：

首先，合伙人初始投资价值往往不容易准确衡量，特别是对于承诺的关系资源和营销渠道等投资形式。只有经过时间和业绩的检验,我们才能确定它们的实际价值。

其次,特别是授予员工的激励股权不仅是对过去工作的认可,还是对他们未来潜在价值的一种期望,这是一个动态的过程,需要时间来检验和评估。

最后,对于财务投资者使用未来盈利来估值的公司,未来的盈利预测可能会与事实发展不符。如果公司未能达到预期盈利,那么公司的价值可能被高估,投资价格需要降低;相反,如果公司的盈利超过预期,那么公司的价值可能被低估,投资价格需要提高。这种信息在股权设计初期通常无法准确界定,因此需要后期调整来确保公平。

综上所述,股权架构的动态调整机制实质上是一种对合伙人权益再次调整机制,就是用于修正合伙人的未来贡献与其最初合伙人在持股比例中反映价值之间的差异,以实现合伙人各方的权益公平。这个机制类似于投融资领域中的"对赌"也就是"估值调整机制",主要作用是校正股权比例分配偏差,确保权益公平,在这个过程中,合伙人各方沟通和相互谅解是关键,只有各方都愿意相互妥协和调整,才能达成解决方案,最重要的还是预先设定股权动态调整机制。

一、分期兑现股权的动态调整机制

在公司刚设立之初,股东之间约定对于非货币生产要素的股权比例实行分期兑现机制,比如对运营管理、生产技术和营销渠道等生产要素资源确定的股权比例,该生产要素资源的持有合伙人在公司创立时已经确认持股比例总额,然后根据设定的阶段性目标的达成情况进行分期在公司登记机关注册登记。

但是,实践中应注意:

首先，对于初创企业来讲，创始人不宜投入过多的现金，能够保证在初创期运营使用即可，如果公司业务发展需要必须登记一定数额的注册资本金，可以采取认缴制，约定好分期缴纳注册资本金的数额和期数，进行分期变更登记。

为什么呢？如果在公司创立之初，某合伙人非常有钱，可以投入大量资金，但公司运营暂时还不需要这么多现金，就会导致该合伙人投入资金的股权价值被高估，持有更多比例的股权，比如公司只需要800万元现金，某合伙人只需投入200万元现金即可，应占25%的股权，但该合伙人说必须投入400万元现金，占50%的股权，但他投入的其中200万元现金公司此时用不上，闲置起来，但仍然占25%的股权，这明显不合理，若这200万元在A轮融资时投入，那时公司估值已经增加到3800万元，那时200万元现金的股权价值可能只有5%，所以前期这400万元现金占50%股权比例对其他合伙人明显不公平。

其次，分期兑现股权机制就是按照合伙人在公司每年实现经营目标时做出贡献的程度，逐年逐次兑现事先约定的股权比例数额，目前市场上普遍接受分期兑现股权的方式是，先登记一部分比例的股权，其他股权再按3年分期兑现，每年达到目标进行兑现，如果本年度公司和个人目标都没完或公司目标完成个人目标没完成，则延迟下一年再视完成情况兑现，再完成不了，说明该合伙人的提供的生产要素资源不符合公司的发展需求，该比例股权进入股权池，用于吸引新的人才以替代原合伙人。

再次，分期股权兑现机制重在强调股东对公司的贡献有时间分段的要求，可避免合伙人追求短期利益从中获得巨大权益，同时可以让创业初期持股比例较少的但在公司运营中做出更大贡献的合伙人，通过股权动态调整机制进行股权补偿，使其付出和收益达到平衡，甚至有机会逐渐成为控股股东或实际控制人。

最后,分期兑现的股权动态调整机制,也有对赌的意义存在,比如,希望公司2023年度能够实现公司营业收入和净利润增长率均达到30%,那么,每一合伙人都要努力工作,大家才能完成目标,才能得到事先约定的股权比例。

对新引进人才授予的股权也要实行股权分期兑现机制,可以先按照授予的股权比例让该人才享有全部股权的分红权,甚至可以让他参与公司股东会会议和公司经营管理会议,但在公司登记机关登记时,先登记一小部分比例的股权,其他部分股权再分若干年注册登记,目的是观察彼此的性格能否互补?在工作中出现不同观点时能否互相妥协、互相理解和支持,能否为公司继续研发新产品,能否完成公司和个人的业绩指标等,当然,也可以设定当该人才做出更大的贡献时第二年加速兑现。

二、设立股权池的动态调整机制

公司刚设立时预留一部分股权,在公司发展中,用于对公司发展做出超额贡献的股东进行奖励,和对优秀员工进行股权激励,或者用于吸引优秀人才和吸引紧缺的生产要素资源,因此预留股权池进行后续股权动态调整,对企业发展至关重要。

公司运营中设定阶段性发展目标,如果责任合伙人没有完成,让其减少事先约定的一定比例的股权,进入股权池,用于激励下一阶段做出突出贡献的股东,也可以用于吸引公司紧缺人才。

另外,需要注意以下三点:

1. 利用股权对外融资时,要通过公司估值的增减来反映不同阶段财务投资人投入资金的股权价值,例如在初创阶段,公司估值1800万元，投入200万元资金，占有公司10%的股权。而在公司发展期，公司估值4800万元，投入200万元资金，就占公司4%的股权，估值的增加投入同样的资金，占的股权比例减少就是对原股东承担高风险投资的补偿。

2. 合伙人提供的生产要素为劳动力资源的，最初商定的股权比例一般比较低，比如部分小股东最初仅是一线的技术操作工，但他们的工作效率和工作经验会随着时间的推移而提高，这就意味着他们的劳动力价值对公司的贡献不断提升，所以在评估劳动力生产要素的股权价值进行动态调整时，要有发展的眼光。

3. 土地生产要素未来很可能会升值，这是国家政策或市场因素导致的结果，可以在股权动态调整规则中予以规定，土地价格升高到一定程度时，该生产要素的提供者持股比例可以适度的增加，但一定要有最高限制，因为土地价格的提高和合伙人个人的持续努力无关，大多是地域政策红利和土地市场竞争的结果。

三、股东之间股权动态调整机制

根据预先设定的股权动态调整规则，在公司估值增长后，再根据合伙人在公司经营管理中的贡献，进行股权二次再分配。比如，合伙人提供的生产要素资源有经营管理经验、研发技术、产品销售渠道等资源。股权的动态调整就是让某些合伙人通过他掌握的生产要素资源持续为公司做出更大的贡献，而这些资源在公司成立之初股权架构设计时，没有成为股权比例分配的依据，但是，在公司运营过程中，公司的营业收入和净利润增加，公司估值增大，持有这些要素资源的合伙人做出了突出贡献，所以应给予持有更多的股权比例的体现，以激励这些合伙人的工作积极性和创造性，继续为公司做出贡献。

任正非说过，华为的价值分配体系要向奋斗者、贡献者倾斜。如果你不努力、不奋斗，不管有多大才能，也只能请你离开。如果一个企业让懒人和庸人占着位置不作为，让不创造价值的人快乐，那么这个企业离灭亡就不远了。

方法一，按年度分批次授予。

公司创立之初，合伙人约定3年或5年内不能退股，但是创业路上十分艰难，会出现各种问题，有些合伙人可能坚持一两年就坚持不下去了，所以合伙人事先就要约定，所有合伙人3年内不能退出，也可以约5年，就可以用按年度分批授予股权的方式进行限制，根据合伙人在公司的工作时间年限，按年份分批授予股权，授予周期一般为3~5年。根据每次授予股权的比例不同，又可分为：

每年等额授予法及加速授予法（如第一年分配10%，第二年分配30%，第三年分配60%）。

[案例1]

甲、乙、丙作为合伙人发起设立A公司，A公司注册资本1000万元，甲、乙、丙分别占股55%、20%、25%。在公司刚设立阶段，甲、乙、丙实际确权的股权比例为其获得股权的60%，公司设立之初甲获得的股权比例是33%，乙是12%，丙是15%，那剩余的40%根据各个合伙人的工作年限。分5年等额确权，因此，甲在首年获得确权的股权比例为55%×60%=33%，在第2年获得确权的股权比例为55%×40%×1/5=4.4%，以此计算。

这样股东在创业途中必须选择退出的情况下，剩下没有确权的股权不再确权，用于吸引其他合伙人。

方法二，根据合伙人的年度绩效目标完成情况分批次授予。

现在很多公司都采取KPI绩效考核方式，公司的总经理和部门负责人一般在每年年末，签订下一年的绩效考核年度经营管理目标承诺书。合伙人在公司任职,自然也应受绩效考核管理机制的约束。因此,可以在公司成立之初在股权分配的时候,每个合伙人预留部分股权并根据上一年度的绩效考核结果进行确权。

[案例2]

甲、乙、丙共同创业,约定每人获得股权出资为600万元、250万元、150万元,但首年仅确权50%,剩余50%分5年等额确权,每年确权的比例根据上一年度的绩效考核结果而定。比如合伙人甲每年确权的股权比例按如下方式确定:

合伙人甲每年预留的授予股权出资额	公司经营目标是否实现	合伙人甲的绩效等级(分为A、B、C、D四个等级,最高级为A级)	合伙人实际确权的股权出资额
600万元×50%	是	A级	300万元×100%×1/5
	是	B级	300万元×75%×1/5
	是	C级	300万元×25%×1/5
	是	D级	300万元×0×1/5
	否	A级	300万元×75%×1/5
	否	B级	300万元×25%×1/5
	否	C级	300万元×0×1/5
	否	D级	300万元×0×1/5

方法三,根据合伙人业绩里程碑事件动态调整。

1. 什么是里程碑事件?

里程碑事件,是指对公司发展具有重要意义的关键性节点事件,比如新款产品开发成功、销售收入和净利润达到某一数额、股权融资估值达到某一金额等。

根据业绩不同类型,业绩里程碑事件可以分为:

(1)产品开发业绩,比如成功开发出某一种专利技术或产品;

(2)运营管理业绩,比如公司净利润达到一定数量、销售收入达到

一定数额,或用户数量达到一定规模;

(3)融资业绩,比如公司 A 轮融资估值达到 2 亿元。

常见里程碑事件:

①产品开发成功;

②产品获准上市销售;

③公司产品的用户数达到 ×1 万元;

④公司销售收入达到 ×2 万元;

⑤公司的净利润达到 ×3 万元;

⑥公司的股权估值达到 ×4 万元。

2. 贡献点。

贡献点,是指能给公司持续运营提供动力和支持的生产要素的统称。常见的贡献点如下:

贡献点	如何计算贡献点
合伙人投入的现金	按照具体金额进行折算
实物等资产	实物资产看作现金贡献,如果是全新实物资产,可以按购买价格折算;如果是使用过的实物资产,参照二手商品的价格折算
全职合伙人未领取的工资	合伙人工资水平减实际领取的工资
可用于公司经营的人际关系资源	合伙人人际关系资源帮助公司提升了产品销量,公司根据公司规定给合伙人提成,该给却未给的提成作为合伙人对公司的贡献;如果合伙人的人际关系资源为公司实现了融资目标,公司应该支付一定的佣金,该给却未给的佣金可作为合伙人对公司的贡献
商标权	没有知名度的按注册成本计算;有一定知名度参考以前的投入以及闲置的时间协商评估;也可以按照销量计算"商标使用费"

续表

贡献点	如何计算贡献点
专用技术或知识产权	如果合伙人能公司提供给公司，应该参考市场价值将其折算成合伙人对公司的贡献；如果合伙人不是转让而是授权公司使用该专用技术或知识产权，其许可费也可以看作其对公司的贡献，按照公司该给却未给的费用进行折算
创意和点子	创意和点子转化为实际商业方案过程中合伙人做大量的前期工作，这些工作是合伙人为公司做出的贡献
工作时间	估算合伙人工作时间价值参考现在人才市场的通用工资标准，在同样的岗位上，有相同教育背景、工作经验的人拿多少工资，工资数额就是该合伙人工作时间的价值，公司本该发放却未发放的工资是合伙人的工作时间贡献
办公场所	合伙人能够提供场地，就相当于为公司节省了这部分财务开支。公司应该给却未给的这部分场地租金就是合伙人的贡献
兼职合伙人的投入	参考其提供服务的市场价格
以个人的资产为公司担保取得贷款	担保费用的市场价格，或者参照节省下的民间借贷成本

3. 实施步骤。

（1）各合伙人协商确定"带头大哥"，在"带头大哥"的组织下，制定动态股权分配机制。

（2）合伙人协商确定股权动态调整的里程碑事件，并将里程碑事件（公司目标）分解成贡献点，并约定贡献点的衡量计算标准。

（3）设立合伙人贡献值管理委员会，委员会的组成包括各个创始合伙人。同时，为客观公正，还可邀请公司委托的外部顾问（如律师、会计师、咨询顾问等）加入贡献值管理委员会。该委员会负责跟踪计算、登记各合伙人的贡献值，当合伙人就其自身的贡献值存在异议时，由委员会表决决定。委员会中,为兼顾公平与效率,"带头大哥"合伙人持有合伙人中 10 个表决权数,其他合伙人共计持有 10 个表决权数,另外,引进的外部顾问每人持有 2 个表决权数。

(4)按季度统计并公布各合伙人的贡献值,在年终时汇总。

(5)在里程碑事件实现时,按照贡献值大小兑现股权。

[案例 3]

甲、乙、丙作为创始合伙人共同发起创立 A 公司,A 公司从事互联网电子商务业务。公司起始注册资本为 1000 万元。在设立之初,甲、乙、丙共同分配 A 公司的 20% 股权,其中,甲方分配到 12%,乙方分配到 5%,丙方分配到 3%。另外,预留余下的 80% 股权待分配,其中,剩余 40% 股权作为各合伙人的股权的动态分配,剩余 40%,其中 20% 用于引进财务投资人,其中剩余 20% 作为员工股权激励池,未分配的 80% 股权由甲代持。

甲、乙、丙三方约定,在 A 公司的里程碑事件实现时,根据各方的贡献值分配动态股权。其中,里程碑事件 1 实现时,动态股权的 1/4(10% 股权)分配给甲、乙、丙。

(1)A 公司设立时的初始股权分配:

股东	实际分配股权比例(%)	实缴资本(万元)	工商登记认缴注册资本(万元)	工商登记股权比例(%)
甲	12	120	920	92
乙	5	50	50	5
丙	3	30	30	3
合计	20	200	1000	100

(2)里程碑事件 1 实现时的股权分配:

假设甲、乙、丙的贡献点如下:

股东	贡献点1价值（万元）	贡献点2价值（万元）	贡献点3价值（万元）	贡献点价值合计	贡献点比例(%)	新分配股权(%)
甲	20	5	0	25	25	2.5
乙	30	2	8	40	40	4
丙	5	10	20	35	35	3.5
合计	55	17	28	100	100	10

（3）根据上述贡献点分配动态股权的1/4（10%），第一次动态调整后的股权比例如下表所示：

股东	首次实际分配股权比例(%)	新增分配股权比例(%)	最新实际分配股权比例(%)	实缴资本（万元）	工商登记认缴注册资本（万元）	工商登记股权比例(%)
甲	12	2.5	14.5	145	845	84.5
乙	5	4	9	90	90	9
丙	3	3.5	6.5	65	65	6.5
合计	20	10	30	300	1000	100

在"按年度分批次授予"模式下，该方法操作简单，但是股权的确权未与合伙人的贡献值大小相挂钩，未能体现对合伙人的激励性。

在"根据合伙人的年度绩效目标完成情况分批次授予"模式下，该方法操作也相对简单，且股权的确权与合伙人的贡献值大小相挂钩，能激励合伙人为公司创造更大的价值。

在"根据业绩里程碑事件动态调整"模式下，该方法理论上最能客观反映股东的贡献值与股东确权的股权比例之间的关联关系，但贡献点的计量标准难以完全量化，容易引起股东的争议。而且，适用该种动态调整方法一般需要设立超越股东会的"合伙人贡献值管理委员会"，又增加一层不确定性，而且还增加工作量和工作难度，因此该方法实际落地难度较大。

第三节 / 股权激励动态调整机制

股权激励动态调整机制其实就是股权动态调整机制的一个缩小版的股权调整机制，为什么这么说呢？因为股权动态调整机制一般是针对创始人，也就是持股比例比较大并且直接在主体公司进行股份登记的合伙人，而股权激励动态调整机制是对于高管团队和核心员工而说的，与创始合伙人同样道理，某一位高管或者核心员工，他对公司的贡献不会是一成不变的，所以股权激励动态调整机制已经成为促进企业发展必不可少的机制，但是由老板直接决定给哪些员工增加股权激励的数额，减少股权激励的数额，股权激励就会变成了凭老板个人喜好的奖励措施，不仅不能起到激励作用，还会造成公司员工内部矛盾。因为每家公司的情况是不一样的，一家互联网公司和一家传统制造业公司情况不一样，一家发展了10年以上的公司和一家刚开始创业的公司情况又不一样。因此，股权激励要结合公司实际情况，建立动态股权激励机制，按业绩分配，用股权持续激励给奋斗者。

动态股权激励调整机制是指在明确每一位员工享有授予时股权激励比例的基础上，对其负责的工作给公司带来的贡献超过其对应初始股权的部分进行股权激励。这是一种激励对象按资分配与按贡献分配相结合的股权分配方法。股权激励动态调整机制就是每年按照激励对象当年的贡献重新计算一次股权激励比例，直接反映员工当年的业绩表现，不延续到下一年。

换句话说，它是一种基于现有岗位和业绩等因素为依据的公平分配方式，有效地解决了如何在股权分配中引入动态元素，如何将员工的绩效考虑进来，以及如何管理不同职级和职务激励对象的动态变化等难题。体现了管理上的人性化、高效性和公平性理念。

动态股权激励机制具有广泛的适用范围：

1.它可以纠正和改进现有的人力管理和薪酬管理方案中存在的激励不足问题。许多传统的激励方法可能存在一定的固化，而动态股权激励机制将按资分配和按绩效分配相结合，克服了传统分配方式中贡献股调整不足的问题，有很强的可操作性，可以为企业提供更具吸引力和灵活性的激励手段，从而提高公司业绩。

2.它适用于各种不同类型的股权激励模式，并能够增强现有激励计划的效果。无论是股票期权、限制性股票还是其他形式的股权激励，动态股权激励机制都可以与之结合，以更好地与员工的绩效表现和公司的绩效相匹配，从而提高激励的精确度和效果。

3.它可以广泛适用于各种类型的企业和组织。无论是非上市公司还是上市公司，都可以根据其特定需求和目标来实施动态股权激励计划，以促进员工和组织的共同发展。动态股权激励机制不是单独被提出的，它是建立在传统股权分配方式上的分配机制，是一种对传统股权激励机制的改良。因此，动态股权激励机制有其存在的广泛意义。

4.它不仅适用于收益的分配，如股权分红、工资奖金分配、福利分配及承担责任的分配等。还可以在更广泛地涉及资源分配的领域中发挥作用。比如对公司高管、技术人员和营销人员的考核和激励,还可以用于激励供应链合作伙伴、项目团队成员或其他合作伙伴等,以确保资源的有效分配和最佳利用。

由此可见,动态股权激励机制不仅是理论上的创新,更具有极强的实践价值和广阔的应用空间。

[案例1]

甲和乙共同创办了一家公司,公司启动资金总额为1000万元,其中甲出资750万元,乙出资250万元。尽管甲不直接参与公司的日常经营活动,但他为公司提供宝贵的营销渠道和人脉资源的支持,有助于公司的发展。

在公司创立初期,二人的股权比例是各占50%。这一股权分配比例为公司带来了良好的发展前景,公司业绩稳步增长。

为了进一步提高公司的盈利能力水平,公司计划引入技术人才丙。为激励丙全身心地投入公司发展并共享收益,公司决定授予他部分股权,希望他能成为公司成功道路上的重要合作伙伴。这个时候,甲、乙二人谁出让部分股权给丙发生争执。甲认为自己出资最多,且为公司引进了许多资源,对公司来说非常重要,应保留其大股东的股权比例。乙却觉得公司能够发展的这么好,全靠自己全身心的努力经营,自己的股权份额不应该被减少。

最终,甲、乙二人决定各拿出8%的股权给丙,共拟出让16%的股权给丙,但是分3年行权,第一年转让4%,第二年转让6%,第三年转让6%。3年的净利润分别要求是:第一年要完成600万元,第二年要完成1000万元,第三年要完成1200万元。如果净利润只完成预定计划的75%不进行转让股权,超过75%的按照实际完成比例兑现相同比例的激励股权。

比如:丙在第二年,净利润计划完成1000万元,但只完成了900万元,也就是完成的比例为90%,那么第二年原本计划转让6%的股权,但是净利润没有100%完成,按照完成90%的比例,激励股权也按90%转让,即转让5.4%,以此类推。

这个案例说明，持股比例即便是在不增资、减资的情况下，也可以通过人力资本的变现情况的价值体现，动态转化持股比例，并达到公司、股东和高管多赢的目的。所以，设计动态股权激励调整机制的核心是人力资本和货币资本的双重作用，不同的公司不同的激励对象，其人力资本和货币资本的权重是不同的，在实践操作中，利用授予条件和行权条件的空间，灵活设计动态股权激励调整机制。当然，专业的配套规则和协议是必不可少的。

动态股权激励机制设计分为六步：

第一步，确定动态股权激励对象，公司不是所有人都适合做动态股权激励，在实际操作过程中一般对业绩能够用数据直接衡量或者有明确 KPI 考核指标的员工可以做动态股权激励。

第二步，确定业绩目标，动态激励的重要依据就是业绩，确定业绩应该由老板与激励对象协商确定，不能直接由老板独自拍板，确定业绩维度可以是营业收入、净利润、客户的数量或者是市场占有率方面。

第三步，确定股权授予数量：符合条件的激励对象，在确定授予股权激励额度的上限，自行决定购买数量，但投入金额以其当年所得的业绩奖金加年终奖金为限，公司可同时奖励同等数量的分红权。

第四步，确定股权购买价格：购买价格非常灵活，与激励对象当年的业绩完成情况挂钩，业绩完成越好，购买股权的价格越低。

股权购买价格 = 每股净资产 × (1 − 业绩超额比例)。这里超额比例以 1 为限，也就是说公司业绩非常好，已经是翻 1 倍了，也就是免费送股份，无论按翻几倍都按翻 1 倍计算。

第五步，确定处罚机制：获得股权激励的员工，如果当年的业绩低于自身考核指标（一般是可以低于自身指标的，但最低不能低于 70%），公司或大股东可以强制回购，数量可设定为其持股数的 1/3 或 1/4；也可设定为连续3年业绩不达标,回购全部,回购价格为:股权回购价格＝每股净资产×(1−业绩差额比例),同理,业绩差额比例也不能大1,否则在确定股权激励对象的时候就选错了。

第六步,激励对象离职:所持股份数由公司或大股东按每股净资产价格回购,分红权则自动失效。

[案例2:互联网公司的股权激励方案]

互联网行业近几年发展非常迅速,互联网企业都是人力资源密集型企业,是轻资产公司,资金投小,人力成本高,这类企业刚创立时人力资源投入比资金投入更重要,就是因为它体量小、资金不宽裕,股权激励方式成为其留住人才和吸引人才的最重要的方式。

下面是一家互联网公司的虚拟股权激励案例。

一家互联网公司,加上3位创始合伙人,共有12名员工,公司因经营发展的需要决定进行股权激励,具体方案如下:

第一,为了让合伙人团队牢牢掌握控制权并且让股权激励计划简单易操作,决定先不采用实股激励模式,公司决定采用虚拟股权激励模式。

第二,目前公司3位合伙人的股权分配比例为80%∶10%∶10%,公司划定股数为100万股,计划拿出17万股用于激励员工。

第三,具体分配方案为3位合伙人不列为股权激励对象,其余9名员工各分1万股,剩余的8万股作为预留股权池,用于未来激励员工。

第四,公司的分红规则为每年税后净利润的60%作为发展基金、40%作为股东分红。

与制造业企业不同,互联网公司属于知识密集型并且人才个体的重要程度高于制造业企业。所以,在互联网公司,大量员工持股甚至全员持股都是比较常见的。尤其是创业型公司,资金压力比较大,很难给出高薪酬待遇。为了留住人才、吸引人才,股权激励就是非常有效的工具。

在这个案例中,这家互联网公司仅有12人,规模很小,只有核心部门,一人顶双岗甚至三岗,没有多余人员,更没有人力资源部、企业规划部等职能部门。所以全员持股是没有问题的。但如果公司还有文员和司机等员工,没有必要让全员持股。为了让合伙人掌握公司的控制权,采取虚拟股权激励的方式也是没问题的。

那么,虚拟股权激励有哪些优势呢?

第一,只有分红权,没有表决权和提名权;

第二,不用登记不用变更公司章程;

第三,离职就解除股权激励合同自动失效;

第四,只要公司有税后利润就可以每年分红,具有很好的激励效果。

但是,虚拟股权激励也有一定的劣势:

第一,每年分红,对公司现金流压力较大;

第二,绑定时效短,激励对象可能在分红后离职;

第三,由于激励对象不出钱购买股权,员工与公司只能共享利益,无法共担风险;

第四,激励对象没有股东的感觉,无法调动员工的自主性。

在这个案例中,公司采用了股数的虚拟股权激励,容易实操落地,而且公司还设计了预留股权池。在实股激励中,股权池作为股权架构设计的一部分,提前预留是很有必要的,但创始合伙人要注意,这个预留股权池是用于激励未来的优秀员工的,不是留给财务投资人的,财务投资人进入一般会选择增资扩股模式,而不是用股权池转让股权。

在案例中,除了3位创始人,9位员工每人1万股,这样看似公平合理,但经营公司讲究的不仅是公平,还要讲究员工的付出和回报对等,就是员工付出多对公司的贡献就大,公司获得利润就越多,员工回报就越丰厚。所以,合伙人在给员工做股权激励时要视员工的职级、个人能力等情况而定,务必让贡献多者获得的回报大。

公司在年终税后分红时一般会提取相关基金,如公司发展基金、员工保障基金等。在这个案例中,公司每年净利润的 60% 被提取出来用作公司的发展基金,剩下 40% 用于分红。这种分配方式是否合理?要看公司每年的利润是多少?未来发展需要多大的资金量?以及每位激励对象能拿到多少分红,是否激励过度或激励不足?

因此,合伙人应该将年终分红与年终绩效考核结果相结合。例如,年终绩效考核 90 分以上者,可享受个人股数 100% 的分红;年终绩效考核 80~90 分者,可享受个人股数 70% 的分红;年终绩效考核 70~80 分者,可享受个人股数 50% 的分红;年终考评 70 分以下者,不享受分红。对于一家正处在发展期公司而言,股权激励非常关键,创始团队需要谨慎处理。虽然股权激励模式好制定,但在实施过程中,内在的细节非常多,需要合伙人系统学习了解。另外,股权激励的背后还需要有合理的股权架构设计、完善的公司治理及公司规范的运营管理。在股权激励机制下合伙人更应该重视股东会、董事会和监事会的议事规则,这样才能让公司上下一心,共谋发展共享利益。

[案例 3]

海尔集团大家都很熟悉,世界第四大家电制造商,中国电子信息百强企业之首。最令人关注的是,在 2021 年入选中国 500 强发明专利数量前十名公司的第二位。海尔集团能取得如此成就,得益于其创始人张瑞敏先生创立了海尔的"人单合一管理模式"。人是指员工,单是指用户价值。举例来说,你购买了海尔的一台洗衣机,就是海尔的客户。但如果你觉得用的很方便,家里其他的家用产品及家用智能服务,都会选择海尔品牌,即用户。

2013 年,海尔开始推行互联网转型,推行海尔的企业平台化、员工创客化和用户个性化,通过大平台套小平台、小平台孵化小微企业的方式打造海尔生态圈。海尔集团将企业分为三类,第一类是平台主,即通过这些平台建立创业团队和外部合伙人。海尔平台成为小微企业的股东,投资孵化这些小微企业,为创业团队提供融资、人力、工商、生产、销售渠道等方面的支持。第二类是小微主,就是创业团队。第三类是小微个人,即每个创客合伙人。他们不仅获得工资,还能分享企业的资本利益。全员创客、为全员赋能,在员工获得劳动所得基本工资收入的前提下,全员创客机制是海尔向所有海尔人开放了一条股权激励路径,每个人都可以通过自己的努力获得企业股份,进一步释放全员创新创业活力。通过全员创客机制,海尔创业平台上的员工更自主、更自治、更强调自我实现,员工变成了创业者,也就走出了传统企业管理学意义上的组织体制的束缚,可以在以用户需求为核心,引导更自由地实现内部产业链群生态的重组与再造。

海尔在员工创客模式下,企业成为无边界的生态,能够让每个人的价值最大化。员工不仅是工作的执行者,还成为企业的合伙人。员工的薪酬和他们所创造的用户价值直接挂钩,创客(海尔员工)拥有决策权、人事权、利润分配权,上层领导更多地成为这些创业者的资源合伙人,为创客提供必要的生产运营资源。在创造价值的基础上,用多少人、用什么样的人都由小微和链群自主决定;各个链群根据自己的业务场景,可以自主进行时间管理,选择考勤时间、制定年假计划等;完全由创造的用户价值大小决定薪酬分配,让创造用户价值的员工拥有最大化的收益。

海尔创立了一个创业加速平台——海创汇,支持每个人成为创业者。现在这个平台上不仅有海尔的小微企业,还开放给社会的创业团队。平台已吸引5200多个项目,孵化了8家上市公司。其中海尔占一半,还有一半是社会性的。同时,还有300多个团队已经拿到了A轮投资,孵化成功率是一般孵化器的5倍。为什么成功率这么高?原因有三个:第一,目标是时代性的,完全以用户体验为中心,不管你从事什么行业,平台上还有做中药的企业,跟海尔原来的家电产业没有任何关系,但是在海创汇也可以做得很好。第二,有根创业,海尔的资源就是所有创业者的资源,创业者可以利用海尔这个平台给它提供的各种资源为自己的企业服务。第三，期权池激励，海创汇企业的股权激励的期权激励都要抽出一部分放在期权池，以便后来进来的创业者可以享受这个期权。

随着业务经营方式的转型，海尔的员工激励方式由自主经营体系的"人单酬"模式发展成小微企业的"对赌激励模式"。海尔的管理层一直在思考这样的问题：只有让员工经营真正属于自己的事业，才能最大化地激活个人创造力。实施以"小微"为基本运作单元的平台型组织，企业与员工不再是劳动雇佣关系，而成为市场化的资源对赌关系。

从一定意义上讲，海尔对小微的对赌使得小微能够把工作当作自己的事业去做，也就是所谓的"自己的店当然自己最上心"。

海尔平台每年会跟小微企业达成目标承诺和利润分享空间的协议。当小微达成对赌目标达成后，会按预定比例分享到对赌价值，并可在小微企业内部自主分配利益，自主用人。若无法达成预定效益则计入亏损，待下期弥补，或直接取消该创业项目。小微生态圈实现的是同一目标，同一薪源下的共创共享。小微在运营实践中不一定都是真正的注册公司，但是所有的运营流程包括组织布局、损益核算、财务核算都是独立的运作模式。

在核算损益的时候，每个小微并不融合在所在平台之中，而是在财务方面拥有一个独立的损益表，包括直接收入项、用户圈的边际收入项、支出项以及最终的结余，都是独立核算。

例如，著名的雷神游戏本孵化项目就是内部合伙人的成功案例：2013年年末，一款名为雷神的游戏本进入市场；2014年1月15日，雷神游戏本在京东上市，20分钟3000台游戏本被抢购一空；2014年7月24日，雷神911上市，单型号10秒钟就销售3000台；2014年雷神科技实现2.5亿元销售额和近1300万元净利润，跃升为国内游戏笔记本销售的第二名，并已拿到500万元创投，估值1亿~1.5亿元；2015年，经过 Pre-A 和 A 轮融资之后，雷神科技真正开始独立运作，海尔的股份降到 50% 以下。雷神科技就是海尔内部员工的创业企业，创始人路凯林及其 3 名合伙人原是海尔的员工，在海尔推行内部变革的时候成为海尔内部小微主，并成功创办了雷神科技。

第七章
CHAPTER SEVEN

公司常见法律风险防范

第一节 / 有限责任公司分红之税

有限责任公司向股东分红，如何去缴税？

如图 7-1 所示，王总投资成立主体运营公司，王总是主体运营公司的股东，公司年终产生利润，缴完企业所得税之后向王总分红，王总应缴纳 20% 的个人所得税。

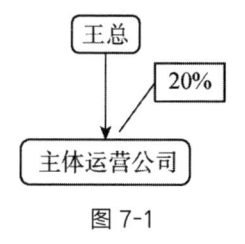

图 7-1

如图 7-2 所示，王总先成立控股公司再投资成立主体运营公司的股权，主体公司年终有税后利润，若分红先分给控股公司，对于分红控股公司免交企业所得税的，如果控股公司再分红给王总，王总应该缴纳 20% 的个人所得税。

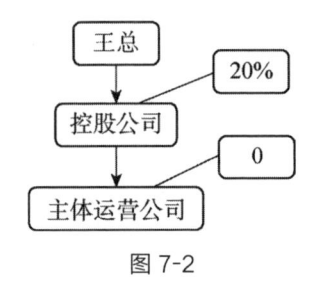

```
    王总
     │
     ▼   20%
  控股公司
     │      0
     ▼
 主体运营公司
```

图 7-2

如图 7-3 所示，王总成立有限合伙企业再投资成立主体运营公司，如果主体公司年终有税后利润，先分红给有限合伙企业，有限合伙企业是非法人企业，所以不存在缴纳企业所得税，所以是直接分红给王总，由王总缴纳个人所得税，税率是 20%。当然，有限合伙企业是不能单独持股的，此仅为展示有限责任公司向股东分红的方式。

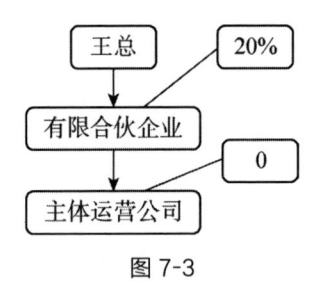

```
    王总   20%
     │
     ▼
 有限合伙企业
     │      0
     ▼
 主体运营公司
```

图 7-3

大家注意，王总缴纳个人所得税都是由企业代扣代缴。

第二节 / **有限责任公司股权转让之税**

关于股权溢价转让是怎么征税的？

如图 7-4 所示，如果王总投资成立主体运营公司，他向买方转让股权，如果股权价格高于原始投资价格，就产生溢价，扣除个人实际发生的与取得收入有关的、合理的支出，其中也包括股权计税成本及与股权转让相关的印花税，对于剩余溢价部分，王总缴纳 20% 的个人所得税。

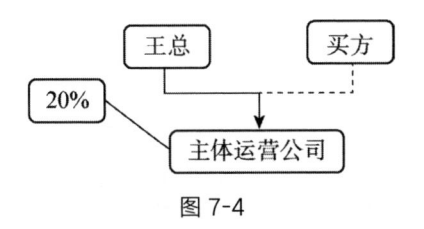

图 7-4

如图 7-5 所示，如果王总通过控股公司持有主体公司股权，由控股公司向买方转让股权，产生溢价，扣除企业实际发生的与取得收入有关的、合理的支出，其中也包括股权计税成本及与股权转让相关的印花税，控股公司转让溢价部分，先缴 25% 的企业所得税，然后再分红给王总，王总再缴纳 20% 的个人所得税，这时王总的综合税率是 40%。

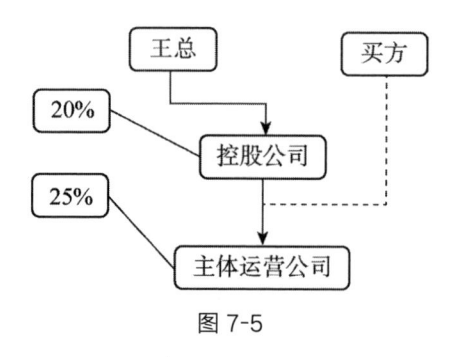

图 7-5

如图 7-6 所示，如果王总通过有限合伙企业持有主体公司的股权，有限合伙企业持有主体公司的股权转让给买方，产生溢价，扣除企业实际发生的与取得收入有关的、合理的支出，其中也包括股权计税成本及与股权转让相关的印花税，有限合伙企业是非法人企业是不缴纳企业所得税的，直接分红给王总，那么王总按照有限合伙企业经营所得，按 5%~35% 的 5 级累进税率缴纳个人所得税。

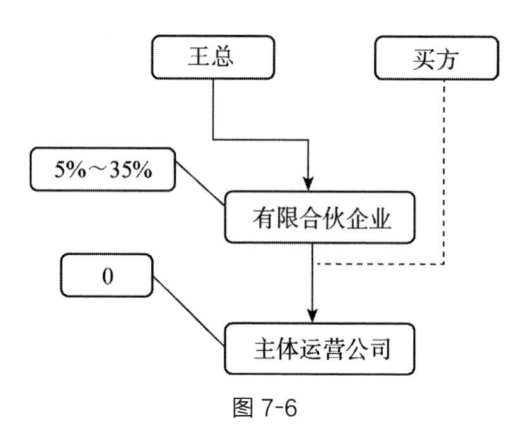

图 7-6

第三节 / 夫妻创业风险如何防范

夫妻合伙创业做得好,那叫夫妻同心,其利断金,爱情事业双丰收;若夫妻合伙做不好,不仅会使公司做不好,夫妻之间的关系也会变得疏远,更有甚者,不仅公司开不下去,夫妻还以离婚收场,夫妻一方有强势有弱势,生活中都会有摩擦,在企业中也有夫妻的合作法则,有的夫妻经营企业生活和工作角色分不开,生活中的情绪带到公司管理中,不利于企业的经营管理。

俗话说亲兄弟明算账,夫妻合伙创业要想做好,一定要弄清以下几个概念:

《民法典》第1062条规定:"夫妻在婚姻关系存续期间所得的下列财产,为夫妻的共同财产,归夫妻共同所有:(一)工资、奖金、劳务报酬;(二)生产、经营、投资的收益;(三)知识产权的收益;(四)继承或者受赠的财产,但是本法第一千零六十三条第三项规定的除外;(五)其他应当归共同所有的财产。夫妻对共同财产,有平等的处理权。"即一方婚后取得的股权及相关收益,是夫妻共同财产。也就是说,即使股权登记在配偶一方名下,该股权中的财产权益仍属于夫妻双方共同财产。

夫妻双方共同出资设立公司的,应当以各自所有的财产作为注册资本,并各自承担相应的责任。因此,夫妻双方登记注册公司时应当提交财产分割证明。未进行财产分割的,应当认定为夫妻双方以共同共有财产出资设立公司,在夫妻关系存续期间,夫或妻名下的公司股份属于夫妻双方共同共有的财产,作为共同共有人,夫妻双方对该项财产享有平等的占有、使用、收益和处分的权利。

另外,如果是一方婚前持股,婚后股权的自然增值部分的收益属于个人财产。例如,王先生与李女士结婚,婚前王先生持有 A 公司的股权,婚后王先生的股权大幅增值,但是,该股权增值完全是因为行业市场行情引起的,王先生没有对 A 公司进行过任何的经营管理,那么股权增值部分尽管是婚后产生的,也属于王先生的个人财产。换句话说,如果王先生婚前持有 A 公司股权,婚后王先生持续经营管理 A 公司,由于王先生对 A 公司投入精力使得股权大幅增值,股权增值部分及股息红利的收益,应当属于王先生和李女士的共同财产。

一、夫妻合伙创业产生的问题

夫妻合伙创业的优势毋庸置疑,夫妻之间拥有深厚的感情,相互理解和支持,拥有共同的目标和愿景。并且能够做到技能和经验的相互补充,可以更灵活、直接地沟通交流,这些都有助于创业团队更迅速地作出决策,适应市场,高效执行。

夫妻创业有利的一方面,同时伴随一系列现实问题。首先,创业初期的财务风险是一大考验。如果一方有其他工作,提供家庭的保底收入,那么即使创业失败,家庭生活也能维持。然而,共同创业意味着双方都没有了退路,破釜沉舟,如果失败可能会同时冲击事业和家庭,增加夫妻的感情和生活压力。

心理学家凯西·马沙克指出，夫妻在一起工作并不是问题的关键，而是相处时间增加，有更多机会产生冲突才是问题所在。本来夫妻只有在生活有冲突点，但是共同创业，又增加了工作中的冲突点。所以在创业中，需要清晰明确的规则和透明度，但在亲密关系中，有时候保持一些模糊性和隐蔽性是对管理公司是有益的。创业过程中，压力巨大，有时难以控制情绪，会放大个人的缺点，对夫妻感情维系造成压力。

夫妻共同创业也给员工和投资者带来了一定的挑战。员工可能会感到困扰，夫妻对公司管理产生冲突不知道站在哪一边，这可能导致团队成员内部的紧张氛围，不利于个人能力的发挥。此外，夫妻公司的对留住人才和引进人才可能受到限制，有经验的人才不愿意加入或迅速离开，增加了经营管理难度。投资者也可能担心夫妻之间的关系紧张会影响公司的稳定性和成长潜力，再好的项目也不愿意投资。

夫妻对公司经营管理权也会随着公司的成长对某一方越来越显得重要。如果一方在公司拥有更多的股权和经营管理权，可能导致夫妻一方的重要性在公司内部的不平衡，把个人情绪带到工作中来，给公司运营带来额外的压力。

最后，如果夫妻中的一方在外欠债，这可能会对公司股权的稳定性产生不利影响。根据《民法典》的规定，夫妻的债务共同承担，而公司的股权和分红也是共同所有的，这意味着外部债务可能会影响公司的股权结构和资金流动性。

综合而言，夫妻共同创业具有独特的优势和挑战，需要夫妻双方慎重考虑，并建立良好的沟通和合作机制，以确保事业和家庭的平衡，并减轻潜在的风险。

二、"夫妻档"公司能不开就不开

现实中"夫妻店"公司风险极大，可能被认为一人有限公司。因为大部分的法院裁判认为：夫妻公司的注册资本源自夫妻共有财产，而公司的全部股权实际上来自同一财产权，由夫妻双方共同拥有和控制。这意味着公司的股权拥有者具有一致的利益和实际上的单一支配权。在这种情况下，夫妻公司在股权结构和规范适用方面与一人公司极为相似，可以视为实质上的一人公司。

在此情形下，想要证明公司的独立性，否认股东的连带责任，需要提供经审计的年度财务会计报告、账务账簿、公司经营过程中的原始凭证等材料，还有独立财务管理制度和独立的财务工作人员。也就是说，只要股东能够提供证明公司的财产和股东个人的财产是独立管理、分开记录、独立核算、收付款分开不混淆，那么就可以确认公司财产与股东个人财产是相互分离的，由公司独立承担责任。

因此，为了降低夫妻公司的风险，股权结构上最好引进其他外部股东，以减少股东之间被视为高度相关的可能性。另外，如果公司涉及夫妻股东，建议在公司成立时使用书面协议或文件明确夫妻双方的财产分割，将这些文件纳入工商登记备案资料。而且这些文件在离婚财产分割争议中能够起到同样的证明作用。当然，最重要的还是应确保公司和股东之间的财务完全分离。包括分别管理公司和股东的银行账户、财务流水，尽量避免公司账户和个人账户之间有不必要的资金往来。此外，应确保每个会计年度结束时制定财务报告，并通过会计师事务所进行审计。

三、夫妻合伙创业的方式

夫妻共同创业，优势明显但劣势也比较突出，应制定清晰的发展策略和工作分工，有效降低风险，促进事业和家庭的平衡发展。

首先，夫妻可以考虑在企业发展到一定规模时，一方选择退出，让另一方继续引领企业。因为随着投资人入局，如果夫妻都是公司大股东，当夫妻出现矛盾，则非常不利于公司快速决策，投资人的利益也可能因此而受损。典型的案例如当年土豆网的创始人王微和杨蕾，两人就曾因为离婚后的股权纠纷，直接导致土豆网的没落。

与之相反的是阿里巴巴的马云和张瑛夫妇。创业之初，张瑛立下了汗马功劳，曾做到阿里巴巴中国事业部总经理。后来在阿里巴巴上市前夕，张瑛退出公司，放弃了股东身份，而马云也不负重托，带领着阿里巴巴成功上市，上市之时总股本24.66亿股的市值达到2285亿美元，成为全球第二、中国第一大互联网公司。这种处理方法有助于避免夫妻双方在公司内部产生矛盾，特别是在投资人进入公司后，他们的矛盾可能对公司产生负面影响。

其次，如果夫妻双方都希望继续参与企业，明确的分工是至关重要的。双方可以在企业内部担任不同的角色，以互补的方式发挥各自的优势。例如，搜狐的潘石屹和张欣在创业中就采用了互补的策略，他们分工明确，各自负责不同领域，这有助于减少双方冲突并推动企业发展。

最后，如果夫妻双方都在同一领域具有相似的专业知识，但又都不愿意退出，可以考虑一方守业，另一方进行二次创业。这种情况下，一方可以继续执掌当前企业，而另一方通过套现寻找新的商机并开展新的项目，如陌陌创始人唐岩和张思川的案例，这种方法有助于充分发挥双方的人脉和工作能力，同时减轻公司内部的竞争压力。

总之，夫妻共同创业可以通过不同的策略和分工来降低风险，保持企业的稳定发展，同时需要建立有效的沟通和协作机制，以维护家庭关系的和谐。这样，夫妻可以在事业和生活中取得平衡，并实现共同的目标。

四、夫妻离婚，股权纠纷如何避免

夫妻选择离婚，尤其涉及公司股权时，可能引发复杂的股权和公司治理纠纷。通常有以下几种方式予以解决：

1.夫妻双方签署夫妻财产分割协议，在协议中约定股权为夫妻一方的个人财产。另外，作为夫妻的一方也可以考虑将自己持有的股权的身份权和财产权相分离。《民法典》第1065条规定："男女双方可以约定婚姻关系存续期间所得的财产以及婚前财产归各自所有、共同所有或者部分各自所有、部分共同所有。约定应当采用书面形式。没有约定或者约定不明确的，适用本法第一千零六十二条、第一千零六十三条的规定。

夫妻对婚姻关系存续期间所得的财产以及婚前财产的约定，对双方具有法律约束力。

夫妻对婚姻关系存续期间所得的财产约定归各自所有，夫或者妻一方对外所负的债务，相对人知道该约定的，以夫或者妻一方的个人财产清偿。"

例如，甲、乙二人为夫妻，且乙方作为×××公司的创始人，持有60%的公司股权，对应公司注册资本人民币1200万元。可经双方协商一致，就标的股权有关问题达成协议如下：

（1）双方确认，标的股权属于乙方个人财产，不属于甲、乙双方的夫妻共同财产，甲方对标的股权不享有任何权益。

（2）双方进一步确认，乙方作为公司股东作出的任何行为或决定，均不需要甲方另行授权或同意。

（3）乙方同意，若乙方就标的股权获得任何收益，包括但不限于分红、处分标的股权所获得的收益等，乙方应自获得该收益之日起10日内，将该收益的50%支付给甲方。

甲方同时确认，本条规定仅视为乙方对甲方的支付义务，不得视为赋予甲方任何与标的股权相关的权利。

本协议自双方签署之日生效，且长期有效。

因此，夫妻可以通过签署夫妻财产协议约定，哪些股权属于夫或妻的个人财产、哪些股权属于双方的共同财产。这有利于从根源上解决财产纠纷，避免因为离婚而对公司的正常运营和股权架构产生不良影响。当然，为了平衡配偶的利益，股东可以约定股权属于自己，每年给配偶一定数额的分红作为补偿。

2.夫妻一方中作为公司股东可以在公司章程中明确股权转让方案，以确保在离婚情况下不会将股份转让给配偶。这种约定可以有效避免离婚后配偶成为公司新股东，从而防止公司股权结构的不必要变动，有助于维护公司的稳定和发展。这种安排可以为公司发展提供额外的法律保障，确保公司的未来不受夫妻离婚纠纷的影响。

另外，股权是兼具财产属性和人身属性的。在离婚纠纷中，公司股东的配偶是无权要求直接分割股权的，只能要求分割夫妻共同财产中以一方名义在有限责任公司的"出资额"。即使夫妻双方对于"出资额"的转让协商一致，股东的配偶想要成为公司股东，需要公司其他股东过半数同意且其他股东放弃优先购买权。

因此，夫或妻作为非公司股东的一方，为了防止另一方低价处分股权或者恶意转移财产,应该关注股权受让的主体、股权价值以及公司经营状况等,收集证据以此证明是股东和受让人恶意串通损害自己的利益,这样股权转让协议才有被认定为无效的可能性。当然,最保险有效的办法就是——让自己成为公司的股东,哪怕持股比例非常少,也能享有法律赋予的股东权利。能够有权对公司的经营状况、分红状况享有知情权。当对方想要对外转让股权时,会被通知且享有同等条件下的优先购买权。

第四节 / 财富（股权）传承风险防范

现如今"财富传承"至关重要，辛辛苦苦打拼一辈子的创富一代如何将家业顺利传递给下一代，关键在于公司控制权和股权的传承。在公司股东发生人身事件，如离婚、意外身亡等意外事件时，事先有明确的约定往往能稳定军心，使企业平稳过渡，否则会导致家族内部因股权、控制权的争夺而分崩离析，严重冲击着企业的稳定，给企业造成致命的打击。

一、设置家族持股公司

家族公司，是指股权控制在一个家族手中，股东成员皆为家庭成员或近亲属的有限责任公司。判断某一企业是否是家族企业，主要看公司股权是否家庭拥有。家族公司是只作持股或者控股，不做任何经营的。

家族公司的股东组成不建议只有实际控制人一人，也不建议是夫妻俩，因为根据《公司法》第23条第3款"只有一个股东的公司，股东不能证明公司财产独立于股东自己的财产的，应当对公司债务承担连带责任"的规定以及相关司法实践，夫妻公司有被认定为实质为一人公司的风险，很可能会被要求对公司债务承担连带责任。家族公司的股东组成可以是实际控制人及其近亲属，包括配偶、父母、子女、兄弟姐妹、祖父母、外祖父母、孙子女、外孙子女等，各个家庭成员之间没有具体持股比例限制或要求。

用家族公司持有主体运营公司股权，第一个作用，隔离风险，如果用个人认缴主体运营公司的注册资本5000万元，当主体运营公司破产清算的时候，个人要全部实缴完毕5000万元的注册资本，如果个人投资50万元成立一个家族公司，然后家族公司再向主体运营公司认缴5000万元，尽管主体运营公司破产清算，个人只需要承担投资家族公司的50万元的有限责任。

第二个作用，实体运营公司分红到家族公司里，对于分红家族公司是不征收企业所得税的，只要不分红给个人，也不用去缴纳20%的个人所得税，然后家族公司用这个钱再去投资。但用来买车买房等大额消费给个人使用是有纳税风险的。

第三个作用，也是最重要的，在家族公司里近亲属之间股权转让，比如父亲转给子女，实现股权传承的目的，《股权转让所得个人所得税管理办法（试行）》第13条规定，"符合下列条件之一的股权转让收入明显偏低，视为有正当理由：……（二）继承或将股权转让给其能提供具有法律效力身份关系证明的配偶、父母、子女、祖父母、外祖父母、孙子女、外孙子女、兄弟姐妹以及对转让人承担直接抚养或者赡养义务的抚养人或者赡养人"。也就是说，近亲属之间的股权转让低于原始投资也是没有问题的，极端地讲，即便是增值1亿元的股权标的，以极其低的价格交易也是合法的。

二、信托传承

对家族财富主要以企业股份形式存在的企业家而言，其家庭资产与企业资产常常划分并不清晰，此时企业一旦遇到经营问题，如果没有事先做好隔离，往往会导致整个家庭的财富出现问题，甚至家庭成员受企业所累，生活都成了问题，缺少了东山再起的资本，如何做好家族财富隔离呢？家族信托隔离是一个很好的办法。

2010年，黄光裕被判入狱14年，在与陈晓的国美控制权之争，企业处于危机时，黄光裕妻子杜鹃用之前配置的信托和保险资金，帮助黄光裕增持国美股权，渡过难关。

设立家族信托的人，我们称为委托人。委托人设立家族信托，要把原先在个人名下的财产，转移到家族信托名下。一般而言，设计成不可撤销的信托。也就是说，委托人一旦设立家族信托，财产所有权会不可逆地从委托人名下转出。

老王有价值10亿元的股票，还有几套大房子和几辆豪车。老王现在60多岁，有一个儿子读大学，快要毕业了，他考虑将财产传承给儿子：

1. 老王不想一下子把这么多的财产直接送给儿子，让儿子觉得财富来得如此容易，以至于失去了勤奋工作的动力。

2. 老王转移财产给儿子的顾虑还有儿子面临娶媳妇，如果离婚分割财产，老王不愿自己的财产被儿媳妇瓜分。

3. 老王年轻时曾有过一个恋人，后来由于种种原因和太太结婚，但是分手时给恋人写一个借条："今生我欠你太多，将来用一个亿偿还。"当时老王也没有钱，因此没有太多考虑就写了，现在老王发达了，也开始担心初恋拿借条找他。

老王考虑做家族信托，这里各方的角色是，老王是信托委托人，老王的儿子是信托受益人，信托受托人是老王找的信托公司，信托公司为老王设立家族信托，老王把自己名下的财产所有权转给信托受托人。也就是说，这些财产已经不是老王的，而是信托受托人的了，信托受托人是专业信托公司。我国《信托法》规定，受托人破产的，信托财产不属于其清算财产，老王的股票、房子和车子现金都放在该家族信托内。该家族信托同时也要设立一个法律文件叫家族宪法，规定该家族信托的主要用途是什么，在什么条件下可以分发给信托受益人多少财产，花多少年分发，信托可以投资什么，不可以投资什么等。

信托的好处：

1. 避免家族内财产纠纷。在信托中，谁是受益人，在什么条件下可以获得多少财产，都规定的清清楚楚。

2. 隔离财产，如果老王欠了一屁股债还不了，老王设立家族信托，信托财产就不用还老王的债务。

三、股权继承

《公司法》第90条规定："自然人股东死亡后，其合法继承人可以继承股东资格；但是，公司章程另有规定的除外。"因此，在公司章程无特殊规定的情况下，其继承人即可依法取得股东资格。但需要注意的是，如果继承人为公务员，因其身份的特殊性，无法继承股东资格，只能继承部分股权对应的财产性权利。未成年人可以成为公司的股东，其股东权利可以由法定代理人代为行使。

首先，关于股权继承，其他股东是否享有优先购买权，基于有限责任公司的人合性，首先要看章程有无规定或者全体股东有无约定，如果都没有特殊规定，那么有限公司自然人股东死亡后，其合法继承人主张继承股东资格的，无须征得其他股东同意，其他股东不享有优先购买权。

在股权继承纠纷中，首先要看被继承人是否留有遗嘱或者遗赠扶养协议。根据《民法典》第 1123 条的规定，"继承开始后，按照法定继承办理；有遗嘱的，按照遗嘱继承或者遗赠办理；有遗赠扶养协议的，按照协议办理"。如有，需要审查相关协议的效力以及继承人或受遗赠人是否有放弃继承遗产或遗赠的意思表示。

其次，股权继承纠纷中的主要障碍之一是遗产范围的确认问题，根据《民法典》第 1153 条的规定，"遗产分割时，应当先将共同所有的财产的一半分出为配偶所有，其余的为被继承人的遗产。遗产在家庭共有财产之中的，遗产分割时，应当先分出他人的财产"。所以在分割股权前，应当首先查明属于被继承人的遗产部分，尤其是被继承人在婚姻关系存续期间如有股权投资、公司增资等情况的，更需要谨慎查明实际作为遗产的股权情况。

最后，根据《公司法》第 90 条的规定，"自然人股东死亡后，其合法继承人可以继承股东资格；但是，公司章程另有规定的除外"。从本条款来看，继承人均可以继承股东资格，但是鉴于公司具有人合性，且股权兼具财产及人身属性，根据《民法典》第 1156 条的规定，"遗产分割应当有利于生产和生活需要，不损害遗产的效用。不宜分割的遗产，可以采取折价、适当补偿或者共有等方法处理"。所以，为了保护公司发展的稳定性，我们可以在公司章程中对股权继承提前作出规定，避免因股权继承纠纷影响公司的正常经营。比如可以对继承人是否能成为股东做出限制。若股权存在未出资（到期未出资或未届出资期限）情形时，建议约定继承人继承股东资格的前提是必须代原股东履行完毕或者书面承诺履行出资义务，若继承人拒绝履行或者承诺履行的，视为放弃继承股东资格。

第五节 / 股权代持风险防范

一、股权代持协议的效力

关于股权代持协议的效力问题，我国目前以有效为原则，以无效为例外。

（一）以有效为原则

股权代持其实就是一种合同协议，它是两方或多方达成的一种约定，规定了各自在公司股权的权利和义务。在法律上，这个协议必须被认定为有效才能约束各方的权利义务。根据《公司法》的相关规定，基于意思自治及契约自由的原则，如果股权代持协议是真实的、没有违反法律法规的强制性规定、不会损害公司的利益，那么应该认定它是有效的。

（二）以无效为例外

根据法律规定，对于股权代持协议，如无法律规定的无效情形，该协议有效。其中，对于法律规定的无效情形，《民法典》第153条规定了两种情形:(1)违反法律、行政法规效力性强制性规定的无效;(2)违背公序良俗的无效。

根据相关规定,"下列强制性规定,应当认定为'效力性强制性规定':强制性规定涉及金融安全、市场秩序、国家宏观政策等公序良俗的;交易标的禁止买卖的,如禁止人体器官、毒品、枪支等买卖;违反特许经营规定的,如场外配资合同;交易方式严重违法的,如违反招投标等竞争性缔约方式订立的合同;交易场所违法的,如在批准的交易场所之外进行期货交易。关于经营范围、交易时间、交易数量等行政管理性质的强制性规定,一般应当认定为'管理性强制性规定'"。

对于违背公序良俗的情形,就是某些涉及社会公共利益的行业监管规则明确不允许股权代持,那么即使该行业监管规则不属于法律、行政法规层面,但只要该行业监管规则的内容涉及金融安全、市场秩序、国家宏观政策等公序良俗,那么违反该等行业监管规则的股权代持也将被认定为无效。

就股权代持被认定无效的情形,特别介绍以下三种情形:

1.代持上市公司股权的协议无效。

根据《首次公开发行股票并上市管理办法》《上市公司信息披露管理办法》等规定,公司上市发行人必须股权清晰,股份不存在重大权属纠纷,公司上市需遵守如实披露的义务,披露的信息必须真实、准确、完整。这是证券行业监管的基本要求,出发点在于保护广大非特定投资者的合法权益,维护资本市场基本交易秩序和交易安全,从而稳定金融安全和社会公共利益。

2.标的公司为保险公司的股权代持。

《保险公司股权管理办法》第31条规定,投资人不得委托他人或者接受他人委托持有保险公司股权。第49条第2款规定,保险公司股东不得利用股权质押形式,代持保险公司股权、违规关联持股以及变相转移股权。基于上述规定,保险公司股东的股权代持行为被明令禁止,股权代持协议存在被认定为无效的风险。

另外还需要注意的是,银行、证券、保险、期货等金融机构的相关监管规则中都有关于股权代持的禁止性或限制性规定。

3.规避外商投资准入负面清单的股权代持。

根据《外商投资法》《最高人民法院关于适用〈中华人民共和国外商投资法〉若干问题的解释》的相关规定,外国投资者利用股权代持协议或委托投资协议等方式规避外国投资者投资外商投资准入负面清单规定的,该股权代持协议存在被认定为无效的风险。

二、股权代持,如何保障实际出资人的权利

比如:老王找人代持股权,老王是实际出资人,但是不是隐名股东呢?老王认为自己是隐名股东,老王投资一个项目,由于特殊原因,他没有用自己名字登记为项目公司的股东,找老李代他在项目公司持有股权,签订代持协议之后,老王认为自己就是隐名股东,可以跳过老李对项目公司主张股东权利。实际上老王搞错了概念,首先他不是隐名股东,他只是一个实际的出资人,实际出资人签了代持协议之后,只能通过代持人去向公司主张权利,如果代持人不按照他的意愿去做,他也是没有办法的。所以,实际出资人不是隐名股东,法律上只有实际出资人的概念,没有隐名股东的概念,那么如何才能成为隐名股东呢?隐名股东也是股东,虽然没有显名,如果老王实际上已经行使了股东的权利履行了股东义务,就是老王与老李签订代持协议之后,代持协议是公司和其他股东都认可并签字确认的,老王成为股东就差一步,在形式上没有在公司登记机关进行登记,这时候老王才是隐名股东。

股权代持,实际出资人保障自己的权利,做到以下几点:

第一,签署代持协议,约定好实际出资人和代持人之间的权利义务,比如,如何让代持人去按照实际出资人的意愿在股东会履行职责,公司分红如何快速回到实际出资人的口袋等。要在协议中将双方的权利义务具体化、细节化,包括但不限于出资金额、出资方式、代持方式、代持期限、代持费用、股东权益归属、股东权利行使主体及方式、名义股东的限制行为、违约责任等。因此实际出资人要审慎选择代持人,从源头降低风险。与实际出资人具有亲属、朋友等私人社会关系或者其他关联关系的代持主体往往比单纯的商业伙伴更可靠,亲属关系在进行股权转让时如果股权增值可以产生节税效应,并且在进行IPO审核时亲属关系的代持关系将更有可能被认为具有合理性。

第二,留存出资证据、争取不用缴纳个人所得税。在股权代持的法律关系中,实际出资人为投资收益的实际享有者,如果股权登记由名义股东变更为实际股东并未改变经济实质,依据实质课税原则,上述股权变更并不构成股权转让,也不存在任何股权转让所得,无须缴纳企业所得税或个人所得税。实际操作过程中,虽然代持的法律关系是客观存在的,纳税人往往因为缺乏充足的证明材料而无法说服税务机关按照经济实质征税,最终被迫接受按照公允价格计税的补税决定。

在现行法律规定不足以及各地税务机关征管口径不一的背景下,如果不能实现"实质课税",可能会被税务机关认定为"股权转让"行为,如能实现低价或平价转让,也可以实现股权的归位是非常理想的。根据《国家税务总局关于发布〈股权转让所得个人所得税管理办法(试行)〉的公告》第13条的规定,符合下列条件之一的股权转让收入明显偏低,视为有正当理由:能出具有效文件,证明被投资企业因国家政策调整,生产经营受到重大影响,导致低价转让股权;相关法律、政府文件或企业章程规定,并有相关资料充分证明转让价格合理且真实的本企业员工持有的不能对外转让股权的内部转让;股权转让双方能够提供有效证据证明其合理性的其他合理情形。实际出资人可以利用最后一条兜底条款,以证明实际出资人和显明股东之间低价交易的合理性。

第三,利用代持人未按约定认缴出资还原股权。很多人开公司,本来是老板一个人投资的,为了不注册成一人有限公司,就会找一个人帮忙代持10%或5%或1%的股权,登记股东为两个人。代持之后,将来股权还原的时候,怎么办?老板会担心这几个问题:(1)代持人如果有对外债务,法院执行代持股权怎么办?(2)代持人不配合还原代持股权怎么办?(3)如果股权增值,股权还原等于股权转让,代持人要交个人所得税,实践中如何处理呢?

实践操作中,是可以做到不用代持人配合,又不用交税也能实现股权还原,比如老王找老李代持5%的股权并在公司登记机关注册登记,第一步,老王实缴出资,但老李5%的出资认缴;第二步,公司章程规定按实缴出资比例分红,那么就意味着公司每年公司分红全部要给老王,因为老李没有实缴出资,所以老李不能分红;第三步,公司章程规定老李出资认缴期为3年,但是老李不要按约定出资,公司在老李认缴到期之后,发函催缴出资,事先说好老李还是不出资,根据法律规定或公司章程的规定,可以把股东老李开除,所以老李代持的股权就能还原或转让给别人。所以老王通过这个办法,既能让代持人老李拿不到分红,又能让老李代持的股权合法合理回到自己手里。

第四,保留出资证据。签署股权代持协议时,应避免口头形式约定的股权代持合同,代持协议要写明出资款支付方式和支付时间,实际履行时,以何种方式出资要保留好出资证据,以证明实际出资人已实际出资。若实际出资人以转账(转账时备注"出资款")的方式向代持人支付出资，保留好向代持人支付出资的记录，以及代持人向公司出资的记录，同时代持协议在公司中予以备案。

第五，股东名册写实际出资人，公司的股东名册要写实际出资人的名字，而不是代持人的名字。找代持人只是为了在公司登记机关公示的文件中显示代持人的名字，而不是说在公司内部的文件中也是代持人的名字，形成实际出资人是隐名股东的事实。

第六，实际出资人应参与公司股东会的表决，还应参加股东微信群，参与公司重大事务的讨论，公司税后利润分红直接支付给实际出资人，形成隐名股东直接证据。

第七，签订无条件恢复股东身份的证明，比如要事先签好股权从代持人转让到实际出资人名下的协议，其他股东同意无条件的转让证明。在签订股权代持协议时就取得其他股东对股权代持的书面认可，让其他股东提供关于知悉股权代持事实的声明，该声明中可以载明其他股东关于同意代持安排及根据实际股东的需求配合办理显名手续的承诺等。

如果未能取得公司和其他股东的书面认可，可以要求名义股东签署表决权委托协议，保障表决权的行使，并保留实际出资人行使股东权利的证明或公司认可其隐名股东身份的记录。实际出资人行使股东权利的方式包括但不限于直接以自己名义行使股东管理权、知情权、表决权、分红权等。以便隐名股东在要求显名时，能获得法院支持。实际出资人可以通过对董事会人员、高级管理人员、财务总监等人员作出安排，防止名义股东滥用股东权利，损害公司和实际出资人的权益。实际出资人可以参与公司经营、行使股东权利，包括参加股东会有其他的见证方、在股东会决议上签字、在重大经营事项中签字或审批，形成影子股东。

三、股权代持能保障创始人的控制权

越来越多的公司创始人希望通过股权激励方式激励、留住和吸引优秀人才,但他们也担心这种做法可能改变公司的股权结构,影响对公司的控制权,进而影响未来的融资机会。在这种情况下,创始人通常会选择与激励对象签订股权代持协议,以间接方式向核心员工授予股权。这种做法是授予激励对象的股权仍然登记在创始人名下,而激励对象则成为公司的实际出资人或隐名股东,最大限度地避免了公司股权的分散,避免创始人对公司失去控制权,同时在签署股权代持协议中应当明确约定激励对象显名的条件。

在公司经营过程中,经常需要引入外部资源,但有些资源提供者身份特殊,如其他公司的股东、高级管理人员、政府官员或大学教授等,不能直接登记为公司股东,股权代持就成为解决资源提供者权益问题的主要方式。

尽管股权代持可以解决很多问题,但也伴随一定风险。这种做法可能导致公司的股权结构变得复杂、不清晰,对公司长期发展产生潜在不利影响。对于外部资源的提供者特殊身份,公司相对较少面临"被代持人要求还原身份"的风险,通常,股权代持状态可能会持续较长时间。因此,如果公司计划融资、上市,在关键节点时需要核查股权结构的清晰性,股权代持可能会被视为公司股权不明晰,影响公司的融资和上市计划。

为满足资源提供者的利益需求,公司还可以采用股东承诺分配利润的方式解决。因为通常资源提供者更关注收益分配而非持股的权益,所以承诺分配利润比直接股权代持更为适用。当然,如果公司不得不采用股权代持,应该考虑设立专门的持股平台,并在平台内进行代持安排,以隔离主体公司股权不明晰的风险。

四、相关协议范本

协议范本 9：

委托持股合同

甲方（委托方）：_____

身份证/统一社会信用代码：_____

乙方（代持方）：_____

身份证/统一社会信用代码：_____

本合同各方经平等自愿协商，根据《中华人民共和国民法典》《中华人民共和国公司法》及相关法律法规，就甲方委托乙方代持目标公司股权事宜，签订本合同以共同遵守。

1．委托事项

1.1 标的股权

标的股权，是指×××有限责任公司（以下简称目标公司）×%（百分之×）的股权［对应认缴注册资本金额为人民币（大写）×元(￥×元)］，以及股权代持期间，基于前述股权通过公积金转增股本、增资扩股等方式取得的股权。

1.2 除标的股权外，乙方本身持有目标公司×%（百分之×）的股权（对应认缴注册资本金额为人民币（大写）×元(￥×元)，以下简称自有股权。

1.3 各方确认：

1.3.1 标的股权的出资义务实际全部由甲方承担，股东权利完全归甲方所有，标的股权的相关义务由甲方承担；乙方仅作为标的股权的名义股东，代表甲方出资及持有标的股权，对标的股权不享有股东权利，亦不承担标的股权相关义务。

取得标的股权所需投资款由甲方在相关投资合同约定的付款时限届满的 3 个工作日前提供给乙方。

1.3.2 乙方将根据甲方指示，配合甲方办理下列标的股权的相关手续：

（1）根据甲方书面指示，以乙方名义代为签订投资相关合同。

（2）根据甲方书面指示，在公司登记机关登记乙方为标的股权的所有人，乙方作为标的股权的名义股东。

（3）根据甲方书面指示，以乙方名义代为投入目标公司或支付给股权转让方。

2.委托期限

2.1 委托期限：代持期间，自本合同生效之日起至甲方收回委托并将标的股权工商变更登记于甲方或甲方指定之第三方名下之日止。

2.2 尽管有前述约定，委托期限不得超过3年，否则双方应另行协商展期事宜。

2.3 未经甲方同意，乙方不得提前解除委托。

3.委托报酬

3.1 双方同意按照"固定费用"的模式计算甲方应当向乙方支付的委托报酬，委托报酬为人民币（大写）×元(¥×元)/年。

3.2 甲方在委托期限每届满1年之日起5个工作日内向乙方一次性支付上年度委托报酬。

3.3 乙方在取得甲方同意后，若经目标公司股东会选举或聘任，由乙方担任目标公司任何职务或者以任何方式从目标公司获得报酬的，不影响甲方应付委托报酬的计算，即乙方仍可获得按前款约定计算的全部委托报酬。

4.税费承担

因执行本合同项下的委托事务产生的相关费用及税金均由甲方承担。甲方应至少在前述费用发生之日的3个工作日前，将相关费用全额支付给乙方。

5.收款账号

5.1 本合同项下甲方指定收款账户信息如下：

户名：_____

账号：_____

开户行：_____

5.2 本合同项下乙方指定收款账户信息如下：

户名：_____

账号：_____

开户行：_____

6. 委托权限与委托要求

6.1 乙方应当忠实、勤勉、尽责地履行受托义务，维护甲方的利益。

6.1.1 乙方应当根据甲方的书面指示代为行使各类股东权利，包括但不限于行使股东知情权、提议召开股东会、股东会提案权、股东表决权、监督权、提起股东派生诉讼的权利等。

6.1.2 由标的股权产生的或与标的股权有关的收益、所得（包括但不限于现金分红、送配股、剩余财产分配或任何其他资产分配、补偿、违约金、股权转让价款等）的所有权全部归甲方所有，乙方应于收到后3个工作日内全额移交甲方。

6.1.3 乙方应自觉接受甲方监督并及时向甲方如实报告标的股权执行情况。

（1）乙方收到目标公司向股东发送的通知，应当于当日内转发告知甲方。

（2）乙方定期（每月最后1个工作日）或应甲方的要求随时向甲方报告受托事项的执行情况及其他相关情况。

（3）甲方作为标的股权的实际所有人，有权依据本合同对乙方不适当的受托行为进行监督与纠正。

6.2 乙方权利限制

6.2.1 乙方仅作为名义股东，标的股权不属于乙方自有财产，乙方对标的股权无任何所有权、使用权、收益权、处分权，乙方仅系根据本合同及甲方的意志代表甲方持有标的股权，根据甲方的书面指示办理本合同项下的委托事务。

6.2.2 标的股权不适用有关乙方财产分割、继承或承继等的任何规定。

若因乙方的原因，如债务纠纷等，造成标的股权被冻结的，乙方应自冻结之日起10日内提供其他任何财产向法院、仲裁机构或其他机构申请解冻。

6.3 乙方不得从事下列行为：

6.3.1 不得利用名义股东身份为自己牟取任何私利，不得实施任何可能损害甲方利益的行为。

6.3.2 未经甲方事先书面同意，乙方不得：

（1）转委托第三方持有标的股权及股东权益；

（2）在任何文件上以目标公司股东名义签字，或在任何涉及目标公司利益的文件上签字，但仅涉及自有股权（如有）的除外；

（3）以股东名义对目标公司的具体工作人员进行任何指派或指示，但仅涉及自有股权（如有）的除外；

（4）处置标的股权及相关权益，包括但不限于转让、赠与、放弃或在标的股权上设定任何形式的担保等。

6.4 甲方权利保留

甲方有权转让、设定质押等权利限制或向第三方赠与标的股权，乙方须无条件同意，在收到甲方书面指示后3个工作日内签署涉及的相关法律文件、配合办理相关手续。

6.5 表决权委托

乙方应当根据甲方的要求，授权甲方代为行使各类股东权利，签署无条件的、不可撤销的授权委托书。

6.6 尽管有前述约定，当标的股权与自有股权的各类股东权利在行使时发生实质冲突的，双方应当及时就拟行使的权利进行充分沟通和交流，并及时形成共同意见；如果双方未能达成一致意见，应当以甲方意见为准。

7. 保密

7.1 合同各方保证对在讨论、签订、履行本合同过程中所获悉的属于其他方的且无法自公开渠道获取的文件及资料（包括但不限于商业秘密、公司计划、运营活动、财务信息、技术信息、经营信息及其他商业秘密）予以保密。未经该资料和文件的原提供方同意，其他方不得向任何第三方泄露该商业秘密的全部或部分内容。

上述保密义务，在本合同终止或解除之后仍需履行。

7.2 本合同关于对保密信息的保护不适用于以下情形：

（1）保密信息在披露给接收方之前，已经公开或能从公开领域获得。

（2）在本合同约定的保密义务未被违反的前提下，保密信息已经公开或能从公开领域获得。

（3）接收方应法院或其它法律、行政管理部门要求披露保密信息（通过询问、要求资料或文件、传唤、民事或刑事调查或其他程序）。当出现此种情况时，接收方应及时通知提供方并做出必要说明，同时给予提供方合理的机会对披露内容和范围进行审阅，并允许提供方就该程序提出异议或寻求必要的救济。

（4）由于法定不可抗力因素，导致不能履行或不能完全履行本合同确定的保密义务时，甲乙双方相互不承担违约责任；在不可抗力影响消除后的合理时间内，一方或双方应当继续履行本协议。在上述情况发生时，接收方应在合理时间内向提供方发出通知，同时应当提供有效证据予以说明。

8. 违约责任

8.1 甲方违约责任

甲方未按本合同约定支付委托报酬和承担税费的，每日按应付未付款项5‰（万分之五）向乙方支付违约金，且乙方有权从应向甲方返还的分红款中直接扣除委托报酬、税费及违约金。

8.2 乙方违约责任

8.2.1 乙方未经甲方书面同意，擅自转让标的股权的，应当根据甲方的要求立即返还股权。股权事实上无法返还的，或者甲方不要求返还的，则立即支付相当于标的股权价值130%（百分之一百三十）的违约金，乙方收取的转让价款高于本条款所约定的违约金的，超出部分归甲方所有。

8.2.2 乙方逾期通知甲方目标公司增资扩股事宜，或者未按照甲方指示行使增资扩股股东优先认购权,导致甲方丧失相关权益的,应当以标的股权价值为参照,扣除增资扩股认购成本,作为甲方的实际损失进行赔偿。

8.2.3 乙方违反本合同不适当履行受托义务,甲方有权通知乙方限期纠正;逾期不纠正、拒不纠正或纠正不符合本合同约定的,则甲方有权要求乙方每日按标的股权价值的 5‰(万分之五)支付违约金。

8.3 任何一方有其他违反本合同情形的,应承担合同中约定的违约责任。本合同中未约定或者约定的违约责任不足以赔偿守约方全部损失的,违约方应赔偿守约方全部损失。

本合同中的全部损失包括但不限于对守约方所造成的直接损失、可得利益损失、守约方支付给第三方的赔偿费用 / 违约金 / 罚款、调查取证费用 / 公证费 / 鉴定费用、诉讼仲裁费用、保全费用、律师费用、维权费用以及其他合理费用。

8.4 本条所指"标的股权价值"按照以下三种计算方式中计算结果最高者为准:

(1)标的股权股权比例 × 最近一个会计年度的目标公司净资产;

(2)标的股权股权比例 × 目标公司最近一次融资时的目标公司估值;

(3)最近一次公司股权的转让价款 ÷ 转让股权股权比例 × 标的股权股权比例。

9.其他约定

9.1 不可抗力

9.1.1 不可抗力定义:指在本合同签署后发生的、本合同签署时不能预见的、其发生与后果是无法避免或克服的、妨碍任何一方全部或部分履约的所有事件。上述事件包括地震、台风、水灾、火灾、战争、国际或国内运输中断、流行病、罢工,以及根据中国法律或一般国际商业惯例认作不可抗力的其他事件。一方缺少资金非不可抗力事件。

9.1.2 不可抗力的后果:

(1)如果发生不可抗力事件,影响一方履行其在本合同项下的义务,则在不可抗力造成的延误期内中止履行,而不视为违约。

(2)宣称发生不可抗力的一方应迅速书面通知其他各方,并在其后的十五(15)天内提供证明不可抗力发生及其持续时间的足够证据。

(3)如果发生不可抗力事件,各方应立即互相协商,以找到公平的解决办法,并且应尽一切合理努力将不可抗力的影响减小到最低限度。

(4)金钱债务的迟延责任不得因不可抗力而免除。

(5)迟延履行期间发生的不可抗力不具有免责效力。

9.2 合同解释

9.2.1 本合同的不同条款和分条款的标题与编号,仅供查阅方便之用,不构成本合同的一部分,不作为解释本合同任何条款或权利义务的依据。

9.2.2 本合同中,"以上""以下""以内"包含本数,"超过""不满""以外"不包含本数,某期日的"前/以前""后/以后"或类似表述包含该期日当日。

9.2.3 本合同中对金额或数量使用大小写时,如大小写不一致,应以大写为准。

9.2.4 如果本合同正文和附件的意思发生冲突,则应按正文或附件中以何者为准的明确约定处理。

如无明确约定,则各方应尽力将整个合同(包括正文与附件)作为一个整体来阅读理解,最为明确具体的实现合同目的的条款应优先考虑。

10. 法律适用

本合同的制定、解释及其在执行过程中出现的、或与本合同有关的纠纷之解决,受中华人民共和国(港澳台地区除外)现行有效的法律的约束。

11. 合同送达方式

11.1 为更好地履行本合同,双方提供如下通知方式:

(1)甲方接收通知方式

联系人:_____

地址:_____

手机:_____

（2）乙方接收通知方式

联系人：_____

地址：_____

手机：_____

11.2 双方应以书面快递方式向对方上述地址发送相关通知。接收通知方拒收、无人接收或未查阅的，不影响通知送达的有效性。

11.3 上述地址同时作为有效司法送达地址。

11.4 一方变更接收通知方式的，应以书面形式向对方确认变更，否则视为未变更。

12. 争议解决

因本合同引起的或与本合同有关的任何争议，均提请×××有限公司所在地法院诉讼解决。

13. 附则

13.1 本合同一式四份，合同各方各执两份。各份合同文本具有同等法律效力。

13.2 本合同未尽事宜，双方应另行协商并签订补充协议。

13.3 本合同包含如下附件：

上述附件是本合同的一部分，具有与本合同同等的法律效力。

13.4 本合同经各方签名或盖章后生效。

（以下无合同正文）

签订时间：　　年　　月　　日

甲方（盖章）：

法定代表人或授权代表：

乙方（签名）：

附件：声　明

本人(本单位)对×××与×××有限公司签订的股权代持协议及股权代持的事实无异议。如有需要，本人(本单位)将配合办理相关代持股权变更登记手续。

签署日期：　　年　　月　　日

签名或盖章：

附件：授权委托书

委托方：_____（请填写隐名股东全称）
身份证/统一社会信用代码：_____
受托方：_____（请填写显名股东全称）
身份证/统一社会信用代码：_____
委托方向受托方进行如下授权：

1. 授予权利

1.1 委托方股权：指委托方持有的×××有限责任公司的×%(百分之×)股权[对应认缴注册资本金额为人民币(大写)×元(¥×元)]，以及授权委托期间基于前述股权通过公积金转增股本、增资扩股等方式取得的股权(以下简称委托方股权)。

1.2 就委托方股权，委托方不可撤销地授权受托方，作为委托方唯一的、排他的代理人，全权行使委托方股权的全部股东权利，包括但不限于：

1.2.1 股东会的召集权。

1.2.2 向股东会提出议案，包括但不限于选举或任免董事、监事及总经理的议案。

1.2.3 出席股东会,以及就股东会决策事项的表决权。

1.2.4 股东知情权,包括但不限于查阅目标公司章程、股东会记录等。

1.2.5 对公司经营的建议与质询权。

1.2.6 委托方股权的其他全部股东权利。

1.3 受托方有权收取、处置由委托方股权产生的现金股息红利及其他非现金收益。

2. 转委托

受托方有权安排受托方法定代表人及受托方员工代为行使受托权利,但不得另外委托第三方行使受托权利。

3. 特别声明

3.1 该授权是不可撤销的、长期的,在委托方为公司股东期间均为有效。

3.2 在本授权书授权范围内,受托方就委托方股权实施的一切行为均视为委托方的行为,签署的一切文件均视为委托方签署,委托方予以承认。

3.3 在本授权委托书有效期内,委托方特此放弃已经通过本授权委托书授权给受托方的与委托方公司股权有关的所有权利,不再自行行使该等权利。

4. 附则

本授权书自签署后即生效。

签署日期:　　　年　　月　　日

委托方(签名或盖章):

受托方(签名或盖章):

第六节 / 股东知情权问题

　　有限责任公司的股东最多不超过50人，非上市股份有限公司股东人数最多可以到200人，上市后股东人数没有限制，股东人数众多不可能人人都参与公司经营管理，公司的治理机制就是为实现公司价值和股东收益最大化，公司所有权和经营权基于一种委托关系而形成相互制约的关系，股东作为公司股权所有者委托董事会、高级管理人员运营公司，从而进行公司内部的权力划分，使股东会、董事会和监事会各司其职、相互制约，保证公司顺利运行。公司治理结构就是让公司所有权和控制权分开的，股东不直接参与公司的日常经营管理（股东参与公司管理是基于公司董事、监事、高级管理人员的身份，同样要受到制约），因此，股东要维护自己的权益和履行监督职责，就必须获得有关公司经营的信息。股东的知情权被视为实现股东权益的前提和基础，因为股东只有获得必要的信息，他们才能有效地了解和监督公司的运作，确保自己的利益得到维护。

一、股东知情权诉讼主体

公司股东是知情权的行使主体，法律并未对股东股权份额与知情权的关系作出限定，就是股东无论在公司持股比例是多少均享有知情权。对此类纠纷中原告主体资格的审查要点在于股东资格的确认，对公司股东身份的审查应以公司登记信息为依据，未登记在股东名册的股东一般不得作为提起股东知情权诉讼主体，若股东资格存在争议的，应先提起股东资格确认之诉。

隐名股东股权由显名股东代持，而显名股东常常会怠于提起知情权诉讼，因此，由于缺乏具有公示效力的股东身份证明，隐名股东不能直接提起股东知情权诉讼。但隐名股东已经或正在履行相应的显名手续，且公司和其他股东均认可其股东身份的，则有权提起股东知情权诉讼。

股东出资瑕疵，是指公司股东完全不履行出资义务、未完全履行出资义务或者不适当履行出资义务，表现形式包括未出资、未足额出资、未适当出资、虚假出资、抽逃出资等。股东出资瑕疵不仅会对公司和其他股东的利益造成损害，而且会对公司债权人等相关利益主体造成损害。但是因为股东知情权是基于股东身份而拥有的固有权利，非经特别约定，一般不能予以限制，也就是说股东虽然出资有问题，但也是拥有公司知情权的，我国《公司法》允许公司对瑕疵出资股东予以限制的权利也仅限于利润分配请求权、新股优先认购权、剩余财产分配请求权等直接获得财产性利益的权利，而对股东知情权的行使则没有禁止性规定，所以出资瑕疵股东有知情权。对于出资瑕疵的股东，只能通过公司催告缴纳或者返还其出资，其在合理期间内仍未缴纳或者返还出资的，公司可以通过股东会决议解除其股东资格，这样就没办法享有股东知情权了。

当股东退出公司或失去股东资格后,一般而言他们将不再享有包括知情权在内的一系列股东权利。然而,基于公司法人人格独立、财产独立原则及股东股权所有权与公司经营权分离的现实考量,尤其是中小股东在具有股东资格期间往往不参与公司经营、不深入了解公司内部情况,这种信息不对称导致中小股东的权益可能会受到大股东、高管等主体侵害,当股东失去股东资格后,如果不赋予其行权资格,则股东在持股期间的合法权益就无法保障。因此,《公司法》规定,如果原告能够提供初步证据表明他们在持股期间的合法权益受到损害,并要求查阅或复制与持股期间相关的公司文件材料,那么法院不能以原告不再拥有股东资格为由而驳回起诉。要注意,法律没有明确规定初步证据的具体标准。这是因为股东行使知情权的一个关键目的是获取足够的证据来证明他们的权益受损。股东在起诉之前通常只能获得有限的证据材料,并且股东的合法权益受损的情况多种多样,难以列举所有可能的情形。因此,股东提供的初步证据只需要引起法院的合理怀疑,就可以视为达到了证明的目的,退出公司的股东或失去股东资格的股东可以通过诉讼获得其作为公司股东期间的知情权。

二、股东知情权查阅内容的范围

关于有限责任公司的股东,《公司法》第 57 条规定,股东有权查阅、复制公司章程、股东名册、股东会会议记录、董事会会议决议、监事会会议决议和财务会计报告。股东可以要求查阅公司会计账簿、会计凭证。股东要求查阅公司会计账簿、会计凭证的,应当向公司提出书面请求,说明目的。公司有合理根据认为股东查阅会计账簿、会计凭证有不正当目的,可能损害公司合法利益的,可以拒绝提供查阅,并应当自股东提出书面请求之日起 15 日内书面答复股东并说明理由。公司拒绝提供查阅的，股东可以向人民法院提起诉讼。

股东查阅前款规定的材料，可以委托会计师事务所、律师事务所等中介机构进行。

股东及其委托的会计师事务所、律师事务所等中介机构查阅、复制有关材料，应当遵守有关保护国家秘密、商业秘密、个人隐私、个人信息等法律、行政法规的规定。

```
                              ┌── 公司章程
                              ├── 股东名册
                              ├── 股东会会议记录
              ┌── 查阅、复制 ──┼── 董事会会议决议
              │               ├── 监事会会议决议
有限公司股东查阅范围           └── 财务会计报告
              │
              └── 查阅 ──┬── 公司会计账簿
                        └── 会计凭证
```

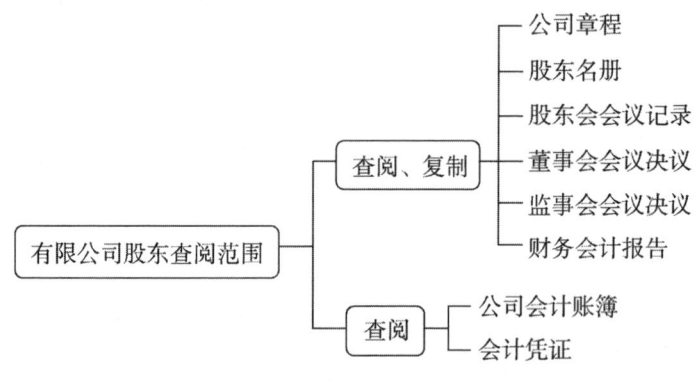

图 7-7　有限公司股东查阅范围

关于股份有限公司的股东，《公司法》第 110 条规定，股东有权查阅、复制公司章程、股东名册、股东会会议记录、董事会会议决议、监事会会议决议、财务会计报告，对公司的经营提出建议或者质询。

连续 180 日以上单独或者合计持有公 3% 以上股份的股东要求查阅公司的会计账簿、会计凭证的，适用《公司法》第 57 条第 2 款、第 3 款、第 4 款的规定。公司章程对持股比例有较低规定的，从其规定。

股东要求查阅、复制公司全资子公司相关材料的，适用前两款的规定。

上市公司股东查阅、复制相关材料的，应当遵守《中华人民共和国证券法》等法律、行政法规的规定。

```
                         ┌─ 公司章程
                         │
                         ├─ 股东名册
                         │
股份有限公司股东查阅、 ───┼─ 股东大会会议记录
复制范围                 │
                         ├─ 董事会会议决议
                         │
                         ├─ 监事会会议决议
                         │
                         └─ 财务会计报告
```

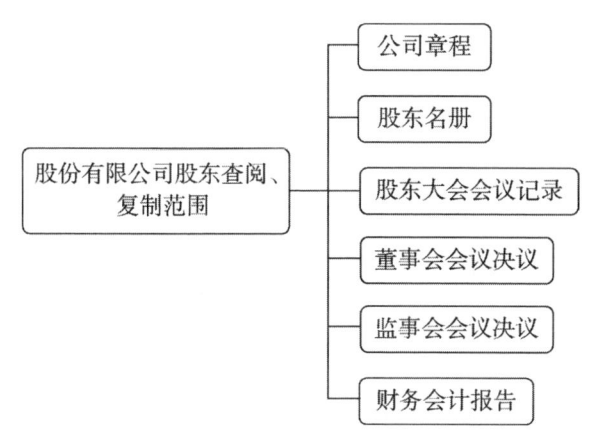

图 7-8　股份有限公司股东查阅、复制范围

《会计法》相关规定，财务会计报告由会计报表、会计报表附注和财务情况说明书组成。向不同的会计资料使用者提供的财务会计报告，其编制依据应当一致。有关法律、行政法规规定会计报表、会计报表附注和财务情况说明书须经注册会计师审计的，注册会计师及其所在的会计师事务所出具的审计报告应当随同财务会计报告一并提供。会计报表一般有资产负债表、利润表、现金流量表及相关附表。相关附表主要包括利润分配表以及国家统一的会计制度规定的其他附表。会计账簿包括"总账""明细账""日记账"。

关于查阅公司的原始会计凭证是新《公司法》的一次重大突破，足以对控股股东和大股东形成威慑，因为通过查阅原始凭证才能验证会计账簿的真实性和完整性，也才能准确了解公司真正的经营状况，确保其知情权能够充分实现。但是笔者认为关于会计凭证，《公司法》规定的还不够清晰，为了不产生歧义，股东订立公司章程应规定股东可以查询购销合同、出差报销凭证、公司现金流水等。

三、股东知情权相关诉讼程序

股东提起股东知情权诉讼要求查阅会计账簿的前置程序主要包含三个要件:(1)股东书面请求公司查阅会计账簿;(2)股东需要说明查阅会计账簿的目的;(3)公司 15 日内未书面回复或拒绝查阅。对于未履行前置程序是否应驳回原告股东的请求,在司法判例中主流观点是驳回股东知情权的诉讼请求,因为股东没有依照法律规定向公司提出书面申请,没有履行法律规定的权利受保护的条件,其权利得不到保护。

虽然股东知情权诉讼的前置程序仅针对股东要求查阅公司会计账簿、会计凭证,而查阅公司章程、股东会会议记录、董事会会议决议、监事会会议决议、财务报告、股东名册无须履行前置程序。但是,司法实践中很少出现仅诉请查阅、复制公司章程、股东会会议记录、董事会会议决议、监事会会议决议、财务报告股东名册的情形,一般都是同时要求查阅会计账簿和会计凭证,所以前置程序的审查在股东知情权诉讼中普遍存在。建议股东向公司提出正式的书面请求,明确需要查阅或者复制的材料名称、查阅时间等事项,并且能够给予公司一定的资料准备时间,以便股东知情权得以充分行使。在股东请求查阅会计账簿和会计凭证时,公司有合理根据认为股东查阅会计账簿有不正当目的,可能损害公司合法利益的,可以拒绝提供查阅。常见的股东申请查阅存在"不正当目的"情形:(1)股东自营或者为他人经营与公司主营业务有实质性竞争关系业务的,但公司章程另有规定或者全体股东另有约定的除外;(2)股东为了向他人通报有关信息查阅公司会计账簿,可能损害公司合法利益的;(3)股东在向公司提出查阅请求之日前的 3 年内,曾通过查阅公司会计账簿,向他人通报有关信息损害公司合法利益的;(4)股东有不正当目的的其他情形。

"股东自营或者为他人经营"这一表述强调了股东是否实际参与其他公司的运营或担任相关职务。通常情况下,机构股东或专业的投资者股东不会直接参与公司的日常经营,他们的投资行为是正常的商业活动。仅仅因为他们在其他公司担任股东身份或与其他公司存在某种联系,并不一定会使他们失去对公司的信息查阅权。即使存在竞争关系,判断股东是否有不正当的意图还需要综合考虑多个因素,包括经营的时间和地区、产品和服务的可替代性、客户范围、公司在市场中的地位以及交易机会等。

作为主张查阅会计账簿和会计凭证的股东,其有义务证明其查阅目的的正当性,该证明责任达到可以排除一般人的合理怀疑即可,不宜过于严苛。对于公司来说,其认为股东无权查阅的,则应举证证明股东查阅的"目的不正当性",该证明责任亦不能过于严格,法条规定为公司有"合理根据""可能损害公司合法权益",即可以引起一般人的合理怀疑即可。

法律不可能穷尽股东可能存在的不正当目的,但可以明确认定的核心原则,我们认为应该是"是否可能损害公司合法权益",股东申请查阅会计账簿和会计凭证本身不会损害公司利益,而是判断股东查阅后可能采取的下一步行动是否可能会损害公司利益,通常表现为股东与其他商事主体存在关联关系,或者与公司存在同业竞争或者其他滥用股东权利的情形。

实践中,往往是对公司没有实际控制权的小股东才需要通过诉讼的方式来行使知情权的,而迫使他们起诉的原因往往是公司被大股东控制董事会及高级管理人员中的主要成员均来自大股东的委派,小股东一般无法掌握公司的经营情况。因此,实际阻拦小股东行使知情权的人是大股东或者高管。那么,这种情况下,小股东应当告谁呢?

针对该问题,最高人民法院在宁源国际有限公司与重庆中原房地产开发有限公司股东知情权纠纷申诉、申请再审案[最高人民法院(2016)最高法民申3733号民事裁定书]中明确指出,股东知情权的义务人系公司而非其他主体,股东知情权纠纷所指向的诉讼标的系公司应当履行而未履行的配合行为,该行为的履行主体和履行内容具有特殊性和不可替代性。因此,负有配合股东行使知情权的协助义务人是公司,故股东提起知情权之诉,被告只能是公司。

在诉讼中,我们可以向法院主张:(1)要求公司将我们申请查阅清单中的文件、资料的原件置备于某地,供我们查阅。(2)要求本次查阅的时间不短于××个工作日(明确查阅时间)。(3)要求准许专业机构辅助人员陪同本次查阅,如会计事务所、律师事务所等中介机构,明确专业机构辅助人员的构成和人数。(4)要求公司承担本案的全部诉讼费及证据保全费(可选诉请)。

另外,由于诉讼进程本身可能存在较长的时间周期,为尽量避免或减少被告在诉讼阶段转移、修改、销毁财务资料等,股东可向法院申请对相关文件材料进行保全。考虑到保全公司财务资料等可能对公司经营造成一定的影响,法院对保全的态度会比较谨慎。但是,笔者认为如果股东提出的保全请求确实是有依据的,法院应当及时对财务账目等资料采取查封等保全措施。